税理士に求められる
不動産譲渡の税務実務

税理士・不動産鑑定士 **國武 久幸**
税理士・不動産鑑定士 **関原 教雄** 共著

不動産譲渡所得の概要と特例制度の解説、
譲渡所得をめぐる判決・裁決事例

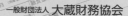

一般財団法人 大蔵財務協会

はじめに

　多くの人にとって、不動産を譲渡することは頻繁にあることではありません。不動産を譲渡した場合には税制上の多くの特例制度が設けられていますが、一般の人には、どの特例が適用できるのかを判断するのは難しいことです。そのため、税理士によるアドバイスや申告代理業務が求められることになります。不動産の取引金額は高額であり、特例適用の可否によって納税額に大きな影響があることから、税理士においてもそれらの業務に携わる際には正確な知識が必要であり、適切な判断ができるように不断の努力が求められます。

　本書は不動産の譲渡所得について、制度の基本や全体像を掴む基本書であり、税理士の申告業務に役立つ実務書であり、研究のための手引書となることを目指して執筆しました。不動産の譲渡所得について悩む税理士のための必要不可欠な相棒ともいえる書籍です。

　第1部は、不動産の譲渡所得の概要と、各種の特例を網羅して解説しています。この中で、特に重要だと思われる内容については、「実務のポイント」としてわかりやすく説明しました。また、「CHECK！」で記載された項目を確認することで、実際の申告業務においての誤りを防止することに役立つようにしています。第1部の最後には、主な特例制度の「重複適用の可否一覧表」を作成し、どの特例が併用できるのか、できないのかが、ひと目でわかるようにするなど、これまでにない実務書となっています。

　第2部では、不動産譲渡に関する重要な判決や裁決事例を50事例厳選して解説することで読者の皆様に研究材料を提供しています。この中で、第1部の解説と関連する判決や裁決事例には、第1部の解説の中

で 参考 判決・裁決 と表示し、実務においてどのようなことが争点となっているのかがわかるような工夫をしています。譲渡所得の計算や特例適用の際などにおいて判断に迷う場面も多いかと思いますが、過去の判決や裁決事例は判断の方向性を示してくれる重要な資料ですので、積極的に参考にしてください。

　最後に非才浅学の身でこの本を出版するまでに至ったのは、(一財)大蔵財務協会の木村理事長をはじめ編集局の皆様の御協力の賜物であります。この場をお借りして厚く御礼申し上げます。

令和6年10月　　　　　　　　　　　　　　　　　　　國武　久幸
　　　　　　　　　　　　　　　　　　　　　　　　　関原　教雄

【もくじ】

第1部　不動産譲渡所得の概要

第1章　譲渡所得の概要 …………………………………………… 2
1　譲渡所得とは ……………………………………………………… 2
2　課税される譲渡所得 ……………………………………………… 2
3　課税されない譲渡所得 …………………………………………… 4
4　みなし譲渡所得 …………………………………………………… 6
　(1)　法人に対する贈与又は遺贈 ………………………………… 6
　(2)　法人に対して著しく低い価額で譲渡した場合 …………… 6
　(3)　個人の限定承認に係る相続又は遺贈 ……………………… 7
　(4)　借地権等の設定の対価として受け取った権利金等 ……… 7

第2章　課税譲渡所得金額の計算（分離課税）………………… 9
1　課税譲渡所得金額と税額の計算方法の概要 …………………… 9
　(1)　課税譲渡金額の計算 ………………………………………… 9
　(2)　税額の計算 …………………………………………………… 10
2　譲渡収入金額 ……………………………………………………… 10
　(1)　通常の譲渡収入金額 ………………………………………… 11
　(2)　借地権の設定に伴って特別な経済的利益を受けた場合の収入金額 …………………………………………………………… 12
　(3)　交換などをした場合の収入金額 …………………………… 14
　(4)　譲渡所得の特例を受けた場合の収入金額 ………………… 21

(5) 収入すべき時期 ……………………………………………………… 21
　3　取得費 ……………………………………………………………………… 22
　　(1) 取得費とは …………………………………………………………… 22
　　(2) 取得費に含めることができるもの ………………………………… 22
　　(3) 償却費相当額 ………………………………………………………… 23
　　(4) 借地権等を消滅させた後に土地を譲渡した場合の取得費 …… 25
　　(5) 底地を取得した後に土地を譲渡した場合の取得費 ……………… 26
　　(6) 買換えなどで取得した資産の取得費及び取得時期 ……………… 26
　　(7) 相続や贈与によって取得した資産の取得費及び取得時期 …… 29
　　(8) 財産分与、代償分割により取得した不動産の取得費 ………… 29
　　(9) 相続財産を譲渡した場合の取得費の特例〔措法39〕………… 30
　4　譲渡費用 …………………………………………………………………… 30
　　(1) 譲渡費用の対象となるもの ………………………………………… 30
　　(2) 譲渡費用のあん分 …………………………………………………… 31
　　トピック 取得費が不明な場合の計算方法と疎明資料 ……………… 32

第3章　分離課税の譲渡所得に対する所得税の計算と特例 …………… 37
　① 分離長期譲渡所得と分離短期譲渡所得 ……………………………… 37
　　1　長期譲渡所得の税額の算出方法 …………………………………… 37
　　　(1) 一般の長期譲渡所得 ……………………………………………… 37
　　　(2) 優良住宅地の造成等に係る長期譲渡所得の計算の特例
　　　　〔措法31の2〕……………………………………………………… 37
　　　(3) 居住用財産の譲渡に係る長期譲渡所得の軽減税率の特例
　　　　〔措法31の3〕……………………………………………………… 38
　　2　短期譲渡所得の税額の算出方法 …………………………………… 38

(1) 一般の短期譲渡所得 ………………………………………… 38
　　(2) 国又は地方公共団体等に対する譲渡に係る短期譲渡所得
　　　〔措法32③〕………………………………………………… 38
② 居住用財産を譲渡した場合の特例 ………………………………… 39
　1 居住用財産の譲渡所得の3,000万円特別控除〔措法35②〕…… 39
　2 居住用財産を譲渡した場合の長期譲渡所得の課税の特例
　　（軽減税率）〔措法31の3〕………………………………………… 43
　3 被相続人に係る居住用財産の譲渡所得の3,000万円特別控
　　除〔措法35③〕……………………………………………………… 47
　4 特定の居住用財産の買換えの場合の長期譲渡所得の課税の
　　特例〔措法36の2〕………………………………………………… 61
　5 特定の居住用財産を交換した場合の長期譲渡所得の課税の
　　特例〔措法36の5〕………………………………………………… 67
　6 居住用財産の買換え等の場合の譲渡損失の損益通算及び繰
　　越控除〔措法41の5〕……………………………………………… 71
　7 特定居住用財産の譲渡損失の損益通算及び繰越控除〔措法
　　41の5の2〕………………………………………………………… 81
③ 収用交換等の場合の特例 …………………………………………… 88
　1 収用交換等の場合の課税の繰延べの特例〔措法33〕………… 88
　2 交換処分等に伴い資産を取得した場合の課税の特例〔措法
　　33の2〕……………………………………………………………… 93
　3 換地処分等に伴い資産を取得した場合の課税の特例〔措法
　　33の3〕……………………………………………………………… 93
　4 収用交換等の場合の譲渡所得等の特別控除（5,000万円控
　　除）〔措法33の4〕…………………………………………………… 94

5　優良住宅地の造成等のために土地等を譲渡した場合の軽減
　　　　税率の特例〔措法31の2〕………………………………………… 99
　　6　短期譲渡所得の税率の特例〔措法32③〕……………………… 100
　　7　収用等により取得する補償金の所得区分 …………………… 101
④　特定土地区画整理事業等のために土地等を譲渡した場合の譲
　　渡所得の特別控除（2,000万円控除）〔措法34〕……………………… 107
⑤　特定住宅地造成事業等のために土地等を譲渡した場合の譲渡
　　所得の特別控除（1,500万円控除）〔措法34の2〕………………… 108
⑥　農地保有の合理化等のために農地等を譲渡した場合の譲渡所
　　得の特別控除（800万円控除）〔措法34の3〕…………………… 111
⑦　特定期間に取得をした土地等を譲渡した場合の長期譲渡所得
　　の特別控除（1,000万円控除）〔措法35の2〕…………………… 112
⑧　低未利用土地等を譲渡した場合の長期譲渡所得の特別控除
　　（100万円控除）〔措法35の3〕……………………………………… 116
⑨　特定の事業用資産の買換えの場合の譲渡所得の課税の特例
　　〔措法37〕…………………………………………………………… 121
⑩　特定の事業用資産を交換した場合の譲渡所得の課税の特例
　　〔措法37の4〕……………………………………………………… 130
⑪　既成市街地等内にある土地等の中高層耐火建築物等の建設の
　　ための買換え及び交換の場合の譲渡所得の課税の特例〔措法37
　　の5〕………………………………………………………………… 132
　　1　特定民間再開発事業の施行地区内における中高層耐火建築
　　　　物への買換えの特例 ……………………………………………… 132
　　2　既成市街地等内における中高層耐火共同住宅への買換えの
　　　　特例〔措法37の5①二〕………………………………………… 138

12　特定の交換分合により土地等を取得した場合の課税の特例
　　〔措法37の6〕……………………………………………………… 143
13　特定普通財産とその隣接する土地等の交換の場合の譲渡所得
　　の課税の特例〔措法37の8〕……………………………………… 145
14　相続財産に係る譲渡所得の課税の特例〔措法39〕……………… 147
15　固定資産の交換の特例〔所法58〕………………………………… 152
16　資産の譲渡代金が回収不能となった場合等及び保証債務を履
　　行するために資産を譲渡した場合の譲渡所得の課税の特例〔所
　　法64〕………………………………………………………………… 156
　　1　譲渡代金が貸倒れとなった場合の課税の特例………………… 156
　　2　保証債務を履行するために資産を譲渡した場合の譲渡所得
　　　の課税の特例〔所法64②〕……………………………………… 157
17　国等に対して財産を寄附した場合の譲渡所得等の非課税〔措
　　法40〕………………………………………………………………… 163
18　譲渡所得のチェックシート・主な特例制度の重複適用の可否
　　一覧表………………………………………………………………… 178

第2部　不動産譲渡所得に係る裁判例・裁決事例

第1章　譲渡所得の原則……………………………………………… 184

1　譲渡所得……………………………………………………………… 184
　1　「資力を喪失して債務を弁済することが著しく困難である
　　場合」の意義……………………………………………………… 184
　2　名義不動産の意義………………………………………………… 187
　3　夫婦が婚姻期間中に得た財産の帰属…………………………… 192

            4　譲渡所得に該当する借地権の更新料 …………………… 194
            5　会員制リゾートホテルの所得区分と損益通算 ………… 196
    ② 譲渡収入 ……………………………………………………………… 200
            6　覚書による譲渡収入の帰属時期 ………………………… 200
            7　農地の譲渡における収入の帰属時期 …………………… 202
            8　離婚の慰謝料として譲渡した資産の収入帰属時期 …… 205
            9　固定資産税の精算金は譲渡収入になるか ……………… 208
           10　店舗用不動産を譲渡した場合に営業権も譲渡したことになるか ……………………………………………………………… 210
           11　中間省略登記における譲渡所得の帰属 ………………… 212
           12　代償分割による譲渡の収入金額 ………………………… 214
    ③ 取得費 ………………………………………………………………… 217
           13　建物等の残存価格、撤去・整地費用の取得費性 ……… 217
           14　代物弁済により取得した土地の取得費 ………………… 221
           15　取得費に計上できる借入金利息 ………………………… 223
           16　住宅取得資金の借入金利息 ……………………………… 225
           17　開発負担金の譲渡費用性 ………………………………… 227
           18　宅地分譲の際に要した公衆用道路の取得費性 ………… 229
           19　一括取得のため譲渡した部分の取得費が不明な場合 … 231
           20　相場の230倍で取得した土地を譲渡した際の取得費 … 234
           21　宅建業者が保存していた土地台帳 ……………………… 236
           22　代償財産として取得した不動産の取得費 ……………… 239
    ④ 譲渡費用 ……………………………………………………………… 242
           23　違約金を支払うための借入金利子 ……………………… 242
           24　店舗併用住宅を譲渡した際に支払った立退料 ………… 245

25　農地転用決済金・協力金等の譲渡費用性 ･････････････････ 247
　26　移築費用の譲渡費用性 ････････････････････････････････ 250
　27　抵当権抹消費用の譲渡費用性 ･･････････････････････････ 252
　28　弁護士費用の譲渡費用性 ･･････････････････････････････ 254
　29　贈与契約解除のために支払った和解金の譲渡費用性 ･･････ 256
　30　コンサルタント料の譲渡費用性 ････････････････････････ 258

第2章　譲渡所得の特例 ･････････････････････････････････ 260

① 交換特例 ･･ 260
　31　同一不動産に係る同日の売買契約と交換契約の有効性 ･････ 260
　32　販売目的で所有していた土地を交換した場合の交換特例の
　　　適用可否 ･･ 263
　33　「同一の用途に供した場合」の意義 ････････････････････ 265
　34　特例適用条文の申告書への記載 ････････････････････････ 269

② みなし譲渡 ･･ 271
　35-1　「時価の2分の1未満の対価で譲渡した場合」の意義 ･･･ 271
　35-2　無償返還の届出書が提出された土地等を譲渡した場合
　　　　の譲渡価額 ･･････････････････････････････････････ 274

③ 譲渡代金の回収不能と保証債務 ････････････････････････ 277
　36　「回収することができないこととなった場合」の意義 ･････ 277
　37　法人の代表者から取得した資産を譲渡して債務を返済した
　　　場合の保証債務 ････････････････････････････････････ 281

④ 優良住宅地の造成等のために土地等を譲渡した場合の長期譲
　　　渡所得の課税の特例 ････････････････････････････････ 285
　38　譲渡人が優良宅地造成を行った場合の特例適用 ･･････････ 285

39　不動産信託を受託した法人が開発許可を行った場合の特例
　　　適用 ………………………………………………………………… 289
⑤　収用交換等の場合の特例 ……………………………………………… 293
　40　「買取り等の申出があった日」の意義 …………………………… 293
　41　収用地上に存しない建物の移転補償費に対する特例適用の
　　　可否 ………………………………………………………………… 305
　42　都市計画法に基づく土地の買取りの特例適用可否 …………… 309
⑥　居住用財産の特別控除 ………………………………………………… 317
　43　「居住の用に供する」ことの意義 ………………………………… 318
　44　「二以上の家屋が併せて一構えの一つの家屋」の意義 ……… 322
　45　「店舗併用住宅」の意義 …………………………………………… 325
⑦　居住用財産の買換えの場合等の課税の特例 ……………………… 328
　46　取得した土地に地続きの土地を追加取得した場合の居住用
　　　資産 ………………………………………………………………… 328
⑧　特定の事業用財産の買換えの場合等の課税の特例 ……………… 333
　47　「事業に準ずるもの」の意義 ……………………………………… 334
　48　買換資産の面積制限の意義 ………………………………………… 338
⑨　相続財産に係る譲渡所得の課税の特例 …………………………… 344
　49　相続財産ではない資産の譲渡に係る取得費加算の特例適用
　　　　……………………………………………………………………… 344
⑩　居住用財産の買換え等の場合の譲渡損失の損益通算及び繰越
　　　控除の特例 ………………………………………………………… 350
　50　「3年を経過する日」の意義 ……………………………………… 350

凡例等

所　法　……　所得税法	措　法　……　租税特別措置法
所　令　……　所得税法施行令	措　令　……　租税特別措置法施行令
所　規　……　所得税法施行規則	措　規　……　租税特別措置法施行規則
所基通　……　所得税法基本通達	措　通　……　租税特別措置法通達
相　法　……　相続税法	法基通　……　法人税法基本通達
相　令　……　相続税法施行令	
相　規　……　相続税法施行規則	
相基通　……　相続税法基本通達	

※　納税者に関する表記について、裁決文では「請求人」、地裁判決では「原告」、高裁判決では「控訴人」等、審判所・裁判所の各段階において表記が異なります。本書第2部では、読みやすさを考慮し、請求人・原告・控訴人等は「納税者」、処分庁・被告・被控訴人等は「課税庁」で表記を統一しています。

※　本書は、令和6年9月1日現在の法令・通達等によっています。

第1部

不動産譲渡所得の概要

第1章 譲渡所得の概要

1 譲渡所得とは

　譲渡とは、有償無償を問わず、売買・交換、代物弁済、法人に対する現物出資、物納、競売、収用など、資産の所有権が移転する行為のことをいい、譲渡所得とは、資産の譲渡（建物又は構築物の所有を目的とする地上権又は賃借権の設定その他契約により他人に土地を長期間使用させる行為で特定ものを含みます。）による所得をいいます（所法33）。

　ただし、①たな卸資産（これに準ずる資産として政令で定めるものを含みます。）の譲渡その他営利を目的として継続的に行われる資産の譲渡による所得、②山林の伐採又は譲渡による所得は含まれません（所法33②）。

　譲渡所得は、保有していた期間により短期譲渡所得と長期譲渡所得に区分されます。

短期譲渡所得	長期譲渡所得
その資産の取得の日以後、譲渡の日までの保有期間が**5年以内**の資産の譲渡（所法33③一）	その資産の取得の日以後、譲渡の日までの保有期間が**5年を超える**資産の譲渡（所法33③二）

　※　不動産等を譲渡した場合の分離課税の短期譲渡・長期譲渡の区分については、第3章①（37ページ）で解説しています。

2 課税される譲渡所得

　所得税法基本通達には、譲渡所得が発生する資産の範囲について、以下のように示されています。

> **（譲渡所得の基因となる資産の範囲）**
> 33－1　譲渡所得の基因となる資産とは、法第33条第2項各号に規定する資産及び金銭債権以外の一切の資産をいい、当該資産には、借家権又は行政官庁の許可、認可、割当て等により発生した事実上の権利も含まれる。

　つまり、上記1で説明した、棚卸資産や営利を目的として継続的に行われる資産の譲渡、山林の伐採や譲渡に係る所得及び金銭債権以外の本来販売を目的としない資産の譲渡については、譲渡所得が課税されることになります。例えば不動産業者が販売目的として所有している不動産のように、営利を目的として継続的に行われているものは事業所得又は雑所得として扱われますし（所法33②一）、山林の伐採又は譲渡は山林所得となります（所法32）。

　譲渡所得として課税される資産は、具体的には土地、借地権、建物、株式等、金地金、宝石、書画、骨とう、船舶、機械器具、漁業権、取引慣行のある借家権、配偶者居住権、配偶者敷地利用権、ゴルフ会員権、特許権、著作権、鉱業権、土石（砂）などです。

■譲渡所得として課税される資産（例示）

不動産等	土地、建物、構築物、借地権
権利	漁業権、取引慣行のある借家権、配偶者居住権、配偶者敷地利用権、ゴルフ会員権、特許権、著作権、鉱業権
その他	有価証券、金地金、宝石、書画、骨とう、船舶、車両、機械器具、牛馬、果樹、土砂、砂利

参考 判決・裁決 事例5・196ページ

3 課税されない譲渡所得

　資産の譲渡が、すべて課税対象になるわけではありません。所得税法では、非課税規定が設けられています。

　代表的なものとしては、生活用の動産の譲渡による所得があげられます。貴金属や宝石、書画骨董等で、1個又は1組の価額が30万円を超えるものは課税の対象となりますが、それ以外の家具やじゅう器、衣類等の生活用動産による譲渡は、非課税となります（所法9①九、所令25）。

　これ以外に、強制換価手続により資産が競売などをされたことによる所得（所法9①十）、貸付信託の受益権等の譲渡による所得（措法37の15①）、国または地方公共団体に対して財産を寄附した場合や、公益を目的とする事業を行う法人に対する財産の寄附で国税庁長官の承認を受けた場合の所得（措法40）、国等に対して重要文化財を譲渡した場合の所得（措法40の2）、財産を相続税の物納に充てた場合の所得（措法40の3）、債務処理計画に基づき資産を贈与した場合の所得（措法40の3の2）なども、課税されない譲渡所得となります。

■課税されない譲渡所得

1	生活用動産の譲渡による所得（1個又は1組の価額が30万円以下のもの）	所法9①九
2	強制換価手続による資産の譲渡による所得等	所法9①十
3	貸付信託の受益権等の譲渡による所得のうち一定のもの	措法37の15①
4	国等に対して財産を寄附した場合の譲渡所得	措法40
5	国等に対して重要文化財を譲渡した場合の譲渡所得	措法40の2
6	物納による譲渡所得	措法40の3

| 7 | 債務処理計画に基づき資産を贈与した場合の譲渡所得 | 措法40の3の2 |

参考 判決・裁決 事例1・184ページ

　また、以下の場合には、土地等の譲渡はなかったものと取り扱われます。
(1)　個人が他の者と土地を共有している場合において、その共有に係る一の土地についてその持分に応ずる現物分割があったとき（所基通33－1の7）。
(2)　債務者が、債務の弁済の担保としてその所有する資産を譲渡した場合において、その契約書に次のすべての事項を明らかにし、かつ、その譲渡が債権担保のみを目的として形式的にされたものである旨の債務者及び債権者の連署による申立書を提出したとき（所基通33－2）。
　①　その担保に係る資産を債務者が従来どおり使用収益すること。
　②　通常支払うと認められるその債務にかかる利子またはこれに相当する使用料の支払に関する定めがあること。
　なお、その後、上記①および②の要件のいずれかを欠くこととなったときまたは債務不履行のため資産がその弁済に充てられたときは、これらの事実が生じたときにおいて、譲渡があったものとして取り扱われます。
　また、形式上、買戻条件付譲渡または再売買の予約とされているものであっても、上記のような要件を満たしているものは、譲渡担保に該当するものとしてこの取扱いが適用されます。

4　みなし譲渡所得

　みなし譲渡所得とは、経済実態では譲渡が発生していないのに、税法上は譲渡があったものとみなして課税することをいいます。

　譲渡所得に対する課税の趣旨は、資産の値上がりにより、その資産の所有者に帰属する増加益を所得として、他者に移転するときに清算し課税することです。みなし譲渡は、この考え方に基づいて規定されています

　みなし譲渡とされるものは、以下のとおりです。

(1)　法人に対する贈与又は遺贈

　個人が個人に対して贈与した場合は贈与税が課税されますが、個人の資産を法人に贈与した場合には、法人に譲渡したものとして個人に課税し、法人が得た受贈益は、法人に時価で受け入れられたものとして課税されることとされています。

(2)　法人に対して著しく低い価額で譲渡した場合

　上記(1)のように法人に無償で資産を譲渡したときは、みなし譲渡として課税対象となりますが、少しでも対価を受け取ればみなし譲渡にならないかといえば、そうではありません。

　所得税法59条には、「法人に著しく低い価額の対価で譲渡した場合は譲渡があったものとみなす」と規定されています。この「著しく」については、所得税法施行令に「譲渡所得の基因となる資産の譲渡の時における価額の2分の1に満たない金額とする」(所令169)と規定されています。つまり、時価の半値未満の譲渡は、みなし譲渡として課税されることになります。

参考 判決・裁決 事例35-1・271ページ

■1,000万円の資産を法人に譲渡した場合

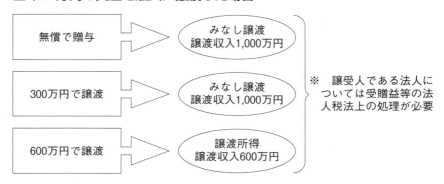

(3) 個人の限定承認に係る相続又は遺贈

限定承認とは、税法ではなく民法に定められた制度で、被相続人の財産にプラスの財産（積極財産）とマイナスの財産（消極財産）があった場合、プラス財産の範囲内でマイナス財産を弁済し、残ったものがあれば相続するというものです（民法922）。

通常、相続財産には相続税が課税されますが、限定承認をするとマイナス財産がプラス財産を超える部分については限定承認の効果として課税されないことになってしまいます。そこで、限定承認に係る相続や遺贈についても、みなし譲渡所得として課税されることになります。

(4) 借地権等の設定の対価として受け取った権利金等

建物の所有を目的として土地を貸し付けて借地権を設定した場合、借地権の設定の対価として権利金などの一時金を受領することが一般的です。受け取った権利金等の一時金は、原則として不動産所得となります。

しかし、権利金等の額が相当多額であるときなどは、土地の一部分を譲渡したことと経済的実態が変わらないものと考えられます。このような場合には、資産の譲渡があったものとみなして、その借地権や地役権の設定の対価として受け取った権利金等は譲渡所得となります。

　具体的には、受け取った権利金等の金額が、借地権の設定された土地の時価の2分の1（地下又は空間について上下の範囲を定めたものである場合等は4分の1、大深度事業と一体的に施行される事業により設置される施設等の全部の所有を目的とする地下について上下の範囲を定めたものである場合は4分の1にさらに一定の割合を乗じたもの）を超える場合（対価の額の要件に該当する場合）には、これらの資産の譲渡があったものとみなされて譲渡所得の課税対象となります（所法33①、所令79）。

参考 判決・裁決 事例4・194ページ

第2章　課税譲渡所得金額の計算（分離課税）

1　課税譲渡所得金額と税額の計算方法の概要

(1) 課税譲渡金額の計算

　一般の場合の譲渡所得の金額は、以下の算式で求めます。

① 譲渡した不動産の収入すべき金額として、売却した場合には売買金額、交換等の場合には譲渡時の時価となります。詳細は「2　譲渡収入金額」（10ページ）で解説しています。

② 売却した資産を取得したときの購入代金や購入手数料などです。実際の取得費が不明または譲渡価額の5％未満のときは、譲渡価額の5％とすることができます。詳細は「3　取得費」（22ページ）で解説しています。

③ 売却するために直接支出した仲介手数料、印紙代、立退料、建物を取り壊して土地を売却したときの取壊し費用などです。詳細は「4　譲渡費用」（30ページ）で解説しています。

④ 下表のいずれかに該当する金額です。ただし、重複して適用する場合でも、控除額は5,000万円が限度となります（措法36）。詳細は「第3章②～⑧の各種特別控除」（39ページ以下）で解説しています。

■特別控除額

内　容　等	特別控除額	掲載頁
収用交換等の場合（措法33の4）	5,000万円	94
特定土地区画整備事業（措法34）	2,000万円	107
特定住宅地造成事業（措法34の2）	1,500万円	108
農地保有合理化（措法34の3）	800万円	111
居住用財産の譲渡（措法35）	3,000万円	39、47
特定土地等の長期譲渡（措法35の2）	1,000万円	112
低未利用土地等の長期譲渡（措法35の3）	100万円	116

(2) **税額の計算**

譲渡所得の税額は、土地や建物の譲渡所得が第1章1で説明した「長期譲渡所得」か「短期譲渡所得」になるかで、計算方法が異なります。

一般的には、以下の算式で計算します。第3章①37ページ以下で詳しく解説しています。

■譲渡所得の税額の計算式

長期譲渡所得　課税長期譲渡所得金額　×　15％（所得税の税率）　＝　税額

短期譲渡所得　課税短期譲渡所得金額　×　30％（所得税の税率）　＝　税額

2　譲渡収入金額

不動産の売買であれば、売却価格が譲渡収入の中心となります。しかし、第1章「2　課税される譲渡所得」でも解説したように、売買以外でも譲渡所得として課税される場合があります。そこで、以下では売買以外に譲渡所得として課税される譲渡収入について確認します。

(1) 通常の譲渡収入金額

　所得税法では収入金額について「その年分の各種所得の金額の計算上収入金額とすべき金額又は総収入金額に算入すべき金額は、別段の定めがあるものを除き、その年において収入すべき金額（金銭以外の物又は権利その他経済的な利益をもって収入する場合には、その金銭以外の物又は権利その他経済的な利益の価額）とする」（所法36）と定めています。

　不動産の売買であれば、通常、収入金額は土地や建物の譲渡の対価として買主から受け取る金銭の額です。

> **CHECK！**
> ☑ 所得税法にある「すべき金額」には、未払金も含まれます。したがって、１つの不動産の売買で、代金の１／２を今年受け取り、残りの１／２を未払として来年受け取るような場合、今年受け取った１／２だけ申告すればよいということではありません。売買代金の全額を申告する必要があります。
> ☑ なお、不動産譲渡の場合、１月１日から譲渡の日までの固定資産税や都市計画税を日割りで計算することが売買の現場で一般的に行われています。不動産の譲渡所得における総収入金額には、この固定資産税等の精算金も含まれることとされているので注意が必要です。
> ☑ 金銭の代わりに物（例えば有価証券）や権利などを受け取った場合も、その物や権利などの時価が収入金額になります。また、その他経済的な利益を受けた場合には、その経済的な利益も収入金額に算入されます。
> 　また、「収入金額とすべき金額」または「総収入金額に算入すべき金額」について、その収入の基因となった行為が適法であるか否かを問われません（所基通36－１）。例えば、建築基準法に違反する不動産の売買や宅地建物取引業法に違反する売買であっても、譲渡所得の課税の対象になります。

参考 判決・裁決 事例６・200ページ、事例９・208ページ、事例10・210ページ

(2) 借地権の設定に伴って特別な経済的利益を受けた場合の収入金額

借地権や地上権を設定した場合、通常、借地人（借地権者）から地主（借地権設定者）に対して設定の対価として一時金が支払われ、その後の貸付期間は地代が支払われます。

その借地権等を設定したことに伴い、通常の場合の金銭の貸付条件に比べて特に有利な条件による金銭の貸付けや特別の経済的利益を受けた場合の経済的利益の額は、以下の算式で計算します（所令80②、所基通33-14）。

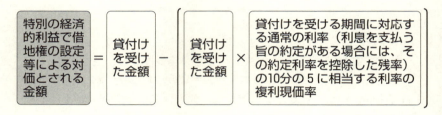

例えば、時価10億円の土地を60年間借りることとし、借地権の権利金である一時金として8億円支払った場合、土地の時価の1/2を超えることから、みなし譲渡として課税されてしまうため、8億円の支払条件を次のように設定したとします。

> （契約条件）
> ・一時金（権利金、借地権の設定対価）　4億円
> ・貸付金（借地人から地主が借り入れる金額）　4億円
> ・貸付期間60年
> ・借入利息は無し（通常利率1.5％）、貸付期間60年終了時に元本のみ返済
> ・地代年額90万円

こう設定すると、一時金が8億円から4億円に半減し、土地の時価10億円を超えないため、みなし譲渡課税はないことになります。

しかし、これでは同じ8億円を支払うのに、課税される場合とされない場合とが生じてしまいます。そのため所得税法では、通常の場合の金銭の貸付けの条件に比べて、特に有利な条件（上記の例では無利息）による金銭の貸付けをした場合等に対して、これを特別の経済的利益として一時金に加算し、1/2を超えるか超えないかを判断することとされています（所令80）。

この契約条件であれば、特別な経済的利益の額は、以下のとおりとなります。

4億円×0.639（※）＝2億5,560万円

4億円－（4億円×0.639（※））＝1億4,440万円

※　通常利率1.5%×1/2＝0.75%で、60年間の複利現価率0.639（令和6年6月）

したがって、借地権の設定に伴って特別な経済的利益を受けた場合の収入金額は、一時金4億円に特別な経済的利益の金額1億4,440万円（借地権の設定による対価に加えられる金額）を加算した5億4,440円となり、土地の時価10億円の1/2を超えるので、みなし譲渡として課税されることになります。

上記の例は一時金調整のみですが、実務においては一時金を半減させて地代を倍額にするなど、様々な契約形態が考えられます。借地権の設定対価が、土地の時価の1/2以下であったとしても、それ以外に経済的な利益を受けるような金銭等の授受がある場合にはみなし譲渡が課税されますので、どのような契約にするかは注意が必要です。

実務のポイント

■ 第1章「4 みなし譲渡所得」（6ページ）でも説明しましたが、①個人が法人へ贈与した場合、②相続で限定承認した場合、③法人に対して時価の1/2未満で譲渡した場合も、譲渡所得の課税の対象となります。このときの譲渡収入金額は、「その時における価額に相当する金額」、いわゆる「時価」によることとされています（所法59①一）が、実務上は、この「時価」の算定に困難が伴います。

■ 時価の算定には路線価を使えません。路線価や評価倍率表は、あくまで相続税や贈与税の時価を算定する際に適用されるものであり、所得税における時価を算定する際に必ずしも適用できません。

■ 路線価は地価公示価格等の80％程度とされていますので、財産評価基本通達で計算した評価額を0.8で割り返すと、一応は「時価」が算定できますが、昨今では路線価評価額が時価と大きく乖離していることも散見されますので、適用に際しては不動産の取引相場も考慮して時価を検討する必要があります。

(3) 交換などをした場合の収入金額

　不動産売買の代金決済は、一般的に金銭で精算します。しかし、物を物で買う、つまり不動産を不動産で買うこともできます。その場合、譲渡収入金額をどのように計算するかが問題になります。そこで、所得税法では上記のとおり「経済的な利益の価額」、つまり「時価」で譲渡収入金額を計算する旨を定めています（所法36）。

　ところで、物を物で買うということは、物々交換ともいえます。所得税法58条では、この物々交換に関して「固定資産の交換の場合の譲渡所

得の特例」を定め、条件付きで「譲渡がなかったこととみなす」としています。この特例の詳細は、第3章15152ページで解説しています。

その他の物々交換などの収入金額は、以下のとおりです。

① 交換や現物出資の場合

交換や現物出資により資産を譲渡して、相手から代わりの資産や株式などを受け取った場合には、その受け取った資産や株式の時価が譲渡収入金額となります。

現物出資とは、金銭以外の資産を出資することです。例えば、親戚や知人が法人を設立するに際して、金銭の代わりに不動産を現物出資し、これに応じた法人の株式を取得したとします。不動産を譲り渡して、株式を取得するということは譲渡所得となります。

この場合、法人に現物出資（譲渡）した不動産に係る譲渡収入は、現物出資により取得した株式の時価となります（所法36②）。

② 交換差金がある場合

交換に伴って交換差金などの金銭を受け取っている場合には、相手から受け取った交換差金などの金銭と、金銭以外の物や権利などの時価の合計額が収入金額となります。

例えば、甲が所有するA不動産（時価1億円）と乙が所有するB不動産（時価7,000万円）を交換したとします。ここで乙は差額の3,000万円（交換差金）を甲に支払った場合、甲の譲渡収入は、B不動産の時価7,000万円だけでなく、交換差金の3,000万円を含めた1億円となります。

もし仮に、乙が交換差金を支払わない場合には、乙は7,000万円で1億円を受け取ったことになりますので、3,000万円に対して贈与税が課税される場合もあります。

③ 譲渡により債務が消滅した場合

借入金を返済するために、所有している不動産を、貸主（債権者）に譲渡した場合、その収入金額は、返済により消滅した借入金（経済的利益）が譲渡収入になります。

④ 財産分与の場合

民法第768条では、「協議上の離婚をした者の一方は、相手方に対して財産の分与を請求できる」と定められています。財産分与として資産の移転があった場合には、その分与をした者は、その分与をした時において時価により資産を譲渡したこととなります（所基通33－1の4）。例えば、離婚に際して元妻は、元夫に財産を分与するよう請求ができます。これに応じて、元夫が、元妻に不動産を分与した場合、分与した時の時価が譲渡収入になります。

参考 判決・裁決 事例3・192ページ

⑤ 代償分割の場合

相続人が複数いる場合の相続において、通常は、相続財産を各相続人で協議し分割しますが、相続財産には不動産など分割の困難なものもあります。このような場合に、相続人の誰か一人が分割困難な財産を相続し、他の相続人に金銭を支払って精算する方法がとられることもあります。これを代償分割といいます。

代償分割により負担した債務が資産の移転を要するものである場合に、その履行として当該資産の移転があったときは、その履行をした者は、その履行をした時において時価により当該資産を譲渡したことになり（所基通33－1の5）、債務の履行として取得した資産は、その履行

があった時において時価により取得したこととなります。

例えば、相続人がAとBの2名いて、相続財産が分割困難や共有持分を希望しない不動産（時価1億円）のみの場合に、相続人Aがその不動産を取得したとすると相続人Bは何も相続できなくなってしまいます。均等に分割することを前提とした場合に、相続人Aは相続人Bに対して代償分割債務として5,000万円の支払債務を負うことになります。相続人Aが自分の預貯金から5,000万円を支払うことができれば、よくある代償分割となって譲渡の問題は生じないのですが、その代償分割債務5,000万円を預貯金ではなく、相続人Aが固有財産として所有する不動産（時価5,000万円）を対価として提供した場合には、所得税基本通達33－1の5に規定する代償分割によって負担した債務の履行として資産の移転が行われた場合に該当し、その履行により消滅する債務の額（5,000万円）に相当する経済的利益を収入金額として、相続人Aの固有財産である不動産を譲渡したものと扱われることになります。

参考 判決・裁決 事例12・214ページ

⑥ 配偶者居住権を消滅させた場合

被相続人の配偶者が、被相続人の財産である建物に相続開始の時に居住していたときは、その居住していた建物について無償で使用及び収益をする権利（配偶者居住権）を取得することができます（民法1028）。この配偶者居住権は譲渡することができませんが、消滅させることはできます（民法1032②、1035）。

消滅させる際に、対価の支払を受けた場合、その対価の額は譲渡収入になります（所基33－6の8）。

なお、配偶者居住権等の消滅による譲渡所得は、分離課税ではなく総

合課税の譲渡所得となります（措通31・32共－1）。

⑦ 共有物分割をした場合

　個人が他の者と土地を共有している場合に、その土地を、共有者の持分に応じて現物分割するとき、その分割による土地について譲渡はなかったものとして取り扱われます（所基通33－1の7）。

　分割に要した費用の額は、その土地が業務の用に供されるもので、業務に係る各種所得の金額の計算上必要経費に算入されたものを除いて、その土地の取得費に算入されます。

　また、分割されたそれぞれの土地の面積の比と共有持分の割合とが異なる場合であっても、おおむね等しいときは、その分割はその共有持分に応ずる現物分割に該当します。

⑧ 譲渡担保をした場合

　譲渡担保とは、例えば、金銭の貸し借りで、貸主（債権者）が借主（債務者）から借入金を保証するために、債務者の資産を債権者に譲渡する形式をとることをいいます。金銭消費貸借契約では、借入に際して抵当権を設定することが一般的ですが、抵当権ではその不動産の使用収益が債権者側にないことから、このような形式がとられることがあります。

　譲渡担保は、形式的には資産の譲渡となりますが、実質的には借入金の担保を目的としていることから、一定の要件を満たし、その譲渡が債権担保の目的として形式的なものであれば、その譲渡はなかったものとみなされます（所基通33－2）。その後、要件を満たさなくなったとき、または債務不履行のため弁済に充てられたときは、これらの事実が生じた時において譲渡があったものとされます。

なお、「譲渡担保である旨の申立書」を課税庁に提出する必要があります。

⑨　借地権あるいは底地を取得して土地を譲渡した場合

　借地権を譲渡するときは地主の承諾が必要になりますが、底地だけを譲渡しようとしても、なかなか買い手がつかないことがあります。そこで、借地権の設定されている土地を譲渡しようとするときに、地主は借地権者から借地権を買い取って、完全所有権を復活させてから譲渡することがよくあります。

　しかし、借地権を取得してすぐに譲渡すると借地権部分は短期譲渡所得になってしまうことから、収入金額を旧借地権部分と、旧底地部分とに分けて譲渡所得を計算する必要が生じます。その場合は、次のように計算します（所基通33－11の２）。

　　イ　旧借地権部分に係る収入金額

$$\text{当該土地の譲渡の対価の額又は当該新たに設定した借地権等の対価の額} \times \frac{\text{旧借地権等の消滅時の旧借地権等の価額}}{\text{旧借地権の消滅時の当該土地の更地価額}}$$

　　（注）「旧借地権等の消滅時の旧借地権等の価額」は、その借地権等の消滅につき対価の支払があった場合において、その対価の額が適正であると認められるときは、その対価の額（手数料その他の附随費用の額を含みません。）によることができます。

　　ロ　旧底地部分に係る収入金額

$$\text{当該土地の譲渡の対価の額又は新たに設定した借地権等の対価の額} - \text{上記イの金額}$$

　　（注）　借地権等を消滅させた後、土地を譲渡した場合等における譲渡所得の金額の計算上控除する取得費の額の区分についても別途計算式が定められています（所基通38－４の２）。

⑩ 底地を取得して土地を譲渡した場合

一方で、借地権者が底地を取得して土地を譲渡することも考えられます。この場合にも、基本的な考え方は上記⑨に準じて計算することになります（所基通33−11の3）。

イ　旧底地部分に係る収入金額

$$\begin{pmatrix}\text{当該土地の譲渡の対価の額}\\\text{又は当該設定した借地権等}\\\text{の対価の額}\end{pmatrix} \times \frac{\text{旧底地の取得時の旧底地の価額}}{\text{旧底地の取得時の当該土地の更地価額}}$$

（注）「旧底地の取得時の旧底地の価額」は、その底地の取得につき対価の支払があった場合において、その対価の額が適正であると認められるときは、その対価の額（手数料その他の附随費用の額を含まない。）によることができます。

ロ　旧借地権部分に係る収入金額

$$\begin{pmatrix}\text{当該土地の譲渡の対価の額又は当}\\\text{該設定した借地権等の対価の額}\end{pmatrix} - \text{上記イの金額}$$

（注）底地を取得した後、土地を譲渡した場合等における譲渡所得の金額の計算上控除する取得費の額の区分についても、別途計算式が定められています（所基通38−4）。

上記の交換等の場合の譲渡収入となる金額をまとめると、以下のとおりとなります。

■交換等の場合の譲渡収入となる金額

	交換等	譲渡収入となる金額
①	交換や現物出資	受け取った資産や株式の時価
②	交換差金	交換差金などの金銭と、金銭以外の物や権利などの時価の合計額
③	債務が消滅した場合	返済により消滅した借入金（経済的利益）
④	財産分与	分与した時の時価

⑤	代償分割	履行があった時の時価
⑥	配偶者居住権の消滅	対価の支払があった場合はその対価の額
⑦	共有物分割	譲渡はなかったものとして取り扱われる
⑧	譲渡担保	譲渡はなかったものとして取り扱われる
⑨	借地権あるいは底地を取得して土地を譲渡した場合	旧借地権部分と旧底地部分に分けて計算
⑩	底地を取得して土地を譲渡した場合	旧底地部分と旧借地権部分に分けて計算

CHECK！
- ☑ 譲渡価額は契約書等で確認しましたか。精算書・覚書などが作成されているかを確認しましたか。
- ☑ 実測を行い、精算金の支払や受領した金銭等はありませんか。
- ☑ 契約金額以外に固定資産税の未経過分相当額やその他の精算金はありませんか。

(4) 譲渡所得の特例を受けた場合の収入金額

　第3章で解説する租税特別措置法等の譲渡所得の特例を適用した場合には、各特例の収入金額や譲渡費用に関する取扱いが定められていますので、適用した特例に応じた計算が必要です。

(5) 収入すべき時期

　譲渡所得の総収入金額の収入すべき時期は、その譲渡所得の基因となる資産の引渡しがあった日となります。ただし、納税者の選択により、その資産の譲渡に関する契約の効力発生の日により総収入金額に算入して申告することもできます（所基通36－12）。

　なお、譲渡所得の総収入金額の収入すべき時期は、資産の譲渡の当事

者間で行われる当該資産に係る支配の移転の事実（例えば、土地の譲渡の場合における所有権移転登記に必要な書類等の交付）に基づいて判定をした当該資産の引渡しがあった日によりますが、当該収入すべき時期は、原則として譲渡代金の決済を了した日より後にはならないので注意が必要です。

参考　判決・裁決　事例6・200ページ、事例7・202ページ、事例8・205ページ

3　取得費

(1) **取得費とは**

譲渡所得を計算する際に、その資産の取得費を譲渡収入から差し引くことができます。取得費には、売った土地や建物の購入代金、建築代金、購入手数料のほか設備費や改良費なども含まれます（所法38①）。

(2) **取得費に含めることができるもの**

上記のほか、次の支払が取得費に含まれますが、事業所得などの必要経費に算入されたものは含まれません。

■取得費に含めることができるもの

1	土地や建物を購入（贈与、相続又は遺贈による取得も含みます。）したときに納めた登録免許税（登記費用も含みます。）、不動産取得税、特別土地保有税（取得分）、印紙税（契約書等に貼ってある必要があります。） ※　なお、業務の用に供される資産の場合には、これらの税金は事業所得、不動産所得等の必要経費に算入されますので、取得費に含まれません。
2	借主がいる土地や建物を購入するときに、借主を立ち退かせるために支払った立退料

3	土地の埋立てや土盛り、地ならしをするために支払った造成費用
4	土地の取得に際して支払った土地の測量費
5	所有権などを確保するために要した訴訟費用 ※　例えば所有者について争いのある土地を購入した後、紛争を解決して土地を自分のものにした場合に、それまでにかかった訴訟費用のことで、相続財産である土地を遺産分割するためにかかった訴訟費用等は、取得費になりません。
6	建物付の土地を購入して、その後おおむね1年以内に建物を取り壊すなど、当初から土地の利用が目的であったと認められる場合の建物の購入代金や取壊しの費用
7	土地や建物を購入するために借り入れた資金の利子のうち、その土地や建物を実際に使用開始する日までの期間に対応する部分の利子 ※　使用しないで譲渡した場合には、その譲渡の日までの期間に対応する部分の利子となります。
8	すでに締結されている土地などの購入契約を解除して、他の物件を取得することとした場合に支出する違約金

参考 判決・裁決　事例14・221ページ、事例15・223ページ、事例16・225ページ

(3) 償却費相当額

　譲渡した資産が建物やその附属設備など時の経過により価値が減少する資産（減価償却資産）である場合は、その取得価額から減価償却費相当額を差し引いて取得費を算定します（所法38②、所令85）。

　減価償却資産は大きく①不動産所得や事業所得の用に供されていた業務用建物あるいは事業用建物と、②自宅等として使用していた非事業用不動産とに分けることができ、それぞれ取得費の算定方法が異なります。

　① 業務用不動産あるいは事業用の建物及び附属設備

　　業務用・事業用不動産の場合は、建物等を取得してから譲渡するま

での減価償却費の合計額になります。法人税と異なり、所得税は強制償却ですので、例えば赤字決算で減価償却費を必要経費として計上していない部分があったとしても、減価償却費の合計額に含めなければなりません。業務用不動産あるいは事業用不動産は、通常、不動産所得の収支内訳書あるいは青色申告決算書で未償却残高が把握できるため、これを取得費とするのが一般的です。ただし、必ずしも不動産所得や事業所得が申告されているとは限りませんので、その場合には、個々に取得費を計算する必要があります。

なお「国外中古建物の不動産所得の損益通算等の特例」の適用を受けた国外中古建物を譲渡した場合には、建物の減価償却費の合計額からこの特例により生じなかったものとみなされた損失に相当する部分の金額の合計額を控除した金額となります（措法41の4の3）。

② 非事業用建物

非事業用建物の場合は、建物の耐用年数の1.5倍の年数（1年未満の端数は切り捨てます。）に対応する旧定額法^(※)の償却率で求めた1年当たりの減価償却費相当額にその建物を取得してから譲渡するまでの経過年数を乗じて算定します。

具体的には、次の算式により算定します（所令85）。

（※）　平成19年度税制改正において、平成19年3月31日以前に取得した減価償却資産の減価償却の方法については改正前の計算の仕組みが維持されつつ、その名称が定額法は「旧定額法」に改められました。非事業用建物の減価償却費相当額を計算するときは、その取得時期に関係なく「旧定額法」を適用します。

※1　非業務用建物の償却率

区分	木造	木骨モルタル	（鉄骨）鉄筋コンクリート	金属造①（注1）	金属造②（注2）
償却率	0.031	0.034	0.015	0.036	0.025

（注1） 軽量鉄骨造のうち骨格材の肉厚が3mm以下の建物
（注2） 軽量鉄骨造のうち骨格材の肉厚が3mm超4mm以下の建物
※2 経過年数の6か月以上の端数は1年とし、6か月未満の端数は切り捨てます。
※3 建物の取得価額の95％を限度とします。

(4) 借地権等を消滅させた後に土地を譲渡した場合の取得費

借地権等の設定されている土地について、その土地所有者が、対価を支払ってその借地権等を消滅させ、またはその借地権等の贈与を受けたことにより借地権等が消滅した後に、この土地を譲渡した場合における譲渡所得の金額の計算上控除する旧借地権部分及び旧底地部分に係る取得費は、次の区分により計算した金額となります（所基通38－4の2）。

① 旧借地権部分に係る取得費

$$\text{旧借地権等の消滅につき支払った対価の額} \times \frac{\text{当該土地のうち譲渡した部分の面積}}{\text{当該土地の面積}}$$

なお、「旧借地権等の消滅につき支払った対価の額」は、所得税法60条1項《贈与等により取得した資産の取得費等》の規定の適用がある場合には、同項の規定により計算した金額となります。

② 旧底地部分に係る取得費

$$\left(\text{譲渡又は借地権等の設定をした土地の取得費} - \text{先に設定した借地権等につき38－4により計算し取得費とされた金額}\right) \times \frac{\text{当該土地のうち譲渡した部分の面積}}{\text{当該土地の面積}}$$

なお、「先に設定した借地権等につき36－4により計算して取得費と

された金額」は、所得税法基本通達36－4《地権等の設定をした場合の譲渡所得に係る取得費》により計算した金額となります。

(5) 底地を取得した後に土地を譲渡した場合の取得費

　上記(4)とは逆に、借地権等を有する者が、その借地権等に係る底地を所有者から取得した後に、その土地を譲渡した場合における譲渡所得の金額の計算上控除する旧底地部分及び旧借地権部分に係る取得費は、次に掲げる場合の区分により計算した金額となります（所基通38－4の3）。

① 旧底地部分に係る取得費

$$\text{底地の取得のために要した金額} \times \frac{\text{当該土地のうち譲渡した部分の面積}}{\text{当該土地の面積}}$$

　なお、「底地の取得のために要した金額」は、所得税法60条1項の規定の適用がある場合には、同項の規定により計算した金額となります。

② 旧借地権部分に係る取得費

$$\text{旧借地権等の設定又は取得に要した金額} \times \frac{\text{当該土地のうち譲渡した部分の面積}}{\text{当該土地の面積}}$$

(6) 買換えなどで取得した資産の取得費及び取得時期

　原則として取得費は、土地の場合、買い入れた時の購入代金や購入手数料などの合計額です。建物の場合は、購入代金などの合計額から減価償却費相当額を差し引いた額です。

　しかし、居住用財産の買換えなどの特例を受けて取得した土地建物の取得費は、その土地建物を取得した時の実際の購入代金ではありません。売った資産の取得費を一定の計算により買換えた資産の取得費として引

き継ぐことになっています。

このような売った資産の取得費が買換えた資産に引き継がれることになる買換えなどの特例には、主なものとして次のものがあります。

①	固定資産の交換の場合の譲渡所得の特例	所法58
②	収用交換等に伴い代替資産を取得した場合の課税の特例	措法33
③	特定の居住用財産の買換え又は交換の場合の譲渡所得の課税の特例	措法36の2、36の5
④	特定の事業用資産の買換え又は交換の場合の譲渡所得の課税の特例	措法37、37の4

① 居住用財産の買換えの場合の取得費の計算

　イ　譲渡資産の譲渡価額≧買換資産の取得価額⇒

$$\left(譲渡資産の取得費 + 譲渡資産の譲渡費用\right) \times \frac{買換取得資産の取得価額}{譲渡資産の譲渡価額}$$

　ロ　譲渡資産の譲渡価額＜買換資産の取得価額⇒

$$\left(譲渡資産の取得費 + 譲渡資産の譲渡費用\right) + \left(買換取得資産の取得価額 - 譲渡資産の譲渡価額\right)$$

② 特定事業用資産の買換えの場合の取得費の計算

　イ　譲渡資産の譲渡価額＞買換資産の取得価額⇒

$$\left(譲渡資産の取得費 + 譲渡資産の譲渡費用\right) \times \frac{買換資産の取得価額 \times 80\%^{(※)}}{譲渡資産の譲渡価額} + 買換取得資産の取得価額 \times 20\%^{(※)}$$

　ロ　譲渡資産の譲渡価額＜買換資産の取得価額⇒

$$\left(譲渡資産の取得費 + 譲渡資産の譲渡費用\right) \times 80\%^{(※)} + 買換取得資産の取得価額 - 譲渡資産の譲渡価額 \times 80\%$$

ハ 譲渡資産の譲渡価額＝買換資産の取得価額⇒

$$\left(\begin{array}{c}譲渡資産\\の取得費\end{array} + \begin{array}{c}譲渡資産の\\譲渡費用\end{array}\right) \times 80\%^{(※)} + \begin{array}{c}買換取得資産の\\取得価額 \times 20\%^{(※)}\end{array}$$

※ 譲渡資産又は買換資産の所在地により、80％、20％の割合は異なる場合があります。詳しくは121ページ以下を参照。

③ 取得時期

譲渡所得が長期になるか短期になるかは、譲渡した土地・建物の取得の時期を基として判定します。取得の時期は、土地建物を実際に買い入れた日とするのが原則です。

ただし、買換えなどで取得した土地建物の取得の時期を、買換えなどのために譲渡した資産の取得の時期（取得時期の引継ぎ）とする次の特例があります。

①	固定資産の交換の場合の譲渡所得の特例（所法58）
②	収用交換等に伴い代替資産を取得した場合の課税の特例（措法33）
③	特定の交換分合により土地等を取得した場合の課税の特例（措法37の6）

これらの特例を受けて取得した土地建物を譲渡した場合は、この特例を受けるために譲渡した資産を取得した時期から所有期間を計算します。

> **CHECK！**
> ☑ 取得年月日、取得価額は契約書・領収書などで確認しましたか。
> ☑ 取得時に交換や買換え等の特例を受けていませんか。このような特例を受けている場合には取得価額の引継ぎ計算が必要になります。
> ☑ 建物について、減価償却費の計算をしていますか。
> ☑ 取得費について、概算取得費を適用している場合、登記費用や造成費、改良費等を取得費に算入していませんか。

(7) 相続や贈与によって取得した資産の取得費及び取得時期

相続（限定承認の場合を除きます。）や贈与により取得した場合の取得費は、死亡した人（被相続人）や贈与した人がその土地建物を買い入れた時の購入代金や購入手数料などを基に計算します。

なお、業務に使われていない土地建物を相続や贈与により取得した際に相続人や受贈者が支払った登記費用や不動産取得税の金額も取得費に含まれます。

取得の時期は、通常、売却した土地建物を実際に買い入れた日ですが、相続や贈与で取得したときは、死亡した人や贈与した人の取得の時期がそのまま取得した人（相続人、受贈者）に引き継がれます。

したがって、死亡した人や贈与した人が取得した時から、相続や贈与で取得した人が譲渡した年の1月1日までの所有期間で、長期譲渡か短期譲渡かを判定することになります。

(8) 財産分与、代償分割により取得した不動産の取得費

民法第768条（財産分与）の規定による財産分与によって取得した不動産は、その取得した者がその分与を受けた時の時価により取得したこととなります。財産分与によって不動産を分与（譲渡）した者は、その時の時価で譲渡したものとして譲渡所得の申告が必要になります（所基通38－6）。

代償分割により債務を負担した者から、当該債務の履行として取得した不動産は、その履行があった時の時価により取得したこととなります。

なお、代償分割により債務を負担した者が、その者の固有の不動産を代償分割による債務の履行として交付（譲渡）した場合には、その時の時価で譲渡したものとして譲渡所得の申告が必要になります。

(注) 代償分割により負担した債務は、負担した者が代償分割に係る相続により取得した資産の取得費には算入されません（所基通38-7(1)）。

参考 判決・裁決 事例22・239ページ

(9) 相続財産を譲渡した場合の取得費の特例〔措法39〕

この特例は、相続により取得した土地、建物、株式などを一定期間内に譲渡した場合に、相続税額のうち一定金額を譲渡資産の取得費に加算することができるものです。

(注) この特例は譲渡所得のみに適用がある特例ですので、株式等の事業所得、雑所得に係る株式等の譲渡については、適用できません。この特例の適用要件などの詳細は、第3章⒁147ページで解説しています。

参考 判決・裁決 事例49・344ページ

4 譲渡費用

(1) 譲渡費用の対象となるもの

譲渡費用とは、土地や建物を売るために直接かつ通常必要と認められる費用で、下表に掲げるものなどをいいます。したがって、修繕費や固定資産税などその資産の維持や管理のためにかかった費用、売った代金の取立てのための費用などは譲渡費用になりません（所法33③、所基通33-7）。さらに、抵当権を抹消するための費用や、相続登記のための費用は、譲渡に直接要した費用ではないため、譲渡費用とすることはできません。

譲渡費用に含まれるもの
① 土地や建物を売るために支払った仲介手数料

第2章　課税譲渡所得金額の計算（分離課税）　31

②	印紙税で売主が負担したもの
③	貸家を売るため、借家人に家屋を明け渡してもらうときに支払う立退料
④	土地などを売るためにその上の建物を取り壊したときの取壊し費用とその建物の損失額
⑤	すでに売買契約を締結している資産をさらに有利な条件で譲渡するために支払った違約金 ※　土地などを売る契約をした後、その土地などをより高い価額で他に売却するために既契約者との契約解除に伴い支出した違約金。
⑥	借地権を売るときに地主の承諾をもらうために支払った名義書換料など

参考　判決・裁決　事例23・242ページ、事例24・245ページ、事例26・250ページ、事例27・252ページ、事例29・256ページ、事例30・258ページ

(2) 譲渡費用のあん分

　一つの契約で譲渡した資産のなかに短期保有資産と長期保有資産がある場合で、その譲渡資産に係る譲渡費用で個々の譲渡資産との対応関係が明らかでないものがあるときは、その譲渡費用の額をそれぞれの譲渡資産の譲渡価額の比であん分するなど合理的な方法でそれぞれの譲渡費用を計算します（所基通33-11）

> **CHECK！**
> ☑ 譲渡費用に該当しない支出を譲渡費用に算入していませんか。修繕費や固定資産税のような資産の維持、管理に必要な費用は譲渡費用に該当しません。
> ☑ 仲介手数料等の譲渡費用について、領収書などで確認しましたか。

トピック 取得費が不明な場合の計算方法と疎明資料

　個人の不動産譲渡の場合には、先祖伝来の土地であるとか、買い入れた時期が古いため売買契約書や領収証等の関係資料を紛失してしまった、などの理由で実際の取得費が不明なことはよくあることです。このような場合には、譲渡価額の5％とする概算取得費を利用することができます（措法31の4）。

> **租税特別措置法31条の4（長期譲渡所得の概算取得費控除）**
> 　個人が昭和27年12月31日以前から引き続き所有していた土地等又は建物等を譲渡した場合における長期譲渡所得の金額の計算上収入金額から控除する取得費は、所得税法第38条及び第61条の規定にかかわらず、当該収入金額の100分の5に相当する金額とする。

　租税特別措置法31条の4の規定は昭和27年12月31日以前に取得した場合の規定ですが、昭和28年以後に取得した場合にも適用して申告することが認められています（措通31の4－1）。

> **租税特別措置法通達31の4－1（昭和28年以後に取得した資産についての適用）**
> 　措置法第31条の4第1項の規定は、昭和27年12月31日以前から引き続き所有していた土地建物等の譲渡所得の金額の計算につき適用されるのであるが、昭和28年1月1日以後に取得した土地建物等の取得費についても、同項の規定に準じて計算して差し支えないものとする。

　しかし、例えば不動産価格が高騰したバブル期に購入した不動産を譲渡するなど、明らかに譲渡損失が発生していると推定できるような場合には、譲渡価額の5％で計算すると納税者に著しく不利な計算結果となることもあります。

過去には、取得した時期の市街地価格指数に基づく変動率で譲渡価額を割り戻して、取得費を推計し課税された裁決事例もありますが（※**参考裁決１**）、近年では実際の取得費を納税者側が立証しなければならない傾向が強くなっており、「取得費の推計」は課税庁に否認されるリスクが高まっています。取得費が不明な場合は、この点を踏まえて個別に慎重に対応することが求められます。

　納税者が実際の取得費を立証するには、契約書や領収書など直接的な資料ではないものの、取得費を推定できる購入時のチラシやパンフレットなどの疎明資料（購入時の借入金額のわかるもの）の存在を不動産取引業者、金融機関等の外部関係者に対して充分に捜索する必要があります（各種の資料が見つかる可能性があります。）。契約書や領収書がなかった場合、次に信頼性が高いとされるのは疎明資料ですので、疎明資料がある場合には、それに基づいて取得費を計算します。

　そのような確認や捜索をしないで、変動率に基づく推計計算による申告を行った場合には、後日の税務調査で否認される可能性が高くなるので（※**参考裁決２**）、市街地価格指数などの変動率による計算は最後の手段であるといえます。

　また、申告期限後の更正の請求では、変動率に基づく推計計算は認められていません（※**参考裁決３**）。

　申告内容を否認して更正・決定をする場合と更正の請求では、立証責任に違いがあります。課税庁が行う更正・決定では主張の立証責任はすべて課税庁側にありますが、更正の請求の立証責任は請求人である納税者側にあります。納税者の推計計算による申告内容を否認して更正処分するには、課税庁が資料を提示して立証しなけれ

> ばならないのに対して、更正の請求ではその請求内容が正しいことを納税者が立証しなければなりません。
>
> 　納税者が市街地価格指数などの変動率に基づく推計計算を主張しても、請求内容が正しいことを立証したことにはならないと判断されています。そのようなことから、同じような変動率に基づく推計計算であっても、申告では否認されない（結果として認容される。）が、更正の請求では認められないという事象が生じる可能性があります。

【参考裁決1】　平成12年11月16日裁決、裁決事例集No.60

> 　納税者は、分離の課税長期譲渡所得金額の計算上、本件建物と本件宅地を一括して譲渡し、そのいずれの取得価額も不明である場合の取得費の算定について、本件建物、本件宅地及び農地を一括して3,000万円で取得したが、本件建物は老朽化と傷みによってその価値はなく、また農地も利用価値に乏しい無価値のものであり、よって取得価額の全てが本件宅地の価額である旨主張する。しかしながら、本件建物のうち昭和55年に建設された新建物については、築後4年の経過で損傷もさほど認められないから、価値は現存し、大正6年に建築された旧建物は価値はないが、一部改築部分については、改築を請け負った工務店の金銭出納帳記載金額が取得費の額と認められる。また、納税者が主張する本件宅地は、支払先・支払金額を確認することができず、納税者の主張は認められない。これらのことから、本件建物の取得費は、取得時期は判明しているが取得価額が不明なもの（新建物）については、財団法人建設物価調査会（以下「調査会」という。）が公表している着工建築物構造別単価から、本件宅地については譲渡価額の総額から建物の取得費を控除し、宅地の譲渡価額を算定した上で、譲渡時に対する取得時の六大都市を除く市街地価格指数（住宅地）の割合を乗じて算定する。なお、上記の算定方法は、調査会が公表した数値であり、市場価格を反映した近似値の取得費が計算でき、合理的であると認められる。

第2章 課税譲渡所得金額の計算（分離課税）

【参考裁決2】 平成26年3月4日裁決、裁決事例集未掲載

　納税者は、納税者の父から相続により取得した土地（本件土地）を譲渡したことによる譲渡所得の金額の計算上控除する取得費の額は、収入金額の100分の5（概算取得費）によらず、納税者の父が本件土地を取得した当時の通常の取引価額を合理的に推定して算出すべきであり、公表されている全国市街地価格指数及び路線価を基に推定した地価の変動率から算出した価額によるべきである旨主張する。しかしながら、市街地価格指数は市街地の宅地価格の推移を表す指標として使用されるものであり、また、路線価は相続税における財産評価の際に宅地の評価に用いるものであることや、本件土地は、納税者の父が取得した当時、宅地としての利用状況になかったことからすれば、納税者が主張する算定方法は合理的なものとは認められず、納税者の主張額を本件土地の取得費と認めることはできない。そのほか、概算取得費を用いることにつき納税者の利益に反するといった具体的な事情は認められないから、本件土地の譲渡所得の計算上、控除すべき取得費の額は、概算取得費とするのが相当である。

【参考裁決3】 平成30年5月7日裁決、裁決事例集未掲載

　納税者らは、亡父から相続により取得した各土地（本件各土地）の各譲渡に係る譲渡所得の金額の計算上控除する取得費については、市街地価格指数に基づき算定した金額とすべきであるから、各確定申告書（本件各申告書）記載の当該譲渡所得の金額（譲渡収入金額の5％を控除したもの）は、その計算が国税に関する法律の規定に従っていなかったものであるので、本件各申告書に記載した譲渡所得の金額若しくは税額等の計算が、国税に関する法律の規定に従っていなかったこと又は当該計算に誤りがあったことにより、本件各申告書の提出により納付すべき税額が過大である場合として、国税通則法第23条《更正の請求》第1項第1号に該当する旨主張する。しかしながら、更正の請求においては、その請求をする者に自ら記載した申告内容が真実に反し、請求に理由があることの主張立証責任が課されていると解され、本審査請求においても、

納税者らが、本件各申告書に記載した納付すべき税額が過大であることについて主張立証すべきものと解されるところ、市街地価格指数は、個別の宅地価格の変動状況を直接的に示すものではないから、これに基づき算定した金額は、亡父が本件各土地を取得した時の市場価格を適切に反映するものとはいえず、また、納税者が採用した同指数は、六大都市市街地価格指数であるが、本件各土地は六大都市以外の地域に所在するものであるから、本件各土地の地価の推移を適切に反映したものとはいえない。そうすると、納税者らが取得費として主張する金額は、亡父が本件各土地を取得した時の時価であるとは認められない以上、同金額が本件各土地の取得費であるとすることもできない。加えて、本件各土地の取得費が、本件各土地の譲渡収入金額の5％に相当する金額を超えると認めるべき証拠もない。以上のことから、本件各申告書に記載された納付すべき税額が過大であるとは認められないから、国税通則法第23条第1項第1号には該当しない。

参考 判決・裁決 事例13・217ページ、事例19・231ページ、事例21・236ページ

第3章 分離課税の譲渡所得に対する所得税の計算と特例

① 分離長期譲渡所得と分離短期譲渡所得

　土地等や建物を売ったときの分離課税の譲渡所得は、次のとおり所有期間によって長期譲渡所得と短期譲渡所得の2つに区分し、税額の計算も別々に行います。

　長期譲渡所得とは譲渡した年の1月1日において所有期間が5年を超えるものをいいます（措法31）。

　短期譲渡所得とは譲渡した年の1月1日において所有期間が5年以下のものをいいます（措法32）。

1　長期譲渡所得の税額の算出方法

(1) 一般の長期譲渡所得

課税長期譲渡所得金額 × 20%（所得税15%、住民税5%）（注）

　（注）　令和19年までは、所得税に復興特別所得税2.1％が課税されます。

(2) 優良住宅地の造成等に係る長期譲渡所得の計算の特例〔措法31の2〕

　※　この特例の適用要件等の詳細は99ページで解説しています。

① 課税長期譲渡所得金額が2,000万円以下の場合

課税長期譲渡所得金額 × 14%（所得税10%、住民税4%）（注）

② 課税長期譲渡所得金額が2,000万円を超える場合

280万円（①の金額）＋ ｛課税長期譲渡所得金額 － 2,000万円｝× 20%（所得税15%、住民税5%）（注）

(注) 令和19年までは、所得税に復興特別所得税2.1％が課税されます。

(3) 居住用財産の譲渡に係る長期譲渡所得の軽減税率の特例〔措法31の3〕

譲渡した年の1月1日現在で、10年を超えて所有する自己の居住用家屋とその敷地の譲渡をした場合の長期譲渡所得は、その年の前年又は前々年においてこの特例の適用を受けている場合を除き、3,000万円の特別控除後の課税長期譲渡所得に対し、次の税率で課税されます。

課税長期譲渡所得	税　率
6,000万円以下の部分	14％（所得税10％、住民税4％） ※　令和19年までは、所得税に復興特別所得税2.1％が課税されます。
6,000万円超の部分	20％（所得税15％、住民税5％） ※　令和19年までは、所得税に復興特別所得税2.1％が課税されます。

(注1)　親族等に対する譲渡の場合などは適用対象外となります。
(注2)　軽減税率の特例は、特定の居住用財産の買換えの特例と重複して受けることはできません。
※　この特例の適用要件等の詳細は43ページで解説しています。

2　短期譲渡所得の税額の算出方法

(1) 一般の短期譲渡所得

課税短期譲渡所得金額 × 39％(所得税30％、住民税9％)(注)

(2) 国又は地方公共団体等に対する譲渡に係る短期譲渡所得〔措法32③〕

課税短期譲渡所得金額 × 20％(所得税15％、住民税5％)(注)

(注)　令和19年までは、所得税に復興特別所得税2.1％が課税されます。
※　この特例の適用要件等の詳細は100ページで解説しています。

第3章　分離課税の譲渡所得に対する所得税の計算と特例　39

> **CHECK！**
> ☑ 譲渡所得の長期・短期の区分を登記事項証明書などで確認しましたか。

② 居住用財産を譲渡した場合の特例

1　居住用財産の譲渡所得の3,000万円特別控除〔措法35②〕

　この特例は居住用財産を譲渡したときに、所有期間の長期短期に関係なく、譲渡所得から最高3,000万円まで特別控除ができる制度です。

　特例の適用を受けるための要件は、次のとおりです。

(1)　自分が住んでいる家屋を譲渡するか、家屋とともにその敷地や借地権を譲渡すること。なお、以前に住んでいた家屋や敷地等の場合には、住まなくなった日から3年を経過する日の属する年の12月31日までに売ること

　　（注）　住んでいた家屋又は住まなくなった家屋を取り壊した場合は、次の2つの要件すべてに該当することが必要です。

イ	その敷地の譲渡契約が、家屋を取り壊した日から1年以内に締結され、かつ、住まなくなった日から3年を経過する日の属する年の12月31日までに売ること
ロ	家屋を取り壊してから譲渡契約を締結した日まで、その敷地を貸駐車場などその他の用に供していないこと

(2)　譲渡した年の前年及び前々年にこの特例（「被相続人の居住用財産（空き家）に係る譲渡所得の特別控除の特例」によりこの特例の適用を受けている場合を除きます。）又は居住用財産の譲渡損失についての損益通算及び繰越控除の特例の適用を受けていないこと

(3)　譲渡した年、その前年及び前々年に居住用財産の買換えや居住用財産の交換の特例の適用を受けていないこと

(4) 譲渡した家屋や敷地について、収用等の場合の特別控除など他の特例の適用（措法31の2、33、33の2、33の3、33の4、34、34の2、34の3、35の2、35の3、36の2、36の5、37、37の4、37の5、37の6①二、37の8、41の5、41の5の2、所法58）を受けていないこと
(5) 災害によって滅失した家屋の場合は、その敷地を住まなくなった日から3年を経過する日の属する年の12月31日までに譲渡すること
(6) 売手と買手が、親子や夫婦など特別な関係でないこと。特別な関係には、このほか生計を一にする親族、家屋を売った後その売った家屋で同居する親族、内縁関係にある人、特殊な関係のある法人なども含まれます。

参考 判決・裁決 事例43・318ページ、事例44・322ページ、事例45・325ページ

実務のポイント

■ この居住用財産を譲渡したときの特別控除の特例は、次のような家屋には適用されません。

イ	この特例を受けることだけを目的として入居したと認められる家屋
ロ	居住用家屋を新築する期間中だけ仮住まいとして使った家屋、その他一時的な目的で入居したと認められる家屋。ただし、譲渡した家屋における居住期間が短期間であっても、その家屋への入居目的が一時的なものでない場合には、特例を適用することができます。
ハ	別荘などのように主として趣味、娯楽又は保養のために所有する家屋

第3章 分離課税の譲渡所得に対する所得税の計算と特例 41

■ 自己の居住の用に供している家屋を2以上有している場合には、主として居住の用に供している一つの家屋のみが特例の対象となります（措令20の3②）。

■ 店舗併用（兼）住宅などの場合には、自己の居住の用に供している部分に限り特例を適用できます（措令20の3②）。

なお、居住の用に使っていた部分が全体の90％以上であるときは、全体を居住の用に使っていたものとしてこの特例を受けることができます（措通31の3－8）。

居住用部分の面積は、以下の計算式で求めます（措通31の3－7）。

イ 家屋のうち居住の用に供している部分は、次の算式により計算した面積に相当する部分となります。

$$\begin{bmatrix}その家屋の\\うち居住の\\用に専ら供\\している部\\分の床面積\\A\end{bmatrix} + \begin{bmatrix}その家屋の\\うち居住の\\用と居住の\\用以外の用\\とに併用さ\\れている部\\分の床面積\end{bmatrix} \times \frac{A}{A + \begin{bmatrix}居住の用以外\\の用に専ら供\\されている\\部分の床面積\end{bmatrix}}$$

＝居住の用に供している部分

ロ 家屋の敷地のうち居住の用に供している部分は、次の算式により計算した面積に相当する部分となります。

$$\begin{bmatrix}土地等のう\\ち居住の用\\に専ら供し\\ている部分\\の面積\end{bmatrix} + \begin{bmatrix}土地等のうち\\居住の用と居\\住の用以外の\\用とに併用さ\\れている部分\\の面積\end{bmatrix} \times \frac{\begin{bmatrix}家屋の床面積のう\\ちイの算式により\\計算した床面積\end{bmatrix}}{（家屋の床面積）}$$

＝居住の用に供している部分

> **CHECK！**
> ☑ 家屋の面積と敷地の面積を比較して、敷地が広すぎていませんか。
> ☑ 敷地の一部を他の用途（例えば駐車場として第三者に貸している、親族が建物を建てて利用しているなど）に使用していませんか。

■ この特例を受けるためには、「譲渡所得の内訳書（確定申告書付表兼計算明細書）［土地・建物用］」を添付して確定申告をすることが必要です。

なお、居住用財産の売買契約日の前日において、その居住用財産を譲渡した人の住民票に記載されていた住所とその居住用財産の所在地とが異なる場合などには、戸籍の附票の写し、消除された戸籍の附票の写しその他これらに類する書類で、その居住用財産を譲渡した人がその居住用財産を居住の用に供していたことを明らかにするものを、併せて提出する必要があります。

何らかの事情で譲渡した居住用財産の所在地に住民票を置いていなかった場合には、居住していた実態を示す資料を提出することになります。そのための資料としては、居住していた住所地が明記された公共料金の領収書、譲渡した居住用財産の所在地宛てに郵送された年賀状などの郵便物が挙げられます。実際の申告では、それらの資料の写しと譲渡した居住用財産の所在地に住民票を置いていなかった理由の説明書を添付して提出することが、実践的な対応といえます。理由の説明書などを添付することで、無用な税務調査を受けないで済むことが期待できます。

2　居住用財産を譲渡した場合の長期譲渡所得の課税の特例（軽減税率）〔措法31の３〕

　自分が居住していた居住用財産を譲渡した場合に、下記の適用要件に該当するときは、長期譲渡所得の税額を通常の場合よりも低い税率で計算する軽減税率の特例を受けることができます。

　この軽減税率の特例を受けるには、次の５つの要件すべてに該当することが必要です。また、「譲渡所得の内訳書（確定申告書付表兼計算明細書）〔土地・建物用〕」や居住用家屋やその敷地の登記事項証明書などを添付して確定申告の手続が必要です。

(1)　日本国内にある自分が居住している家屋を譲渡するか、家屋とともにその敷地を譲渡すること

　　なお、以前に住んでいた家屋や敷地の場合には、住まなくなった日から３年を経過する日の属する年の12月31日までに譲渡すること

　　また、これらの家屋が災害により滅失した場合には、その敷地を住まなくなった日から３年を経過する日の属する年の12月31日までに売却すること

　（注）　住んでいた家屋又は住まなくなった家屋を取り壊した場合は、次の３つの要件すべてに該当することが必要です。

イ	取り壊された家屋及びその敷地は、家屋が取り壊された日の属する年の１月１日において所有期間が10年を超えるものであること
ロ	その敷地の譲渡契約が、家屋を取り壊した日から１年以内に締結され、かつ、住まなくなった日から３年を経過する日の属する年の12月31日までに売却すること
ハ	家屋を取り壊してから譲渡契約を締結した日まで、その敷地を貸駐車場などその他の用に供していないこと

(2) 譲渡した年の1月1日において譲渡した家屋や敷地の所有期間がともに10年を超えていること
(3) 譲渡した年の前年及び前々年にこの特例を受けていないこと
(4) 譲渡した家屋や敷地について居住用財産の買換えや交換の特例など他の特例（措法31の2、33、33の2、33の3、34の3、35③、35の3、36の2、36の5、37、37の4、37の5（6項を除く）、37の6①二、37の8、所法58）を受けていないこと

　　ただし、居住用財産を譲渡した場合の3,000万円の特別控除の特例（措法35）と軽減税率の特例は、重ねて受けることができます。
(5) 親子や夫婦など特別の関係がある人に対して売却したものでないこと。特別の関係には、このほか生計を一にする親族、家屋を売却した後その売却した家屋で同居する親族、内縁関係にある人、特殊な関係のある法人なども含まれます。
　(注)（特定増改築等）住宅借入金等特別控除については、入居した年、その前年又は前々年に、この軽減税率の特例の適用を受けた場合にはその適用を受けることはできません。また、入居した年の翌年又は翌々年中に、（特定増改築等）住宅借入金等特別控除の対象となる資産以外の資産を譲渡し、この特例の適用を受ける場合にも、（特定増改築等）住宅借入金等特別控除の適用を受けることはできません。

【譲渡所得の所得税額等の計算】

① 課税長期譲渡所得金額が6,000万円以下である場合

　課税長期譲渡所得金額 × 14%（所得税10%、住民税4%）

② 課税長期譲渡所得金額が6,000万円を超える場合

　※　令和19年までは、所得税に復興特別所得税2.1%が課税されます。

第3章 分離課税の譲渡所得に対する所得税の計算と特例 45

【J05-07】譲渡 居住用 3,000万円控除 軽減税率

R5 税務署整理欄

居住用財産を譲渡した場合の3,000万円の特別控除の特例適用チェック表
((参考)居住用財産を譲渡した場合の長期譲渡所得の課税の特例適用チェック表)

　このチェック表は、居住用財産を譲渡した場合の3,000万円の特別控除の特例の適用要件について、チェックしていただくためのものです。ご自分でチェックの上、確定申告書及び譲渡所得の内訳書(確定申告書付表兼計算明細書)とともに提出してください。

《特例の概要》
　居住用財産を譲渡した場合の3,000万円の特別控除の特例は、居住用財産を譲渡した場合で一定の要件を満たすときに、譲渡所得の金額の計算上3,000万円までの特別控除額を控除することができる特例です(措法35①)。また、居住用財産を譲渡した場合の長期譲渡所得の課税の特例は、長期保有の居住用財産の譲渡による所得(長期譲渡所得)について、居住用財産を譲渡した場合の特別控除額を控除した残額に軽減税率を適用して税額を計算する特例です(措法31の3)。

氏名

	チェック項目 (チェック項目の全てについて「該当」となった場合には、この特例の適用することができます。)	該当	非該当
1	あなたが居住の用に供していたもの(居住していた時点において、あなたが所有していたもの)の譲渡ですか。 ※ 居住用家屋の所有者以外の者がその家屋の敷地(土地等)の全部又は一部を有している場合において、家屋の所有者がこの特例の適用を受け、かつ、次に掲げる要件の全てに該当する場合には、家屋に係る3,000万円控除の残額を土地等の譲渡所得の金額から控除することができます。 ① その家屋とともにその敷地の用に供されている土地等の譲渡があったこと。 ② その家屋の所有者とその土地等の所有者とが親族関係を有し、かつ、生計を一にしていること。 ③ その土地等の所有者は、その家屋の所有者とともにその家屋を居住の用に供していること。	は い	いいえ
2	次のうち該当する区分についてチェックしてください(該当区分の「□欄」にもチェック(✓)を付してください)。 【譲渡の時に居住用財産が1か所の場合】 □ 譲渡の時に譲渡した居住用財産に居住していた場合 　「はい」に○を付けてください。 □ 譲渡の時に譲渡した居住用財産に居住していなかった場合 　譲渡した居住用財産から転居したのは令和2年1月2日以後ですか。 【譲渡の時に居住用財産が複数の場合】 □ 譲渡の時に譲渡した居住用財産に居住していた場合 　譲渡の時において、主として居住していた家屋の譲渡ですか。 □ 譲渡の時に譲渡した居住用財産に居住していなかった場合 　譲渡した家屋に居住しなくなったのは令和2年1月2日以後で、かつ、その譲渡した家屋に居住しなくなった時において、主として居住していた家屋の譲渡ですか。	は い	いいえ
3	次のうち該当する区分についてチェックしてください(該当区分の「□欄」にもチェック(✓)を付してください)。 □ 居住の用に供していた家屋を取り壊さずに譲渡した場合 　「はい」に○を付けてください。 □ 居住の用に供していた家屋を取り壊した土地等のみを譲渡した場合 　居住の用に供していた家屋を取り壊してから1年以内に売買契約をし、かつ、その家屋を取り壊してから売買契約までの間に、貸付け等に使用していませんか。	は い	いいえ
4	配偶者、直系血族、生計を一にする親族、婚姻の届出をしていないが事実上婚姻関係と同様の事情にある者、一定の同族会社等への譲渡ですか。	いいえ	は い
5	令和3年分又は令和4年分において、既に次の居住用財産の譲渡所得の特例の適用を受けていますか。また、この譲渡について、次の(1)以外の居住用財産の譲渡所得の特例の適用を受けますか。 (1) 居住用財産を譲渡した場合の3,000万円の特別控除の特例(措法35①) (2) 特定の居住用財産の買換えの場合の長期譲渡所得の課税の特例(措法36の2) (3) 特定の居住用財産を交換した場合の長期譲渡所得の課税の特例(措法36の5) (4) 居住用財産の買換え等の場合の譲渡損失の損益通算及び繰越控除の特例(措法41の5) (5) 特定居住用財産の譲渡損失の損益通算及び繰越控除の特例(措法41の5の2)	いいえ	は い

(裏面へ続きます⇒)

第1部 不動産譲渡所得の概要

	チェック項目 （チェック項目の全てについて「該当」となった場合には、この特例を適用することができます。）	該当	非該当
6	この譲渡について、次の特例の適用を受けますか。 (1)　固定資産の交換の場合の特例（所法58） (2)　優良住宅地の造成等のために土地等を譲渡した場合の税率の軽減の特例（措法31の2） (3)　収用等に伴い代替資産を取得した場合の課税の特例（措法33） (4)　収用等の交換処分等に伴い資産を取得した場合の課税の特例（措法33の2） (5)　換地処分等に伴い資産を取得した場合の課税の特例（措法33の3） (6)　収用交換等の5,000万円の特別控除の特例（措法33の4） (7)　特定土地区画整理事業等のために土地等を譲渡した場合の譲渡所得の特別控除の特例（措法34） (8)　特定住宅地造成事業等のために土地等を譲渡した場合の譲渡所得の特別控除の特例（措法34の2） (9)　特定期間に取得をした土地等を譲渡した場合の1,000万円の特別控除の特例（措法35の2） (10)　低未利用土地等を譲渡した場合の100万円の特別控除の特例（措法35の3） (11)　特定の事業用資産の買換えの場合の譲渡所得の課税の特例（措法37） (12)　特定の事業用資産を交換した場合の譲渡所得の課税の特例（措法37の4） (13)　既成市街地等内にある土地等の中高層耐火建築物等の建設のための買換え及び交換の場合の譲渡所得の課税の特例（措法37の5） (14)　特定の交換分合により土地等を取得した場合の課税の特例（措法37の6①二）（一部） (15)　特定普通財産とその隣接する土地等の交換の場合の譲渡所得の課税の特例（措法37の8）	いいえ	はい
7	今回譲渡した居住用財産以外の財産について、令和2年から4年までのいずれかの年分における「（特定増改築等）住宅借入金等特別控除」（措法41、41の2の2、41の3の2）又は「認定住宅等新築等特別税額控除」（措法41の19の4）の特例（以下併せて「ローン控除等」といいます。）の適用の有無に応じ、次のうち該当する区分についてチェックしてください（該当区分の「□欄」にチェック（✓）を付してください。）。 (注)　ローン控除等と居住用財産を譲渡した場合の特例は重複適用できません。 □　令和2年分から4年分でローン控除等の適用を受けていない場合 　　令和2年から4年までのいずれかの年分において、ローン控除等の適用を受けておらず、かつ、令和5年分においても適用を受けないですか。 □　令和2年分から4年分でローン控除等の適用を受けている場合 　　ローン控除等の適用を受けていた令和2年から4年までの各年分の所得税についての修正申告書又は期限後申告書を、令和5年分の所得税の確定申告期限までに提出し、適用を受けた（特定増改築等）住宅借入金等特別控除又は認定住宅等新築等特別税額控除に相当する税額を納付しますか。 　　また、令和5年分においてもローン控除等の適用を受けないですか。	はい	いいえ
8	令和6年分及び令和7年分において、ローン控除等の適用を新たに受けないですか。 (注)　この特例の適用を撤回してローン控除等の適用を受けることはできません。	はい	いいえ

(注) 1　被相続人の居住用財産を譲渡した場合の3,000万円の特別控除の特例（措法35③）の適用を受ける場合においても、重複してこの特例（措法35①）を適用することはできますが、特別控除の限度額は合計で3,000万円となります。
　　 2　法定申告期限後に、特定の居住用財産の買換えの場合の特例（措法36の2）への特例の選択替えはできません。
(参考)　基礎控除や配偶者（特別）控除などの所得控除の適用に当たっての「合計所得金額」の判定は、3,000万円の特別控除前の金額で判定します。

【参考】居住用財産を譲渡した場合の長期譲渡所得の課税の特例（措法31の3）適用要件〔3,000万控除と併用の場合〕

	チェック項目 （チェック項目の全てについて「該当」となった場合には、この特例を適用することができます。）	該当	非該当
9	上記1～8の項目は全て「該当」ですか。	はい	いいえ
10	譲渡した居住用財産は、国内に所在するもので、家屋・敷地ともに平成24年12月31日以前に取得（購入）しましたか。	はい	いいえ
11	令和3年分又は令和4年分において、既にこの特例（措法31の3）の適用を受けていますか。	いいえ	はい

【添付書類】
これらの特例の適用を受けるためには、次の書類を確定申告書に添付する必要があります。

共通 ［特別控除の特例 　軽減税率の特例］	居住用財産の譲渡に係る契約締結日の前日において、譲渡をした方の住民票に記載されていた住所と譲渡した資産の所在地が異なるなど一定の場合には、戸籍の附票の写し、消除された戸籍の附票の写しなど、譲渡した資産を居住の用に供していたことを明らかにするもの。
軽減税率の特例	①　譲渡した家屋の登記事項証明書又は閉鎖事項に係る登記事項証明書 ②　譲渡した土地の登記事項証明書（借地の場合には、土地賃貸借契約書の写しなど） 　(注)　「譲渡所得の特例の適用を受ける場合の不動産に係る不動産番号等の明細書」又は登記事項証明書の写しなどの不動産番号等の記載のある書類を添付することなどにより、登記事項証明書の原本の添付を省略することができます。

（出所：国税庁ホームページ）

3 被相続人に係る居住用財産の譲渡所得の3,000万円特別控除〔措法35③〕

相続又は遺贈により取得した被相続人居住用家屋又は被相続人居住用家屋の敷地等を取得した相続人が、平成28年4月1日から令和9年12月31日までの間に譲渡した場合、次の(1)に掲げる資産で、(2)、(3)及び(4)に掲げる要件に該当するときは、居住用財産を譲渡したとみなして譲渡所得の金額から最高3,000万円まで控除することができます。ただし、相続又は遺贈による被相続人居住用家屋及び被相続人居住用家屋の敷地等の取得をした相続人の数が3人以上である場合には、特別控除額は1人当たり最高2,000万円となります。

(1) 特例の対象となる「被相続人居住用家屋」及び「被相続人居住用家屋の敷地等」

① 特例の対象となる「被相続人居住用家屋」とは、相続の開始の直前において被相続人の居住の用に供されていた家屋で、次の3つの要件すべてに当てはまるもの(主として被相続人の居住の用に供されていた一の建築物に限ります。)をいいます。

イ	昭和56年5月31日以前に建築されたこと
ロ	区分所有建物登記がされている建物でないこと
ハ	相続の開始の直前において被相続人以外に居住をしていた人がいなかったこと

なお、要介護認定等を受けて老人ホーム等に入所するなど、特定の事由により相続の開始の直前において被相続人の居住の用に供されていなかった場合で、一定の要件を満たすときは、その居住の用に供されなくなる直前まで被相続人の居住の用に供されていた家屋

(以下「従前居住用家屋」といいます。）は被相続人居住用家屋に該当します（55ページ「実務のポイント」参照）。
② 特例の対象となる「被相続人居住用家屋の敷地等」とは、相続の開始の直前（従前居住用家屋の敷地の場合は、被相続人の居住の用に供されなくなる直前）において被相続人居住用家屋の敷地の用に供されていた土地又はその土地の上に存する権利をいいます。

なお、相続の開始の直前（従前居住用家屋の敷地の場合は、被相続人の居住の用に供されなくなる直前）においてその土地が用途上不可分の関係にある2以上の建築物（母屋と離れなど）のある一団の土地であった場合には、その土地のうち、その土地の面積にその2以上の建築物の床面積の合計のうちに一の建築物である被相続人居住用家屋（母屋）の床面積の占める割合を乗じて計算した面積に係る土地の部分に限ります。

【計算式】
特例の対象となる被相続人居住用家屋の敷地の面積＝Ⓐ×Ⓑ÷（Ⓑ＋Ⓒ）
Ⓐ…一団の土地の面積
Ⓑ…相続の開始の直前における一団の土地にあった被相続人が主として居住の用に供していた家屋の床面積
Ⓒ…相続の開始の直前における一団の土地にあったⒷ以外の建築物の床面積

(2) **特例の対象となる譲渡の要件**
① 譲渡した人が、相続又は遺贈により被相続人居住用家屋及び被相続人居住用家屋の敷地等を取得したこと
② 相続の開始があった日から3年を経過する日の属する年の12月31

日までに譲渡すること

③ 譲渡代金が１億円以下であること

　この特例の適用を受ける被相続人居住用家屋と一体として利用していた部分を別途分割して譲渡している場合や他の相続人が譲渡している場合における１億円以下であるかどうかの判定は、相続の時からこの特例の適用を受けて被相続人居住用家屋又は被相続人居住用家屋の敷地等を譲渡した日から３年を経過する日の属する年の12月31日までの間に分割して譲渡した部分や他の相続人が譲渡した部分も含めた譲渡代金により行います。

　このため、相続の時から被相続人居住用家屋又は被相続人居住用家屋の敷地等を譲渡した年までの譲渡代金の合計額が１億円以下であることから、この特例の適用を受けていた場合であっても、被相続人居住用家屋又は被相続人居住用家屋の敷地等を売却した日から３年を経過する日の属する年の12月31日までにこの特例の適用を受けた被相続人居住用家屋又は被相続人居住用家屋の敷地等の残りの部分を自分や他の相続人が譲渡して譲渡代金の合計額が１億円を超えたときには、その売却の日から４か月以内に修正申告書の提出と納税が必要となります。なお、修正申告書が４か月以内に提出された場合には、その修正申告書は期限内申告書とみなされます（措法35⑨⑪）。

④ 譲渡した家屋や敷地等について、相続財産を譲渡した場合の取得費の特例や収用等の場合の特別控除など他の特例の適用（措法31の２、31の３、33、33の２、33の３、33の４、34、34の２、35の２、35の３、37、37の４、37の５、37の６①二、37の８、39、所法58）を受けていないこと

⑤　同一の被相続人から相続又は遺贈により取得した被相続人居住用家屋又は被相続人居住用家屋の敷地等について、この特例の適用を受けていないこと

⑥　親子や夫婦など特別の関係がある人に対して売ったものでないこと。特別の関係には、このほか生計を一にする親族、家屋を売った後その売った家屋で同居する親族、内縁関係にある人、特殊な関係のある法人なども含まれます

(3) 譲渡資産の要件

次の①又は②に該当する譲渡資産であることが必要です。

①　相続又は遺贈により取得した被相続人居住用家屋を譲渡するか、被相続人居住用家屋とともに被相続人居住用家屋の敷地等を譲渡すること

(注)　被相続人居住用家屋は次の2つの要件に、被相続人居住用家屋の敷地等は次のイの要件に当てはまることが必要です。

イ	相続の時から譲渡の時まで事業の用、貸付けの用又は居住の用に供されていたことがないこと。
ロ	譲渡の時において一定の耐震基準（建築基準法施行令第3章及び第5章の4の規定又は国土交通大臣が財務大臣と協議して定める地震に対する安全性に係る基準）を満たすものであること。なお、被相続人居住用家屋が譲渡の時から譲渡の日の属する年の翌年2月15日までの間に一定の耐震基準に適合することとなったときは、適用要件を満たすものとして扱われます。

②　相続又は遺贈により取得した被相続人居住用家屋の全部の取壊し等をした後に被相続人居住用家屋の敷地等を譲渡すること。なお、被相続人居住用家屋が譲渡の時から譲渡の日の属する年の翌年2月

15日までの間に、その全部の取壊し若しくは除却がされ、又はその全部が滅失をした場合には、適用要件を満たすものとして扱われます。

(注) 被相続人居住用家屋は次のイの要件に、被相続人居住用家屋の敷地等は次のロ及びハの要件に当てはまることが必要です。

イ	相続の時から取壊し等の時まで事業の用、貸付けの用又は居住の用に供されていたことがないこと
ロ	相続の時から譲渡の時まで事業の用、貸付けの用又は居住の用に供されていたことがないこと
ハ	取壊し等の時から譲渡の時まで建物又は構築物の敷地の用に供されていたことがないこと

(4) 空き家の特例の対象となる譲渡の対価の額と適用前譲渡又は適用後譲渡の対価の額との合計額が1億円を超える場合の不適用

① 対象譲渡の対価の額及び適用前譲渡の対価の額との合計額が1億円を超える場合

相続等による被相続人居住用家屋又は被相続人居住用家屋の敷地等の取得をした相続人（以下「居住用家屋取得相続人」といいます。）が、当該相続の時からこの特例を受ける者の譲渡（以下「対象譲渡」といいます。）をした日の属する年の12月31日までの間に、当該譲渡をした資産と当該相続の開始の直前（又は特定事由（55ページ「実務のポイント」）により被相続人の居住の用に供されなくなる直前）において一体として被相続人の居住の用に供されていた家屋（被相続人が主としてその居住の用に供していたと認められる一の建築物に限ります。）又はその家屋の敷地の用に供されていたと認められる土地若しくは土地の上に存する権利（以下これらを「対象譲渡資

産一体家屋等」といいます。）の譲渡（以下「適用前譲渡」といいます。）をしている場合において、適用前譲渡に係る対価の額と対象譲渡に係る対価の額との合計額が１億円を超えることとなるときは、この特例は適用できません（措法35⑥、措令23⑫～⑮）。

② 対象譲渡の対価の額、適用前譲渡の対価の額及び適用後譲渡の対価の額との合計額が１億円を超える場合

居住用家屋取得相続人が、この特例の適用を受ける者の対象譲渡をした日の属する年の翌年１月１日からその対象譲渡をした日以後３年を経過する日の属する年の12月31日までの間に、対象譲渡資産一体家屋等の譲渡（以下「適用後譲渡」といいます。）をした場合において、適用後譲渡に係る対価の額と対象譲渡に係る対価の額（適用前譲渡がある場合には、適用前譲渡に係る対価の額と対象譲渡に係る対価の額との合計額）との合計額が１億円を超えることとなったときには、この特例は適用できません（措法35⑦）。

(5) 適用を受けるための手続

この特例の適用を受けるためには、次に掲げる場合の①又は②の区分に応じて、それぞれ次に掲げる書類を添えて確定申告をすることが必要です。

① 相続又は遺贈により取得した被相続人居住用家屋を譲渡するか、被相続人居住用家屋とともに被相続人居住用家屋の敷地等を譲渡した場合

イ 「譲渡所得の内訳書（確定申告書付表兼計算明細書）〔土地・建物用〕」

ロ 譲渡した資産の登記事項証明書等で次の３つの事項を明らかに

するもの
- (イ) 譲渡した人が被相続人居住用家屋及び被相続人居住用家屋の敷地等を被相続人から相続又は遺贈により取得したこと
- (ロ) 被相続人居住用家屋が昭和56年5月31日以前に建築されたこと
- (ハ) 被相続人居住用家屋が区分所有建物登記がされている建物でないこと

ハ 譲渡した資産の所在地を管轄する市区町村長から交付を受けた「被相続人居住用家屋等確認書」

(注) ここでいう「被相続人居住用家屋等確認書」とは、市区町村長の次の事項(被相続人居住用家屋が従前居住用家屋以外の場合は、(イ)及び(ロ)に掲げる事項)を確認した旨を記載した書類をいいます。
- (イ) 相続の開始の直前(従前居住用家屋の場合は、被相続人の居住の用に供されなくなる直前)において、被相続人が被相続人居住用家屋を居住の用に供しており、かつ、被相続人居住用家屋に被相続人以外に居住をしていた人がいなかったこと
- (ロ) 被相続人居住用家屋又は被相続人居住用家屋及び被相続人居住用家屋の敷地等が相続の時から譲渡の時まで事業の用、貸付けの用又は居住の用に供されていたことがないこと
- (ハ) 被相続人居住用家屋が、被相続人が要介護認定等を受けて老人ホーム等に入所するなど、特定の事由により相続の開始の直前において被相続人の居住の用に供されていなかったこと
- (ニ) 被相続人居住用家屋が被相続人の居住の用に供されなくなった時から相続の開始の直前まで引き続き被相続人の物品の保管その他の用に供されていたこと
- (ホ) 被相続人居住用家屋が被相続人の居住の用に供されなくなった時から相続の開始の直前まで事業の用、貸付けの用又は被相続人以外の者の居住の用に供されていたことがないこと
- (ヘ) 被相続人が老人ホーム等に入所した時から相続の開始の直前までの間において被相続人の居住の用に供する家屋が2以上ある場合には、これらの家屋のうちその老人ホーム等が、被相続

人が主として居住の用に供していた一の家屋であること
　　(ト)　被相続人居住用家屋および被相続人居住用家屋の敷地等を相続または遺贈により取得した相続人の数

　ニ　耐震基準適合証明書又は建設住宅性能評価書の写し
　ホ　売買契約書の写しなどで売却代金が1億円以下であることを明らかにするもの
② 相続又は遺贈により取得した被相続人居住用家屋の全部の取壊し等をした後に被相続人居住用家屋の敷地等を売った場合
　イ　上記(5)①イ、ロ及びホに掲げる書類
　ロ　売った資産の所在地を管轄する市区町村長から交付を受けた「被相続人居住用家屋等確認書」
　(注)　ここでいう「被相続人居住用家屋等確認書」とは、市区町村長の次の事項（被相続人居住用家屋が従前居住用家屋以外の場合は、(イ)から(ハ)に掲げる事項）を確認した旨を記載した書類をいいます。
　　　(イ)　上記(5)①ハ(注)(イ)及び(ト)の事項
　　　(ロ)　被相続人居住用家屋が相続の時から取壊し等の時まで事業の用、貸付けの用又は居住の用に供されていたことがないこと
　　　(ハ)　被相続人居住用家屋の敷地等が次の2つの要件を満たすこと
　　　　　i　相続の時から譲渡の時まで事業の用、貸付けの用又は居住の用に供されていたことがないこと
　　　　　ii　取壊し等の時から譲渡の時まで建物又は構築物の敷地の用に供されていたことがないこと
　　　(ニ)　上記(5)①ハ(注)(ハ)及び(ヘ)の事項

● 措通35－26（登記事項証明書で特例の対象となる被相続人居住用財産であることについての証明ができない場合）
　譲渡した資産が、措置法第35条第3項の規定の適用対象となる被相続人居住用財産の要件（措置法規則第18条の2第2項第2号イ(2)(i)から(iii)までに掲げる事項に限る。）に該当することについて、同号イ(2)に規定

する登記事項証明書では証明することができない場合には、例えば、次に掲げる書類で同号イ(2)(i)から(iii)までに掲げる事項に該当するものであることを明らかにするものを確定申告書に添付した場合に限り、措置法第35条第3項の規定の適用があることに留意する。
(1) 同号イ(2)(i)に掲げる事項を証する書類　遺産分割協議書
(2) 同号イ(2)(ii)に掲げる事項を証する書類　確認済証（昭和56年5月31日以前に交付されたもの）、検査済証（当該検査済証に記載された確認済証交付年月日が昭和56年5月31日以前であるもの）、建築に関する請負契約書
(3) 同号イ(2)(iii)に掲げる事項を証する書類　固定資産課税台帳の写し

実務のポイント

■ 被相続人の居住用財産（空き家）に係る譲渡所得の特別控除の特例では、譲渡資産について、一定の耐震基準を満たした被相続人居住用家屋と被相続人居住用家屋の敷地等を譲渡するのか、建物を取り壊して更地の状態にした被相続人居住用家屋の敷地等を譲渡するのかによって、適用要件や手続、必要書類なども異なりますので、譲渡資産がどちらなのかの判断が大切です。

■ 被相続人の居住用財産（空き家）に係る譲渡所得の特別控除の特例では、被相続人が老人ホーム等に入所している場合のような相続の開始の直前において被相続人の居住の用に供されていなかった家屋であっても、次の(1)から(3)の要件を満たすときは、その居住の用に供されなくなる直前まで被相続人の居住の用に供されていた家屋は、被相続人居住用家屋として特例の対象になります。

(1) 次に掲げる事由（以下「特定事由」といいます。）により、相続の開始の直前において被相続人の居住の用に供されていなかった場合であること。

① 介護保険法第19条第1項に規定する要介護認定若しくは同条第2項に規定する要支援認定を受けていた被相続人又は介護保険法施行規則第140条の62の4第2号に該当していた被相続人が次に掲げる住居又は施設に入居又は入所をしていたこと。

　(イ)　老人福祉法第5条の2第6項に規定する認知症対応型老人共同生活援助事業が行われる住居、同法第20条の4に規定する養護老人ホーム、同法第20条の5に規定する特別養護老人ホーム、同法第20条の6に規定する軽費老人ホーム又は同法第29条第1項に規定する有料老人ホーム

　(ロ)　介護保険法第8条第28項に規定する介護老人保健施設又は同条第29項に規定する介護医療院

　(ハ)　高齢者の居住の安定確保に関する法律第5条第1項に規定するサービス付き高齢者向け住宅（(イ)の有料老人ホームを除きます。）

② 障害者の日常生活及び社会生活を総合的に支援するための法律第21条第1項に規定する障害支援区分の認定を受けていた被相続人が同法第5条第11項に規定する障害者支援施設（同条第10項に規定する施設入所支援が行われるものに限ります。）又は同条第17項に規定する共同生活援助を行う住居に入所又は入居をしていたこと。

　（注）　被相続人が、上記①の要介護認定若しくは要支援認定又は上記②の障害支援区分の認定を受けていたかどうかは、特定事由により被相続人居住用家屋が被相続人の居住の用に供されなくなる直前において、被相続人がその認定を受けていたかにより判定します。

(2)　次に掲げる要件を満たしていること。

① 特定事由によりその家屋が被相続人の居住の用に供されなくなった時から相続の開始の直前まで、引き続きその家屋がその被相続人の物品の保管その他の用に供されていたこと

②　特定事由によりその家屋が被相続人の居住の用に供されなくなった時から相続の開始の直前までその家屋が事業の用、貸付けの用又は被相続人以外の者の居住の用に供されていたことがないこと

③　被相続人が上記(1)①又は②の住居又は施設（以下「老人ホーム等」といいます。）に入所をした時から相続の開始の直前までの間において、被相続人が主としてその居住の用に供していたと認められる家屋がその老人ホーム等であること

(3)　その家屋が次の3つの要件すべてに該当するもの（特定事由によりその家屋が被相続人の居住の用に供されなくなる直前において、主として被相続人の居住の用に供されていた一の建築物に限ります。）であること

①　昭和56年5月31日以前に建築されたこと

②　区分所有建物登記がされている建物でないこと

③　特定事由により被相続人の居住の用に供されなくなる直前において、被相続人以外に居住をしていた人がいなかったこと

■　被相続人居住用家屋の敷地等のみを相続等により取得した相続人は、この特例を受けることはできません。被相続人居住用家屋と共に被相続人居住用家屋の敷地等を相続等により取得した者のみ特例を受けることができます。

■　この空き家住宅の特例については、被相続人が使用していた対象譲渡資産一体家屋等を複数の相続人が相続した場合には、1億円の限度を超えるかどうかの判定について、特例を受ける者だけでなく、他の相続人の譲渡価額も適用前譲渡及び適用後譲渡として合計することになります。そのためこの特例の特徴的な制度として、対象譲渡を行った者は他の相続人に対し譲渡をした内容などを通知する義務があり、

またその通知を受けた他の相続人が行った適用前譲渡及び適用後譲渡に該当する譲渡について、対象譲渡を行った者に対して通知する義務（通知義務）の制度があります。ただし、この通知義務に違反して、適用前譲渡又は適用後譲渡を行った者から通知がなかったとしても特例の適否には影響しないこととされています（措法35⑧、措通35－25）。

■ 通知する事項など
① 空き家住宅の特例を受けようとする者の通知義務
　他の居住用家屋取得相続人に対して、対象譲渡をした旨、譲渡した日その他参考となる事項を通知する。
② 上記①の通知を受けた者の通知義務
　イ　適用前譲渡をした場合

通知先	上記①の通知をしてきた者
通知の時期	通知を受けた後遅滞なく
通知内容	適用前譲渡をした旨、適用前譲渡をした日、適用前譲渡の対価の額その他参考となる事項

　ロ　適用後譲渡をした場合

通知先	上記①の通知をしてきた者
通知の時期	適用後譲渡をした後遅滞なく
通知内容	適用後譲渡をした旨、適用後譲渡をした日、適用後譲渡の対価の額その他参考となる事項

■ 譲渡所得の内訳書（確定申告書付表兼計算明細書）の「5面」がこの特例のためのページとなっていますので、1面～4面までの内訳書とともに提出もれがないように注意が必要です。

第3章　分離課税の譲渡所得に対する所得税の計算と特例　59

【J05-08】譲渡　被相続居住　3,000万円控除

税務署整理欄
R5

被相続人の居住用財産を譲渡した場合の3,000万円の特別控除の特例適用チェック表

このチェック表は、相続又は遺贈により取得した被相続人の居住用財産を譲渡した場合の3,000万円の特別控除の特例の適用要件について、チェックしていただくためのものです。ご自分でチェックの上、確定申告書及び譲渡所得の内訳書（確定申告書付表兼計算明細書）とともに提出してください。

《特例の概要》

被相続人の居住用財産を譲渡した場合で一定の要件を満たすときに、譲渡所得の金額の計算上3,000万円までの特別控除額を控除することができる特例です（措法35③）。

氏名

	チェック項目 (チェック項目の全てについて「該当」となった場合には、この特例を適用することができます。)	該当	非該当
1	あなたは、譲渡した資産の前所有者（被相続人）の相続人又は包括受遺者ですか。	はい	いいえ
2	相続又は遺贈により取得した被相続人の居住用財産を譲渡したもので、その相続開始の日は、令和2年1月2日以後ですか。	はい	いいえ
3	あなたは、相続又は遺贈により被相続人が居住の用に供していた家屋及びその家屋の敷地等の両方を取得していますか（家屋のみ又は敷地等のみを取得した場合は、この特例の対象外です。）。	はい	いいえ
4	あなたは、被相続人が居住の用に供していた家屋及びその家屋の敷地等について、既にこの特例の適用を受けていますか。	いいえ	はい
5	被相続人が居住の用に供していた家屋は、昭和56年5月31日以前に建築されたものですか。	はい	いいえ
6	被相続人が居住の用に供していた家屋は、区分所有建物（マンション等）ですか。	いいえ	はい
7	配偶者、直系血族、生計を一にする親族、婚姻の届出をしていないが事実上婚姻関係と同様の事情にある者、一定の同族会社等への譲渡ですか。	いいえ	はい
8	譲渡した資産の対価の額は、1億円以下ですか。 (注) 被相続人が居住の用に供していた家屋又はその家屋の敷地等を相続等により取得した、あなたを含む相続人等が、相続の時からあなたが譲渡した日以後3年を経過する日の属する年の12月31日までに当該家屋又は当該家屋の敷地等を譲渡した価額の合計額が1億円を超える場合には、本特例を適用することはできません。	はい	いいえ
9	被相続人の居住用財産に、相続開始の直前において被相続人が居住していたか否かに応じ、該当する区分の項目についてチェックしてください（該当区分の「□欄」にチェック（✓）を付してください）。 □ 被相続人が居住していた場合　被相続人は、被相続人が居住の用に供していた家屋に相続開始の直前において1人で住んでいましたか。 □ 老人ホーム等に入居又は入所しており被相続人が居住していなかった場合（右のチェック項目の全てが「はい」の場合のみ「該当」となります。） 次のいずれか（以下「特定事由」といいます。）に該当しますか。 (1) 介護保険法に規定する要介護認定又は要支援認定を受けていた被相続人その他これに類する被相続人が、①老人福祉法に規定する認知症対応型老人共同生活援助事業が行われる住居、養護老人ホーム、特別養護老人ホーム、軽費老人ホーム又は有料老人ホーム、②介護保険法に規定する介護老人保健施設又は介護医療院、③高齢者の居住の安定確保に関する法律に規定するサービス付き高齢者向け住宅（①の有料老人ホームを除きます。）に入居又は入所していたこと。 (2) 障害者の日常生活及び社会生活を総合的に支援するための法律に規定する障害支援区分の認定を受けていた被相続人が、同法に規定する障害者支援施設（施設入所支援が行われるものに限ります。）又は共同生活援助を行う住居に入所又は入居していたこと。 被相続人が居住の用に供していた家屋は、被相続人の居住の用に供されなくなった時から相続開始の直前まで、引き続き被相続人の物品の保管の用に供されており、事業の用、貸付けの用又は被相続人以外の者の居住の用に供されていませんでしたか。 被相続人が老人ホーム等に入居又は入所した時から相続開始の直前までの間において、老人ホーム等が被相続人の主たる居住用家屋ですか。 老人ホーム等への入居又は入所により被相続人の居住の用に供されなくなる直前において、被相続人以外に同居していた方はいませんでしたか。	はい	いいえ

(裏面へ続きます⇒)

第1部 不動産譲渡所得の概要

チェック項目 (チェック項目の全てについて「該当」となった場合には、この特例を適用することができます。)			該当	非該当
10	被相続人が居住の用に供していた家屋を取り壊したか否かにより、該当する区分の項目についてチェックしてください(該当区分の「□欄」にチェック(✓)を付してください)。		は い	いいえ
	□ 家屋を取り壊さずに譲渡した場合 (右のチェック項目の全てが「はい」の場合のみ「該当」となります。)	被相続人が居住の用に供していた家屋又はその家屋とともにその家屋の敷地等を譲渡しましたか。		
		譲渡した家屋は、相続の時から譲渡の時まで事業の用、貸付けの用又は居住の用に供していませんでしたか。		
		譲渡した家屋は、譲渡の時において地震に対する安全性に係る規定又は基準に適合するものですか。		
	□ 家屋を取り壊してから譲渡した場合 (右のチェック項目の全てが「はい」の場合のみ「該当」となります。)	被相続人が居住の用に供していた家屋の全部の取壊し等をした後に、その家屋の敷地等のみを譲渡しましたか。		
		取壊し等をした家屋は、相続の時から取壊し等の時まで事業の用、貸付けの用又は居住の用に供していませんでしたか。		
		譲渡した敷地等は、相続の時から取壊し等の時まで事業の用、貸付けの用又は居住の用に供していませんでしたか。		
		譲渡した敷地等は、家屋の取壊し等の時から譲渡の時まで建物又は構築物の敷地の用に供していませんでしたか。		
11	この譲渡について、次の特例の適用を受けますか。 (1) 固定資産の交換の場合の特例（所法58） (2) 優良住宅地の造成等のために土地等を譲渡した場合の税率の軽減の特例（措法31の2） (3) 収用等に伴い代替資産を取得した場合の課税の特例（措法33） (4) 収用交換等に伴い資産を取得した場合の課税の特例（措法33の2） (5) 換地処分等に伴い資産を取得した場合の課税の特例（措法33の3） (6) 収用交換等の5,000万円の特別控除の特例（措法33の4） (7) 特定土地区画整理事業等のために土地等を譲渡した場合の譲渡所得の特別控除の特例（措法34） (8) 特定住宅地造成事業等のために土地等を譲渡した場合の譲渡所得の特別控除の特例（措法34の2） (9) 短期間に取得をした土地等を譲渡した場合の1,000万円の特別控除の特例（措法35の2） (10) 低未利用土地等を譲渡した場合の100万円の特別控除の特例（措法35の3） (11) 特定の事業用資産の買換えの場合の譲渡所得の課税の特例（措法37） (12) 特定の事業用資産を交換した場合の譲渡所得の課税の特例（措法37の4） (13) 既成市街地等内にある土地等の中高層耐火建築物等の建設のための買換え及び交換の場合の譲渡所得の課税の特例（措法37の5） (14) 特定の交換分合により土地等を取得した場合の課税の特例（措法37の6①二）（一部） (15) 特定普通財産とその隣接する土地等の交換の場合の譲渡所得の課税の特例（措法37の8） (16) 相続財産に係る譲渡所得の課税の特例（措法39）		いいえ	は い

(注) 1 居住用財産を譲渡した場合の3,000万円の特別控除の特例（措法35①）の適用を受ける場合においても、重複してこの特例（措法35③）を適用することはできますが、その場合、特別控除の限度額は合計で3,000万円となります。
　　 2 この特例の適用を受けようとする方は、被相続人が居住の用に供していた家屋又はその家屋の敷地等を相続等により取得した他の相続人等に対し、譲渡をした旨、譲渡した資産の対価の額等の事項を通知しなければなりません。
　　 3 この特例は、譲渡資産の前所有者（被相続人）から相続又は遺贈により取得した持分に対応する部分の譲渡所得に適用があるため、被相続人の相続開始前からあなたが所有していた持分に対応する部分の譲渡所得は、本特例の対象とはなりません。

(参考)　基礎控除や配偶者（特別）控除などの所得控除の適用に当たっての「合計所得金額」の判定は、3,000万円までの特別控除前の金額で判定します。

【添付書類】
　この特例の適用を受けるためには、次に掲げる区分に応じ、下表の○を付した書類を確定申告書に添付する必要があります。
イ　被相続人が居住の用に供していた家屋又はその家屋とともにその家屋の敷地等を譲渡した方
ロ　被相続人が居住の用に供していた家屋の全部の取壊し等をした後にその家屋の敷地等のみを譲渡した方

	イ	ロ	添付書類
1	○	○	被相続人が居住の用に供していた家屋及びその家屋の敷地等の「登記事項証明書」その他の書類で次に掲げる事項を明らかにするもの ① 譲渡をした方が、被相続人の居住の用に供していた家屋及びその家屋の敷地等を被相続人から相続等により取得したこと。 ② 被相続人の居住の用に供していた家屋が、昭和56年5月31日以前に建築されたこと。 ③ 被相続人の居住の用に供していた家屋が、区分所有建物（マンション等）ではないこと。
2	○	○	「譲渡に係る売買契約書の写し」その他の書類で「譲渡した資産の対価の額が1億円以下であることを明らかにするもの」
3	○	○	譲渡した資産の所在地の市区町村長から交付を受けた「被相続人居住用家屋等確認書」 ※ 上記チェック項目9及び10の適用要件についての確認書となります。
4	○		譲渡した家屋が、譲渡時において地震に対する安全性に係る規定又は基準に適合するものである旨を証する次のいずれかの書類 ① 「耐震基準適合証明書」 　譲渡した家屋の譲渡の日前2年以内に当該証明のための家屋の調査が終了したものに限ります。 ② 「建設住宅性能評価書の写し」 　譲渡した家屋の譲渡の日前2年以内に評価されたもので、耐震等級（構造躯体の倒壊等防止）に係る評価が等級1、等級2又は等級3であるものに限ります。

(注)「譲渡所得の特例の適用を受ける場合の不動産に係る不動産番号等の明細書」又は登記事項証明書の写しなどの不動産番号等の記載のある書類を添付することなどにより、登記事項証明書の原本の添付を省略することができます。

(出所：国税庁ホームページ)

4 特定の居住用財産の買換えの場合の長期譲渡所得の課税の特例〔措法36の2〕

特定の居住用財産を令和7年12月31日までに譲渡して、代わりの居住用財産に買い換えたときは、下記(1)の要件のもと、譲渡益に対する課税を将来に繰り延べることができます。

例えば、2,500万円（譲渡までの減価償却費500万円）で購入した居住用財産を6,000万円で売却し、6,500万円の居住用財産に買い換えた場合には、通常の場合、4,000万円の譲渡益が課税対象となりますが、この特例の適用を受けた場合、売却した年分で譲渡益への課税は行われず、買い換えた居住用財産を将来譲渡したときまで譲渡益に対する課税が繰り延べられます。

(1) 適用要件

① 自分が居住している家屋又は家屋とともにその敷地や借地権等を譲渡し、譲渡した年、その前年又は翌年の3年の間に、買い換える居住用財産を取得すること。なお、以前に住んでいた家屋や敷地等の場合には、住まなくなった日から3年を経過する日の属する年の12月31日までに譲渡すること。

（注）住んでいた家屋又は住まなくなった家屋を取り壊した場合は、次の3つの要件すべてに当てはまることが必要です。

イ	取り壊された家屋及びその敷地は、家屋が取り壊された日の属する年の1月1日において所有期間が10年を超えるものであること
ロ	その敷地の譲渡契約が、家屋を取り壊した日から1年以内に締結され、かつ、住まなくなった日から3年を経過する日の属する年の12月31日までに譲渡すること

> ハ　家屋を取り壊してから譲渡契約を締結した日まで、その敷地を貸駐車場などその他の用に供していないこと

② 譲渡した年、その前年及び前々年に居住用財産を譲渡した場合の3,000万円の特別控除の特例（措法35。ただし、同条3項に規定する被相続人の居住用財産（空き家）に係る譲渡所得の特別控除の特例を除きます。）又は居住用財産を譲渡したときの軽減税率の特例若しくは居住用財産の譲渡損失についての損益通算及び繰越控除の特例の適用を受けていないこと

③ 譲渡した居住用財産と買い換えた居住用財産は日本国内にあるもので、譲渡した居住用財産について、収用等の場合の特別控除等他の特例の適用（措法31の2、31の3、33、33の2、33の3、33の4、34、34の2、34の3、35の2、35の3、36の5、37、37の4、37の5、37の6①二、37の8、所法58）を受けないこと

④ 譲渡代金が1億円以下であること

　この特例の適用を受ける居住用財産と一体として利用していた部分を別途分割して売却している場合における1億円以下であるかどうかの判定は、居住用財産を譲渡した年の前々年から翌々年までの5年間の間に分割して売却した部分も含めた譲渡代金の合計金額により行います。

　このため、居住用財産を譲渡した年、その前年及びその前々年の譲渡代金の合計額が1億円以下であることから、この特例を受けていた場合で、居住用財産を譲渡した年の翌年又は翌々年にこの特例の適用を受けた居住用財産の残りの部分を売却して譲渡代金の合計額が1億円を超えた場合には、その売却の日から4か月以内に修正

申告書の提出及び納税が必要となります（措法36の３）。

⑤ 譲渡した人の居住期間が10年以上で、かつ、譲渡した年の１月１日において譲渡した家屋やその敷地の所有期間が共に10年を超えるものであること

⑥ 居住用財産の譲渡が、贈与、交換、出資又は代物弁済による譲渡ではないこと

⑦ 買い換える建物の床面積が50平方メートル以上のものであり、買い換える土地の面積が500平方メートル以下のものであること

⑧ 居住用財産を譲渡した年の前年から翌年までの３年の間に居住用財産を買い換えること。また、買い換えた居住用財産には、一定期限までに居住を開始すること

　買い換えた居住用財産を住まいとして使用開始する期限は、その居住用財産を取得した時期により次のようになります。

イ	譲渡した年かその前年に取得したとき	譲渡した年の翌年12月31日まで
ロ	譲渡した年の翌年に取得したとき	取得した年の翌年12月31日まで

⑨ 買い換える居住用財産が、令和６年１月１日以後に入居した（または入居見込みの）建築後使用されたことのない住宅で、次のいずれにも該当しないものである場合には、一定の省エネ基準（断熱等性能等級４以上および一次エネルギー消費量等級４以上）を満たすものであること

イ	令和５年12月31日以前に建築確認を受けているもの
ロ	令和６年６月30日以前に建築されたもの

⑩ 買い換える居住用財産が、耐火建築物の中古住宅である場合には、取得の日以前25年以内に建築されたものであること、又は一定の耐震基準を満たすものであること

⑪ 買い換える居住用財産が、耐火建築物以外の中古住宅である場合には、取得の日以前25年以内に建築されたものであること、又は取得期限までに一定の耐震基準を満たすものであること

⑫ 親子や夫婦など特別の関係がある人に対して売ったものでないこと。特別の関係には、このほか生計を一にする親族、家屋を売った後その売った家屋で同居する親族、内縁関係にある人、特殊な関係のある法人なども含まれます。

実務のポイント

■ （特定増改築等）住宅借入金等特別控除については、入居した年、その前年又は前々年に、この居住用財産を買い換えたときの特例の適用を受けた場合には、その適用を受けることはできません。

　また、入居した年の翌年から3年目までのいずれかの年中に、（特定増改築等）住宅借入金等特別控除の対象となる資産以外の資産を譲渡し、この特例の適用を受ける場合にも、（特定増改築等）住宅借入金等特別控除の適用を受けることはできません（下記「6　居住用財産の買換え等の場合の譲渡損失の損益通算及び繰越控除」（71ページ）の場合も同じです。）。

(2) 譲渡所得金額の計算

この特定の居住用財産の買換えの特例を受ける場合の譲渡所得金額

の計算は、以下のようになります。

① **譲渡資産の譲渡価額≦買換え資産の取得価額の場合**

譲渡価額が買換え資産の取得価額以下の場合には、譲渡資産の譲渡はなかったものとして譲渡所得金額は生じないこととなります。

② **譲渡資産の譲渡価額＞買換え資産の取得価額の場合**

買換え資産の取得価額が譲渡資産の譲渡金額に満たない場合には、次の算式に基づいて譲渡所得金額を計算します。

イ　収入金額 ＝ 譲渡資産の譲渡価額 － 買換え資産の取得価額

ロ　必要経費 ＝ (譲渡資産の取得費の額 ＋ 譲渡費用の額) × $\dfrac{イ}{譲渡資産の譲渡価額}$

ハ　長期譲渡所得の金額 ＝ イ － ロ

※　この特定の居住用財産の買換えの特例を受けた買換え資産を、将来譲渡した場合における譲渡所得金額の計算上控除する取得費は、買換え資産の実際の取得費を基とするのではなく譲渡資産の取得費等を引き継ぐ一定の計算方法によりますので注意が必要です（27ページ参照）。

(3) 申告手続等

この特例を受けるためには、次の書類を添えて確定申告をすることが必要です。

① 「譲渡所得の内訳書（確定申告書付表兼計算明細書）［土地・建物用］」

② 譲渡した資産が次のいずれかの資産に該当する事実を記載した書類

イ	自分が住んでいる家屋のうち国内にあるもの（家屋の存在する場所に居住していた期間が10年以上であるものに限られます。）

ロ	上記イの家屋で自分が以前に住んでいたもの（住まなくなった日から3年を経過する日の属する年の12月31日までの間に譲渡されるものに限ります。）
ハ	上記イ又はロの家屋及びその家屋の敷地や借地権
ニ	上記イの家屋が災害により滅失した場合において、その家屋を引き続き所有していたとしたならば、その年の1月1日において所有期間が10年を超えるその家屋の敷地や借地権（災害があった日から3年を経過する日の属する年の12月31日までの間に譲渡したものに限ります。）

③ 譲渡した資産の登記事項証明書等で所有期間が10年を超えるものであることを明らかにするもの

④ 買い換えた資産の登記事項証明書や売買契約書の写しで、取得したこと及び買い換えた資産の面積を明らかにするもの

⑤ 売買契約書の写しなどで譲渡代金が1億円以下であることを明らかにするもの

⑥ 買い換えた資産が令和6年1月1日以後に入居する（または入居見込みの）建築後使用されたことのない住宅である場合には、次のイからホに掲げる書類のうちいずれかの書類

イ	確認済証の写しまたは検査済証の写し（令和5年12月31日以前に建築確認を受けたことを証するものに限ります。）
ロ	家屋の登記事項証明書（令和6年6月30日以前に建築されたことを証するものに限ります。）
ハ	住宅用家屋証明書（特定建築物用）
ニ	次の(イ)および(ロ)の書類 (イ) 低炭素建築物新築等計画の認定通知書の写し 　　なお、低炭素建築物新築等計画の変更の認定を受けた場合は変更認定通知書の写しが必要です。

㈻	住宅用家屋証明書（認定低炭素住宅に該当する旨などの記載があるものに限ります。）若しくはその写し又は認定低炭素住宅建築証明書
ホ	住宅省エネルギー性能証明書又は建設住宅性能評価書の写し（特定エネルギー消費性能向上住宅またはエネルギー消費性能向上住宅に該当することを証するものに限ります。）

⑦　買い換えた資産が中古住宅である場合には、取得の日以前25年以内に建築されたものであることを明らかにする書類、又は耐震基準適合証明書など

　なお、次の場合には、さらに以下の書類が必要となります。

イ	譲渡した資産に係る売買契約を締結した日の前日において住民票に記載されていた住所と売却した資産の所在地とが異なる場合や譲渡した日の前10年以内において住民票に記載されていた住所を異動したことがある場合その他これらに類する場合には、戸籍の附票の写し等で、譲渡した資産が上記②イからニのいずれかに該当することを明らかにするもの
ロ	確定申告書の提出の日までに買い換えた資産に住んでいない場合には、その旨及び住まいとして使用を開始する予定年月日その他の事項を記載したもの

参考 判決・裁決 事例46・328ページ

5　特定の居住用財産を交換した場合の長期譲渡所得の課税の特例〔措法36の5〕

　個人の有する家屋又は土地等で、上記「4　特定の居住用財産の買換えの場合の長期譲渡所得の課税の特例」の適用対象となる譲渡資産に該当するもの（この5において「交換譲渡資産」といいます。）とその個

人の居住の用に供する家屋又は土地等で特定の居住用財産の買換えの場合の長期譲渡所得の特例（措法36の2①）の適用対象となる買換資産に該当するもの（この5において「交換取得資産」といいます。）との交換をした場合（その交換に伴い交換差金を取得し、又は支払った場合を含みます。）又は交換譲渡資産と交換取得資産に該当しない資産との交換をし、かつ、交換差金を取得した場合には、次のようにみなして租税特別措置法36条の2《特定の居住用財産の買換えの場合の長期譲渡所得の課税の特例》の規定を適用します。

① 交換譲渡資産は、その個人が、その交換の日において、その交換の日におけるその資産の価額に相当する金額で譲渡があったものとみなします。

② 交換取得資産は、その個人が、その交換の日において、その日におけるその資産の価額に相当する金額で取得したものとみなします。

(1) 特例の適用除外

　この特例は、固定資産の交換などの他の交換の特例（所法58、措法31の2、31の3、33、33の2、33の3、33の4、34、34の2、34の3、35、35の2、35の3、37、37の4、37の5、37の6、37の8）を受ける場合には、適用できません。

(2) 申告手続等

　この特例を受けるための申告手続等は、上記4「特定の居住用財産の買換えの場合の長期譲渡所得の課税の特例」（61ページ）を受ける場合と同じです。

第3章　分離課税の譲渡所得に対する所得税の計算と特例　69

【J05-11】譲渡　本人居住　買換

税務署整理欄
R5	

特定の居住用財産の買換えの場合の特例適用チェック表

このチェック表は、特定の居住用財産を譲渡した場合の買換えの特例の適用要件について、チェックしていただくためのものです。ご自分でチェックの上、確定申告書及び譲渡所得の内訳書（確定申告書付表兼計算明細書）とともに提出してください。

《特例の概要》
　この特例は、一定の要件を満たす居住用財産を譲渡し、一定の期間内に居住用財産を取得して居住した場合に、譲渡価額が買換資産の取得価額以下のときには譲渡がなかったものとされ、譲渡価額が買換資産の取得価額を超える場合にはその超えた部分に譲渡所得が課税される特例です（措法36の2）。
　また、この買換えの特例のほかに、居住用財産を譲渡した場合で一定の要件を満たすときには、譲渡所得の金額から最高3,000万円までの特別控除額を控除することができる「居住用財産を譲渡した場合の3,000万円の特別控除の特例」（措法35①）がありますが、確定申告書を提出した後に、特例の選択替えをすることはできませんので注意してください。

氏名

	チェック項目 (チェック項目の全てについて「該当」となった場合には、この特例を適用することができます。)		該当	非該当
1	あなたが居住の用に供していたもの（居住していた時点で、あなたが所有していたもの）で、国内にあるもの譲渡ですか。		はい	いいえ
2	譲渡の時に居住用財産が1か所の場合	□ 譲渡の時に譲渡した居住用財産に居住していた場合 　「はい」に○を付けてください。 □ 譲渡の時に譲渡した居住用財産に居住していなかった場合 　譲渡した居住用財産から転居したのは令和2年1月2日以後ですか。	はい	いいえ
	譲渡の時に居住用財産が複数の場合	□ 譲渡の時に譲渡した居住用財産に居住していた場合 　譲渡の時において、主として居住していた家屋の譲渡ですか。 □ 譲渡の時に譲渡した居住用財産に居住していなかった場合 　譲渡した家屋に居住しなくなったのは令和2年1月2日以後で、かつ、その譲渡した家屋に居住しなくなった時において、主として居住していた家屋の譲渡ですか。		
3	次のうち該当する区分についてチェックしてください（該当区分の「□欄」にチェック（✓）を付してください）。 □ 居住の用に供していた家屋を取り壊さずに譲渡した場合 　「はい」に○を付けてください。 □ 居住の用に供していた家屋を取り壊し土地等のみを譲渡した場合 　居住の用に供していた家屋を取り壊してから1年以内に売買契約をし、かつ、その家屋を取り壊してから売買契約までの間に、貸付け等に使用していませんか。		はい	いいえ
4	譲渡した居住用財産は、平成24年12月31日以前に取得したものですか。		はい	いいえ
5	あなたは譲渡した居住用財産に10年以上居住していましたか。		はい	いいえ
6	譲渡した居住用財産の譲渡に係る対価の額（令和3年・令和4年に当該譲渡資産と一体として当該個人の居住の用に供されていた家屋又は土地等の譲渡をしている場合には、その価額を加算した額）は、1億円以下ですか。		はい	いいえ
7	今回の居住用財産の譲渡は、贈与、交換、出資又は代物弁済による譲渡ですか。		いいえ	はい
8	配偶者、直系血族、生計を一にする親族、婚姻の届出をしていないが事実上婚姻関係と同様の事情にある者、一定の同族会社等への譲渡ですか。		いいえ	はい
9	買い換える資産は、令和4年・令和5年に取得したもの又は令和6年中に取得する予定のもので、国内にあるものですか。		はい	いいえ
10	買い換えた家屋は、その床面積のうち居住用部分の床面積が50㎡以上で、その敷地の面積が500㎡以下ですか。		はい	いいえ
11	買い換えた家屋に関し、次のうち該当する区分についてチェックしてください（該当区分の「□欄」にチェック（✓）を付してください）。			
	建築後使用されたことがない場合	□ 令和5年12月31日までに取得し居住した場合 　「はい」に○を付けてください。 □ 令和6年1月1日以後に居住の用に供した又は供する見込みの場合 　取得した又は取得する予定の家屋は、①省エネ基準に適合する住宅（断熱等性能等級4以上及び一次エネルギー消費量等級4以上であるものに限る。）、②令和5年12月31日以前に建築確認を受けているもの又は③令和6年6月30日以前に建築されたもの、のいずれかに該当しますか。	はい	いいえ
	建築後使用されたことがある場合	□ 耐火建築物である場合 　取得した家屋は、①取得の日以前25年以内に建築されたもの又は②耐震基準の適合したものですか。 □ 耐火建築物以外である場合 　取得した家屋は、①取得の日以前25年以内に建築されたもの又は②取得期限までに耐震基準の適合することが証明されたものですか。		

(裏面へ続きます⇒)

チェック項目 （チェック項目の全てについて「該当」となった場合には、この特例を適用することができます。）	該当	非該当
12　買い換えた資産に、現在居住していますか。または、取得した翌年中にあなたの居住の用に供する予定ですか。	はい	いいえ
13　令和3年分又は令和4年分において、既に次の居住用財産の譲渡所得の特例の適用を受けていますか。 また、この譲渡について、次の居住用財産の譲渡所得の特例の適用を受けますか。 (1) 居住用財産を譲渡した場合の長期譲渡所得の課税の特例（措法31の3） (2) 居住用財産を譲渡した場合の3,000万円の特別控除の特例（措法35①） (3) 居住用財産の買換え等の場合の譲渡損失の損益通算及び繰越控除の特例（措法41の5） (4) 特定居住用財産の譲渡損失の損益通算及び繰越控除の特例（措法41の5の2）	いいえ	はい
14　この譲渡について、次の特例の適用を受けますか。 (1) 固定資産の交換の場合の特例（所法58） (2) 優良住宅地の造成等のために土地等を譲渡した場合の税率の軽減の特例（措法31の2） (3) 収用等に伴い代替資産を取得した場合の課税の特例（措法33） (4) 収用等の交換処分等に伴い資産を取得した場合の課税の特例（措法33の2） (5) 換地処分等に伴い資産を取得した場合の課税の特例（措法33の3） (6) 収用交換等の場合の5,000万円の特別控除の特例（措法33の4） (7) 特定土地区画整理事業等のために土地等を譲渡した場合の譲渡所得の特別控除の特例（措法34） (8) 特定住宅地造成事業等のために土地等を譲渡した場合の譲渡所得の特別控除の特例（措法34の2） (9) 平成21年中又は平成22年中に取得をした土地等を譲渡した場合の1,000万円の特別控除の特例（措法35の2） (10) 低未利用土地等を譲渡した場合の100万円の特別控除の特例（措法35の3） (11) 特定の居住用財産を交換した場合の長期譲渡所得の課税の特例（措法36の5） (12) 特定の事業用資産の買換えの場合の譲渡所得の課税の特例（措法37） (13) 特定の事業用資産を交換した場合の譲渡所得の課税の特例（措法37の4） (14) 既成市街地等内にある土地等の中高層耐火建築物等の建設のための買換え及び交換の場合の譲渡所得の課税の特例（措法37の5） (15) 特定の交換分合により土地等を取得した場合の課税の特例（措法37の6①二）（一部） (16) 特定普通財産とその隣接する土地等の交換の場合の譲渡所得の課税の特例（措法37の8）	いいえ	はい
15　今回譲渡した居住用財産以外の財産について、令和2年から4年までのいずれかの年分における（特定増改築等）住宅借入金等特別控除（措法41、41の2、41の2の2、41の3の2）の特例（以下「ローン控除等」といいます。）の適用の有無に応じ、次のうち該当する区分についてチェックしてください。 （該当区分の「□欄」にチェック（✓）を付けてください。） (注)　ローン控除等と居住用財産を譲渡した場合の特例は重複適用できません。 □　令和2年分から4年分でローン控除等の適用を受けていない場合 　　令和2年から4年までのいずれかの年分において、ローン控除等の適用を受けておらず、かつ、令和5年分においても適用を受けないですか。 □　令和2年分から4年分でローン控除等の適用を受けている場合 　　ローン控除等の適用を受けていた令和2年から4年までの各年分の所得税についての修正申告書又は期限後申告書を、令和5年分の所得税の確定申告期限までに提出し、適用を受けた（特定増改築等）住宅借入金等特別控除に相当する税額を納付しますか。 　　また、令和5年分においてもローン控除等の適用を受けないですか。	はい	いいえ
16　令和6年分及び令和7年分において、ローン控除等の適用を新たに受けないですか。 (注)　この特例の適用を撤回してローン控除等の適用を受けることはできません。	はい	いいえ

(注)　被相続人の居住用財産を譲渡した場合の3,000万円の特別控除の特例（措法35③）の適用を受けている場合においても、この特例（措法36の2）の適用要件を具備している場合には、重複してこの特例の適用を受けることができます。

【添付書類】

この特例の適用を受けるためには、次に掲げる区分に応じ、下表の〇を付した書類を確定申告書に添付する必要があります（一定の条件に該当する場合は、△を付した書類についても確定申告書に添付する必要があります。）。
イ　買換資産を既に取得している方
ロ　買換資産を取得する予定の方

	イ	ロ	添付書類
1	〇	〇	譲渡資産の登記事項証明書その他これに類する書類で、譲渡資産の所有期間が10年を超えることを明らかにするもの
2	〇	〇	譲渡資産の売買契約書の写しその他の書類で、譲渡対価の額が1億円以下であることを明らかにするもの
3	〇		買換資産に係る登記事項証明書、売買契約書や建築請負契約書の写しその他の書類で、買換資産の取得をしたこと及び買換資産に係る家屋の床面積を明らかにする書類
4	△		買換資産に係る家屋が建築後使用されたことのある場合には、その取得の日以前25年以内に建築されたもの、又は耐震基準適合証明書又は当該家屋が耐震基準に適合する家屋であることを証明する書類
5	△		買換資産に係る家屋が建築後使用されたことのない場合で、令和6年1月1日以降に居住の用に供した又は供する見込みの場合、次の①から⑤までに掲げる書類のうちいずれかの書類 ①　確認済証の写し又は検査済証の写し（令和5年12月31日以前に確認を受けたことを証する場合に限ります。） ②　登記事項証明書（令和6年6月30日までに建築されたことを証する場合に限ります。） ③　住宅用家屋証明書（特定建築物用） ④　低炭素建築物新築等計画の認定通知書の写し及び住宅用家屋証明書（認定低炭素住宅に該当する旨等の記載があるものに限ります。）の写し（または、低炭素建築物新築等計画の認定通知書の写し及び建築士等が発行する認定低炭素住宅建築証明書） ⑤　建築士等が発行する住宅省エネルギー性能証明書又は登録住宅性能評価機関が発行する建設住宅性能評価書の写し（ZEH水準省エネ住宅又は省エネ基準適合住宅に該当することを証する書類に限ります。）
6	△		買換資産を居住の用に供していない場合には、居住の用に供していない旨及びその居住の用に供する予定年月日その他の事項を記載した書類
7	△	△	居住用財産の譲渡に係る契約締結日の前日において、譲渡をした方の住民票に記載されていた住所と譲渡した資産の所在地が異なるなど一定の場合には、戸籍の附票の写し、消除された戸籍の附票の写しなど、譲渡した資産を居住の用に供していたことを明らかにするもの
8		〇	買換（代替）資産の明細書（買換資産を取得した後に、買換資産の登記事項証明書や売買契約書の写しなど、上記3から5の書類の提出が必要です。）

※　「譲渡所得の特例の適用を受ける場合の不動産に係る不動産番号等の明細書」又は登記事項証明書の写しなどの不動産番号等の記載のある書類を添付することなどにより、登記事項証明書の原本の添付を省略することができます。

（出所：国税庁ホームページ）

6 居住用財産の買換え等の場合の譲渡損失の損益通算及び繰越控除〔措法41の5〕

　居住の用に供していた自宅（旧居宅）を令和7年12月31日までに売却して、新たに自宅（新居宅）を購入した場合に、旧居宅の譲渡による損失（譲渡損失）が生じたときは、一定の要件を満たすものに限り、その譲渡損失をその年の給与所得や事業所得など他の所得から控除（損益通算）することができます。さらに、損益通算を行っても控除しきれなかった譲渡損失は、譲渡の年の翌年以後3年内に繰り越して控除（繰越控除）することができます。

(1) 特例適用要件

① 自分が住んでいる居住用財産を譲渡すること。なお、以前に住んでいた居住用財産の場合には、住まなくなった日から3年を経過する日の属する年の12月31日までに譲渡すること

（注）住んでいた家屋又は住まなくなった家屋を取り壊した場合は、次の3つの要件すべてに当てはまることが必要です。
　イ　取り壊された家屋及びその敷地は、家屋が取り壊された日の属する年の1月1日において所有期間が5年を超えるものであること
　ロ　その敷地の譲渡契約が、家屋を取り壊した日から1年以内に締結され、かつ、住まなくなった日から3年を経過する日の属する年の12月31日までに売ること
　ハ　家屋を取り壊してから譲渡契約を締結した日まで、その敷地を貸駐車場などその他の用に供していないこと

② 譲渡の年の1月1日における所有期間が5年を超える資産（旧居宅）で日本国内にあるものの譲渡であること（居住の用に供している家屋を2以上有する場合には、主として居住の用に供している一の家屋に限ります。また、譲渡する家屋のうちに居住の用以外の用

に供している部分がある場合には、居住の用に供している部分に限ります。）

③ 災害によって滅失した家屋で当該家屋を引き続き所有していたとしたら、譲渡の年の1月1日において所有期間が5年を超える家屋の敷地の場合は、その敷地を災害があった日から3年を経過する日の属する年の12月31日まで（住まなくなった家屋が災害により滅失した場合は、住まなくなった日から3年を経過する日の属する年の12月31日まで）に売ること

④ 譲渡の年の前年の1月1日から売却の年の翌年12月31日までの間に日本国内にある居住用資産（新居宅）で家屋の床面積が50平方メートル以上である買換資産を取得すること（一棟の家屋のうち、独立部分を区分所有する場合には、その独立部分の床面積のうちその個人が居住の用に供する部分の床面積が50平方メートル以上であるもの。）

⑤ 買換資産（新居宅）を取得した年の翌年12月31日までの間に居住の用に供すること又は供する見込みであること

⑥ 買換資産（新居宅）を取得した年の12月31日において買換資産について償還期間10年以上の住宅ローンを有すること

(2) **特例の適用除外**

① 繰越控除が適用できない場合

イ 旧居宅の敷地の面積が500平方メートルを超える場合

旧居宅の敷地の面積が500平方メートルを超える場合は、500平方メートルを超える部分に対応する譲渡損失の金額については適用できません。

ロ 繰越控除を適用する年の12月31日（譲渡した方が、死亡した場合は死亡の日）において買換資産（新居宅）について償還期間10年以上の住宅ローンの残高がない場合

ハ 合計所得金額が3,000万円を超える場合

合計所得金額が3,000万円を超える年がある場合は、その年のみ適用できません。

② **損益通算及び繰越控除の両方が適用できない場合**

イ 旧居宅の売主と買主が、親子や夫婦など特別の関係にある場合

特別の関係には、このほか生計を一にする親族、家屋を売った後その売った家屋で同居する親族、内縁関係にある人、特殊な関係にある法人なども含まれます。

ロ 旧居宅を売却した年の前年及び前々年に次の特例を適用している場合

1	居住用財産を譲渡した場合の長期譲渡所得の軽減税率の特例（措法31の3）
2	居住用財産の譲渡所得の3,000万円の特別控除（被相続人の居住用財産に係る譲渡所得の特別控除の特例を除きます。）（措法35）
3	特定の居住用財産の買換えの場合の長期譲渡所得の課税の特例（措法36の2）
4	特定の居住用財産を交換した場合の長期譲渡所得の課税の特例（措法36の5）

ハ 旧居宅を売却した年又はその年の前年以前3年内における資産の譲渡について、特定居住用財産の譲渡損失の損益通算の特例（措法41の5の2①）の適用を受ける場合又は受けている場合

ニ 売却の年の前年以前3年内の年において生じた他の居住用財産

の譲渡損失の金額について居住用財産を買い換えた場合の譲渡損失の損益通算の特例を受けている場合

(注) この特例と（特定増改築等）住宅借入金等特別控除制度は併用できます。

(3) 申告手続等

① 損益通算の場合

確定申告書に次の書類を添付する必要があります。

イ 「居住用財産の譲渡損失の金額の明細書（確定申告書付表）」

ロ 「居住用財産の譲渡損失の損益通算及び繰越控除の対象となる金額の計算書（租税特別措置法第41条の5用）」

ハ 旧居宅に関する次の書類

(イ) 売った資産が次のいずれかの資産に該当する事実を記載した書類

1	自分が住んでいる家屋のうち国内にあるもの
2	上記1の家屋で自分が以前に住んでいたもの（住まなくなった日から3年を経過する日の属する年の12月31日までの間に譲渡されるものに限ります。）
3	上記1又は2の家屋及びその家屋の敷地や借地権
4	上記1の家屋が災害により滅失した場合において、その家屋を引き続き所有していたとしたならば、その年の1月1日において所有期間が5年を超えるその家屋の敷地や借地権（災害があった日から3年を経過する日の属する年の12月31日までの間に売ったものに限ります。）

(ロ) 登記事項証明書や売買契約書の写しなどで所有期間が5年を超えること及び面積を明らかにするもの

(ハ) 売った時において住民票に記載されていた住所と売った資産

第3章　分離課税の譲渡所得に対する所得税の計算と特例　75

　　　　の所在地とが異なる場合その他これらに類する場合には、戸籍の附票の写し等で、売った資産が上記(イ)の1から4のいずれかに該当することを明らかにするもの
　ニ　新居宅に関する次の書類
　　(イ)　登記事項証明書や売買契約書の写しなどで購入した年月日、家屋の床面積を明らかにするもの
　　(ロ)　年末における住宅借入金等の残高証明書
　　(ハ)　確定申告書の提出の日までに買い換えた資産に住んでいない場合には、その旨及び住まいとして使用を開始する予定年月日その他の事項を記載したもの
② 　繰越控除の場合
次の手続等が必要です。

イ	損益通算の適用を受けた年分について、一定の書類の添付がある期限内申告書を提出していること
ロ	損益通算の適用を受けた年分の翌年分から繰越控除を適用する年分まで連続して確定申告書（損失申告用）を提出すること
ハ	確定申告書に年末における住宅借入金等の残高証明書を添付すること

参考 判決・裁決　事例50・350ページ

―実務のポイント――――――――――――――
■　譲渡損失が生じた年の損益通算の順序
　(1)　まず、その年分の経常所得の金額（利子、配当、不動産、事業、給与、雑所得の金額をいいます。）について、損益通算の規定による控除を行います。

(2) 次に、この特例の譲渡損失の金額を次の①から⑦の所得金額から順次控除します。

①	総合短期譲渡所得の金額
②	総合長期譲渡所得の金額
③	一時所得の金額（特別控除後、2分の1前）
④	土地等に係る事業所得等の金額
⑤	経常所得の金額
⑥	山林所得の金額
⑦	退職所得の金額

(3) その上で、その年の前年以前3年内に純損失の金額がある場合には、純損失の繰越控除を行います（繰越控除は、最も古い年分に生じた純損失の金額から順次控除します。）。

(4) さらに、その年の前年以前3年内に雑損失の金額がある場合には、雑損失の繰越控除を行います（繰越控除は、最も古い年分に生じた雑損失の金額から順次控除します。）。

■ 繰越控除を受ける年の繰越控除の順序

(1) まず、その年分の損益通算の規定による控除を行います。

(2) 次に、その年の前年以前3年内に純損失の金額がある場合には、純損失の繰越控除を行います（繰越控除は、最も古い年分に生じた純損失の金額から順次控除します。）。

(3) その上で、この特例による繰越控除を行いますが、この場合、次の①から⑥の所得金額から順次控除します。

①	分離長期譲渡所得の金額
②	分離短期譲渡所得の金額

③	総所得金額
④	土地等に係る事業所得等の金額
⑤	山林所得金額
⑥	退職所得金額

(4) さらに、その年の前年以前3年内に雑損失の金額がある場合には、雑損失の繰越控除を行います（繰越控除は、最も古い年分に生じた雑損失の金額から順次控除します。）。

■ 買換え資産に係る住宅ローンの要件

次の3つの要件のすべてに当てはまる借入金又は債務（利息に対応するものを除きます。）であることが必要です。

(1) 住宅の新築や取得又は住宅の敷地の用に供される土地等の取得をするために直接必要な借入金又は債務であること

(2) 償還期間が10年以上の割賦償還の方法により返済されるもの又は賦払の期間が10年以上の割賦払の方法により支払われるものであること

　割賦償還又は割賦払の方法とは、返済又は支払の期日が、月や年など1年以下の期間を単位として、おおむね規則的に定められている方法です。そして、それぞれの期日における返済額又は支払額が、あらかじめ具体的に定められていなければなりません。また、月払いにおける10年以上の償還期間は、その住宅ローン等の最初の返済又は支払の月から返済が終了する月までの期間により計算します。

(3) 一定の者からの借入金又は債務であること

　一定の者からの借入金又は債務とは、上記(1)に要する資金に充てるために、銀行、信用金庫、農業協同組合、独立行政法人住宅金融

支援機構などから借り入れた借入金や給与所得者がその使用者から借り入れた借入金などで、上記(2)に該当するものをいいます。

第3章　分離課税の譲渡所得に対する所得税の計算と特例

【J05-13】譲渡　居住用買換 41の5

R5　税務署整理欄

居住用財産の買換え等の場合の譲渡損失の損益通算及び繰越控除の特例適用チェック表

　このチェック表は、居住用財産の買換え等の場合の譲渡損失の損益通算及び繰越控除の特例の適用要件について、チェックしていただくためのものです。ご自分でチェックの上、確定申告書、居住用財産の譲渡損失の金額の明細書《確定申告書付表》及び居住用財産の譲渡損失の損益通算及び繰越控除の対象となる金額の計算書《租税特別措置法第41条の5用》とともに提出してください。

《特例の概要》
　この特例は、居住用財産を買い換えた場合で一定の要件を満たすときに、その譲渡損失の金額について、土地・建物等の譲渡による所得以外の一定の所得との損益通算及び翌年以後3年内の各年分の総所得金額等から繰越控除をすることができる特例です（措法41の5）。

氏名

	チェック項目 (チェック項目の全てについて「該当」となった場合には、この特例を適用することができます。)	該当	非該当
損益通算			
1	あなたが譲渡した資産（家屋又は家屋及びその敷地等）は、平成29年12月31日以前に取得（購入）し、あなたが居住の用に供していたもので、国内にあるものですか。 （注）　相続又は贈与等によりその資産を取得している場合は、被相続人又は贈与者が資産を取得した日で判定します。	はい	いいえ
2	次のうち該当する区分についてチェックしてください（該当区分の「□」にもチェック（✓）を付けてください）。 譲渡の時に居住用財産が1か所の場合 □　譲渡の時に譲渡した居住用財産に居住していた場合 　　「はい」に○を付けてください。 □　譲渡の時に譲渡した居住用財産に居住していなかった場合 　　譲渡した居住用財産から転居したのは令和2年1月2日以後ですか。 譲渡の時に居住用財産が複数の場合 □　譲渡の時に譲渡した居住用財産に居住していた場合 　　譲渡の時において、主として居住していた家屋の譲渡ですか。 □　譲渡の時に譲渡した居住用財産に居住していなかった場合 　　譲渡した家屋に居住しなくなったのは令和2年1月2日以後で、かつ、その家屋に居住しなくなった時において、主として居住していた家屋の譲渡ですか。	はい	いいえ
3	次のうち該当する区分についてチェックしてください（該当区分の「□」にもチェック（✓）を付けてください）。 □　居住の用に供していた家屋を取り壊さずに譲渡した場合 　　「はい」に○を付けてください。 □　居住の用に供していた家屋を取り壊し土地のみを譲渡した場合 　　居住の用に供していた家屋を取り壊してから1年以内に売買契約をし、かつ、その家屋を取り壊してから売買契約までの間に、貸付け等に使用していませんか。	はい	いいえ
4	配偶者、直系血族、生計を一にする親族、婚姻の届出をしていないが事実上婚姻関係と同様の事情にある者、一定の同族会社等への譲渡ですか。	いいえ	はい
5	買換資産は、令和4年・令和5年中に取得したもの又は令和6年中に取得する予定のもので、国内にあるものですか。	はい	いいえ
6	買換資産は、あなたの居住の用に供していますか。または、取得した翌年中にあなたの居住の用に供する予定ですか。	はい	いいえ
7	取得した又は取得する予定の家屋の居住用部分の床面積は50㎡以上ですか。	はい	いいえ
8	買換資産は一定の住宅借入金等（住宅の取得等に要する資金に充てるための、金融機関又は独立行政法人住宅金融支援機構等からの借入金で、契約において償還期間が10年以上の割賦償還の方法により返済するもの）により取得しましたか。また、買換予定の場合、上記住宅借入金等により取得する予定ですか。	はい	いいえ
9	買換資産を取得した年の12月31日において、住宅借入金等の残高がありますか（令和6年中に取得する予定の場合には、令和6年12月31日において住宅借入金等の残高がある予定ですか。）。	はい	いいえ
10	令和2年分から4年分のいずれかの年分において生じた他の居住用財産の譲渡損失の金額について、この特例（措法41の5）の適用を受けていますか。	いいえ	はい

（裏面へ続きます⇒）

80　第1部　不動産譲渡所得の概要

チェック項目 （チェック項目の全てについて「該当」となった場合には、この特例を適用することができます。）			該当	非該当
損益通算（続き）	11	令和2年分から5年分のいずれかの年分において生じた他の居住用財産の譲渡損失の金額について、特定居住用財産の譲渡損失の損益通算及び繰越控除の特例（措法41の5の2）の適用を受けていますか。	いいえ	はい
	12	令和3年分又は令和4年分において、既に次の居住用財産の譲渡所得の特例の適用を受けていますか。 (1) 居住用財産を譲渡した場合の長期譲渡所得の課税の特例（措法31の3） (2) 居住用財産を譲渡した場合の3,000万円の特別控除の特例（措法35①） (3) 特定の居住用財産の買換えの場合の特例（措法36の2） (4) 特定の居住用財産を交換した場合の長期譲渡所得の課税の特例（措法36の5）	いいえ	はい
繰越控除	13	繰越控除を受ける年の合計所得金額が3,000万円を超えていませんか。	はい	いいえ
	14	その年の12月31日（譲渡した方が、死亡した場合は死亡の日）において、その買換資産に係る一定の住宅借入金等の残高がありますか。	はい	いいえ
	15	居住用財産の譲渡損失が生じた年分の所得税の確定申告書をその提出期限までに提出し、かつ、その後において連続して繰越控除の対象となる金額を計算した確定申告書を提出していますか。	はい	いいえ

(注) 1　被相続人の居住用財産を譲渡した場合の3,000万円の特別控除の特例（措法35③）の適用を受けている場合においても、この特例（措法41の5）の適用要件を具備している場合には、重複してこの特例の適用を受けることができます。
　　 2　譲渡した土地等の面積が500㎡を超える場合には、500㎡までの部分のみが、繰越控除の対象となります。
　　 3　居住用家屋の所有者以外の者が、その家屋の敷地の用に供されている土地等で平成29年12月31日以前に取得（購入）したものの全部又は一部を有している場合において、措法通達41の5－11（居住用家屋の所有者とその敷地の所有者が異なる場合の取扱い）に定める要件の全てを満たすときは、この特例の適用を受けることができます。
　　〔主な要件〕
　　　① 買換資産は、居住の用に供する一の家屋又は当該家屋とともに取得した当該家屋の敷地の用に供する一の土地等で国内にあるものであること。
　　　② 買換資産である家屋又は土地等は、譲渡した家屋又は土地等の譲渡収入金額の割合に応じて取得していること。
　　　③ 譲渡した家屋の所有者と土地等の所有者とは、譲渡の時（当該家屋がその所有者の居住の用に供されなくなった日から同日以後3年を経過する日の属する年の12月31日までの間に譲渡されたものであるときは、その居住の用に供されなくなった時）から買換資産を居住の用に供するまでの間、親族関係を有し、かつ、生計を一にしていること。
　　 4　次に掲げる項目に該当する場合には、特例の適用を受けた年分の所得税についての修正申告書を提出し、かつ、その修正申告書の提出により納付すべき税額を納付する必要があります。
　　　① 譲渡した年の翌年12月31日までに買換資産を取得しなかった場合（譲渡した年の翌年12月31日から4か月以内）
　　　② 買換資産を取得した年の12月31日において住宅借入金等がない場合（譲渡した年の翌年12月31日から4か月以内）
　　　③ 買換資産を取得した年の翌年12月31日までに居住の用に供しない場合（買換資産を取得した年の翌年12月31日から4か月以内）

【添付書類】
この特例の適用を受けるためには、次の書類を確定申告書に添付する必要があります。

損益通算の特例（令和5年分）	1	居住用財産の譲渡損失の金額の明細書《確定申告申告書付表》
	2	居住用財産の譲渡損失の損益通算及び繰越控除の対象となる金額の計算書【租税特別措置法第41条の5用】
	3	譲渡資産に係る登記事項証明書、売買契約書の写しその他の書類で、譲渡した年（令和5年）1月1日において譲渡資産の所有期間が5年を超えるものであること及び当該譲渡資産に土地等が含まれている場合には、その面積を明らかにするもの。 (注) 居住用財産の譲渡に係る契約締結日の前日において、譲渡をした方の住民票に記載されていた住所と譲渡した資産の所在地が異なるなど一定の場合には、戸籍の附票の写し、消除された戸籍の附票の写しなど、譲渡した資産を居住の用に供していたことを明らかにするものを添付する必要があります。
	4	買換資産に係る登記事項証明書、売買契約書の写しその他の書類で、買換資産の取得をしたこと、当該買換資産の取得年月日及び当該買換資産に係る家屋の床面積が50㎡以上であることを明らかにする書類 (注) 1　提出期限までに居住の用に供していない場合には、その旨及びその居住の用に供する予定年月日その他の事項を記載した書類の提出が必要です。 　　 2　令和6年中に買換資産を取得する場合には、買換資産に係る登記事項証明書等を、令和7年3月17日までに提出する必要があります。
	5	買換資産に係る住宅借入金等の残高証明書 (注) 令和6年中に買換資産を取得する場合には、令和7年3月17日までに提出する必要があります。
繰越控除の特例（令和6年分以後）	6	繰越控除を受けようとする各年の12月31日（繰越控除を受けようとする者が死亡した日の属する年にあっては、その死亡した日）における買換資産に係る住宅借入金等の残高証明書 (注) 1　繰越控除の計算は、「申告書（第一表、第二表）」の様式を使用して行います（その年分に分離課税の土地建物等の譲渡所得がない場合）。 　　 2　譲渡損失を翌年（令和6年）分の所得の黒字から控除しても、なお翌々年（令和7年）以後に繰り越す譲渡損失の額がある場合は、「申告書第四表（損失申告用）」を提出する必要があります。 　　 3　寡婦控除、ひとり親控除、勤労学生控除、配偶者控除及び扶養控除を判定する場合の「合計所得金額」は、繰越控除の適用前の金額で判定します。

(注)　「譲渡所得の特例を受ける場合の不動産に係る不動産番号等の明細書」又は登記事項証明書の写しなどの不動産番号等の記載のある書類を添付することなどにより、登記事項証明書の原本の添付を省略することができます。

（出所：国税庁ホームページ）

7 特定居住用財産の譲渡損失の損益通算及び繰越控除〔措法41の5の2〕

　令和7年12月31日までに住宅ローンのある居住用財産を住宅ローンの残高を下回る価額で売却して損失（譲渡損失）が生じたときに、一定の要件を満たすものに限り、その譲渡損失をその年の給与所得や事業所得など他の所得から控除（損益通算）することができます。さらに損益通算を行っても控除しきれなかった譲渡損失は、譲渡の年の翌年以後3年内に繰り越して控除（繰越控除）することができます。

　なお、この特例は、新たな居住用財産（買換資産）を取得しない場合であっても適用することができます。

(1) 譲渡損失の損益通算限度額

　居住用財産の売買契約日の前日における住宅ローンの残高から売却価額を差し引いた残りの金額が、損益通算の限度額となります。

(2) 特例の適用要件

① 自分が住んでいる居住用財産（譲渡資産）を譲渡すること。なお、以前に住んでいた居住用財産の場合には、住まなくなった日から3年を経過する日の属する年の12月31日までに譲渡すること。また、この譲渡には借地権の設定などの譲渡所得の基因となる不動産等の貸付けが含まれ、親族等への譲渡は除かれます。

（注）　住んでいた家屋又は住まなくなった家屋を取り壊した場合は、次の3つの要件すべてに当てはまることが必要です。

イ	取り壊された家屋及びその敷地は、家屋が取り壊された日の属する年の1月1日において所有期間が5年を超えるものであること
ロ	その敷地の譲渡契約が、家屋を取り壊した日から1年以内に締結され、かつ、住まなくなった日から3年を経過する日の属する年の12月31日までに売ること
ハ	家屋を取り壊してから譲渡契約を締結した日まで、その敷地を貸駐車場などその他の用に供していないこと

② 譲渡の年の1月1日における所有期間が5年を超える居住用財産（譲渡資産）で日本国内にあるものの譲渡であること（居住の用に供している家屋を二以上有する場合には、主として居住の用に供している一の家屋に限ります。また、譲渡する家屋のうちに居住の用以外の用に供している部分がある場合には、居住の用に供している部分に限ります。）

③ 災害によって滅失した家屋で当該家屋を引き続き所有していたとしたら、譲渡の年の1月1日において所有期間が5年を超える家屋の敷地の場合は、その敷地を災害があった日から3年を経過する日の属する年の12月31日まで（住まなくなった家屋が災害により滅失した場合は、住まなくなった日から3年を経過する日の属する年の12月31日まで）に売ること

④ 譲渡した居住用財産の売買契約日の前日において、その居住用財産に係る償還期間10年以上の住宅ローンの残高があること

⑤ マイホームの譲渡価額が上記④の住宅ローンの残高を下回っていること

(3) 特例の適用除外

① 繰越控除が適用できない場合

合計所得金額が3,000万円を超える年がある場合は、その年のみ適用できません。

② 損益通算及び繰越控除の両方が適用できない場合

イ 親子や夫婦など特別の関係がある人に対して居住用財産を売却した場合

特別の関係には、このほか生計を一にする親族、家屋を売却した後その売却した家屋で同居する親族、内縁関係にある人、特殊な関係にある法人なども含まれます。

ロ 居住用財産を売却した年の前年及び前々年に次の特例を適用している場合

1	居住用財産を譲渡した場合の長期譲渡所得の軽減税率の特例（措法31の3）
2	居住用財産の譲渡所得の3,000万円の特別控除（被相続人の居住用財産に係る譲渡所得の特別控除の特例を除きます。）（措法35）
3	特定の居住用財産の買換えの場合の長期譲渡所得の課税の特例（措法36の2）
4	特定の居住用財産を交換した場合の長期譲渡所得の課税の特例（措法36の5）

ハ 居住用財産を売却した年の前年以前3年以内の年において生じた他の居住用財産の譲渡損失の金額について、特定の居住用財産の譲渡損失の損益通算の特例を適用している場合

ニ 居住用財産を売却した年又はその年の前年以前3年内における資産の譲渡について、居住用財産を買い換えた場合の譲渡損失の

損益通算及び繰越控除の特例(措法41の5①)の適用を受ける場合又は受けている場合

(注) この特例と「(特定増改築等)住宅借入金等特別控除制度」は、併用できます。

(4) 申告手続等

① 損益通算の場合

確定申告書に次の書類を添付する必要があります。

なお、居住用財産の売買契約日の前日においてその居住用財産を売った人の住民票に記載されていた住所とその居住用財産の所在地とが異なる場合などには、戸籍の附票の写し、消除された戸籍の附票の写しその他これらに類する書類でその居住用財産を売った人がその居住用財産を居住の用に供していたことを明らかにするものを、併せて提出する必要があります。

イ	特定居住用財産の譲渡損失の金額の明細書(確定申告書付表)	
ロ	特定居住用財産の譲渡損失の損益通算及び繰越控除の対象となる金額の計算書(租税特別措置法第41条の5の2用)	
ハ	譲渡した居住用財産に関する次の書類	
	①	登記事項証明書や売買契約書の写しなどで譲渡の年の1月1日において所有期間が5年を超えることを明らかにするもの
	②	譲渡資産に係る住宅借入金等の残高証明書(売買契約日の前日のもの)

② 繰越控除の場合

次の手続等が必要です。

イ 損益通算の適用を受けた年分について、上記①のすべての書類の添付がある期限内申告書を提出していたこと

ロ　損益通算の適用を受けた年分の翌年分から繰越控除を適用する年分まで連続して確定申告書（損失申告用）を提出すること

※　損益通算及び繰越控除の順序は「6　居住用財産の買換え等の場合の譲渡損失の損益通算及び繰越控除」と同じです（75ページ「実務のポイント」参照）。

【J05-14】譲渡 41の5の2

R5　税務署整理欄

特定居住用財産の譲渡損失の損益通算及び繰越控除の特例適用チェック表

　このチェック表は、特定居住用財産の譲渡損失の損益通算及び繰越控除の特例の適用要件について、チェックしていただくためのものです。ご自分でチェックの上、確定申告書、居住用財産の譲渡損失の金額の明細書《確定申告書付表》及び居住用財産の譲渡損失の損益通算及び繰越控除の対象となる金額の計算書【租税特別措置法第41条の5の2用】とともに提出してください。

《特例の概要》
　特定の居住用財産を譲渡した際に一定の譲渡損失の金額（住宅借入金等の残高から譲渡価額を控除した金額が限度となります。）がある場合には、土地・建物等の譲渡による所得以外の一定の所得との損益通算及び翌年以後3年内の各年分の総所得金額等から繰越控除をすることができる特例です（措法41の5の2）。

氏名

	チェック項目 (チェック項目の全てについて「該当」となった場合には、この特例を適用することができます。)			該当	非該当
損益通算	1	あなたが譲渡した資産（家屋又は家屋及びその敷地等）は、平成29年12月31日以前に取得（購入）し、あなたが居住の用に供していたもので、国内にあるものですか。 （注）　相続又は贈与等によりその資産を取得している場合は、被相続人又は贈与者が資産を取得した日で判定します。		はい	いいえ
	2	譲渡の時に居住用財産が1か所の場合	□　譲渡の時に譲渡した居住用財産に居住していた場合 　　「はい」に〇を付けてください。 □　譲渡の時に譲渡した居住用財産に居住していなかった場合 　　譲渡した居住用財産から転居したのは令和2年1月2日以後ですか。	はい	いいえ
		譲渡の時に居住用財産が複数の場合	□　譲渡の時に譲渡した居住用財産に居住していた場合 　　譲渡の時において、主として居住していた家屋の譲渡ですか。 □　譲渡の時に譲渡した居住用財産に居住していなかった場合 　　譲渡した家屋に居住しなくなったのは令和2年1月2日以後で、かつ、その譲渡した家屋に居住しなくなった時において、主として居住していた家屋の譲渡ですか。		
	3	次のうち該当する区分についてチェックしてください（該当区分の「□」欄にもチェック（✓）を付けてください）。 □　居住の用に供していた家屋を取り壊さずに譲渡した場合 　　「はい」に〇を付けてください。 □　居住の用に供していた家屋を取り壊し土地等のみを譲渡した場合 　　居住の用に供していた家屋を取り壊してから1年以内に売買契約をし、かつ、その家屋を取り壊してから売買契約までの間に、貸付け等に使用していませんか。		はい	いいえ
	4	配偶者、直系血族、生計を一にする親族、婚姻の届出をしていないが事実上婚姻関係と同様の事情にある者、一定の同族会社等への譲渡ですか。		いいえ	はい
	5	売買契約を締結した日の前日において、譲渡した資産に係る一定の住宅借入金等（住宅の取得等に要する資金に充てるために、金融機関又は独立行政法人住宅金融支援機構等から借り入れたもので、契約において償還期間が10年以上の割賦償還の方法により返済するもの。）の残高を有していますか。		はい	いいえ
	6	譲渡した資産に係る一定の住宅借入金等の残高は、譲渡価額を超えるものですか。		はい	いいえ
	7	令和3年分又は令和4年分において、既に次の居住用財産の譲渡所得の特例の適用を受けていますか。 ⑴　居住用財産を譲渡した場合の長期譲渡所得の課税の特例（措法31の3） ⑵　居住用財産を譲渡した場合の3,000万円の特別控除の特例（措法35①） ⑶　特定の居住用財産の買換えの場合の特例（措法36の2） ⑷　特定の居住用財産を交換した場合の長期譲渡所得の課税の特例（措法36の5）		いいえ	はい

（裏面へ続きます⇒）

第3章　分離課税の譲渡所得に対する所得税の計算と特例　87

		チェック項目 （チェック項目の全てについて「該当」となった場合には、この特例を適用することができます。）	該当	非該当
損益通算	8	令和2年分から4年分のいずれかの年分において生じた他の居住用財産の譲渡損失の金額について、この特例（措法41の5の2）の適用を受けていますか。	いいえ	はい
	9	令和2年分から5年分のいずれかの年分において生じた他の居住用財産の譲渡損失の金額について、居住用財産の買換え等の場合の譲渡損失の損益通算及び繰越控除の特例（措法41の5）の適用を受けていますか。	いいえ	はい
繰越控除	10	繰越控除を受けようとする年の合計所得金額が3,000万円を超えていませんか。	はい	いいえ
	11	居住用財産の譲渡損失が生じた年分の所得税の確定申告書をその提出期限までに提出し、かつ、その後において連続して繰越控除の対象となる金額を計算した確定申告書を提出していますか。	はい	いいえ

(注)　1　損益通算及び繰越控除の対象となる譲渡損失の金額は、住宅借入金等の残高の合計金額から譲渡の対価の額を控除した残額が限度となります（〔計算例〕参照）。
　　　2　被相続人の居住用財産を譲渡した場合の3,000万円の特別控除の特例（措法35③）の適用を受けている場合においても、この特例（措法41の5の2）の適用要件を具備している場合には、重複してこの特例の適用を受けることができます。

【添付書類】

この特例の適用を受けるためには、次の書類を確定申告書に添付する必要があります。

損益通算の特例（令和5年分）	1	特定居住用財産の譲渡損失の金額の明細書《確定申告書付表》
	2	特定居住用財産の譲渡損失の損益通算及び繰越控除の対象となる金額の計算書【措法41条の5の2用】
	3	譲渡資産に係る登記事項証明書、売買契約書の写しその他の書類で、譲渡した年（令和5年）の1月1日において譲渡資産の所有期間が5年を超えるものであることを明らかにするもの （注）　居住用財産の譲渡に係る契約締結日の前日において、譲渡をした方の住民票に記載されていた住所と譲渡した資産の所在地が異なるなど一定の場合は、戸籍の附票の写し、消除された戸籍の附票の写しなど、譲渡した資産を居住の用に供していたことを明らかにするものを添付する必要があります。
	4	譲渡資産に係る住宅借入金等の残高証明書（売買契約を締結した日の前日現在のもの）
繰越控除の特例（令和6年分以後）	5	繰越控除の特例を受ける年の確定申告書に控除を受ける金額の計算に関する明細書その他その年において控除すべき通算後譲渡損失の金額及びその金額の計算の基礎その他参考となる事項を記載した明細書 （注）　1　繰越控除の計算は、「申告書（第一表、第二表）」の様式を使用して行います（その年分に分離課税の土地建物等の譲渡所得がない場合）。 　　　　2　譲渡損失を翌年（令和6年）分の所得の黒字から控除しても、なお翌々年（令和7年）以後に繰り越す譲渡損失の額がある場合は、「申告書第四表（損失申告用）」を提出する必要があります。 　　　　3　寡婦控除、ひとり親控除、勤労学生控除、配偶者控除及び扶養控除を判定する場合の「合計所得金額」は、繰越控除の適用前の金額で判定します。

(注)　「譲渡所得の特例の適用を受ける場合の不動産に係る不動産番号等の明細書」又は登記事項証明書の写しなどの不動産番号等の記載のある書類を添付することなどにより、登記事項証明書の原本の添付を省略することができます。

〔計算例〕
○　譲渡損失の金額と譲渡価額の合計がローンの残高を上回る場合

○　譲渡損失の金額と譲渡価額の合計がローンの残高を下回る場合

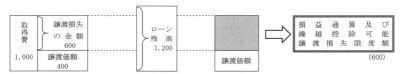

（出所：国税庁ホームページ）

③ 収用交換等の場合の特例

1　収用交換等の場合の課税の繰延べの特例〔措法33〕

　土地収用法やその他の法律で収用権が認められている公共事業のために土地建物を譲渡した場合には、収用等の場合の代替えや特別控除などの特例制度があります。

　収用等に伴い対価補償金等で、他の土地建物に買い換えた場合には譲渡がなかったものとなります。補償金等の額が代替資産の取得価額以下であるときは、その譲渡した資産の譲渡がなかったものとされ、その補償金等の額が代替資産の取得価額を超えるときは、その超える部分に相当する部分の譲渡があったものとして、譲渡所得を計算します。この特例を受けるためには、次の要件のすべてに該当する必要があります。

① 譲渡した土地建物は固定資産であること（不動産業者等が販売目的で所有している土地建物は、棚卸資産となりますので固定資産にはなりません。）

② 原則として、売った資産と同じ種類の資産を買い換えること。このほか、一組の資産として買い換える方法や事業用の資産を買い換える方法などがあります。

③ 土地建物の収用等のあった年の前年（その収用等によりその土地建物等を譲渡することが明らかとなった日以後）から収用等のあった年の翌々年以内に代わりの資産を取得すること、又は取得する見込みであること（ただし、税務署長の承認を受けて取得までの期間を延長することができます。）

④ この譲渡について、居住用財産の譲渡に係る特例など他の特例（措法31の2、31の3、33の2、33の3、33の4、34、34の2、34の3、

35、35の2、35の3、36の2、36の5、37、37の4、37の5、37の6、37の8、所法58）を受ける場合には適用できません。

【計算式】

譲渡所得の「収入金額」や「取得費・譲渡費用」、「譲渡所得」は次のようになります。

① 収入金額＝（対価補償金の額－譲渡費用の超過額）－代替資産の取得価額

② 取得費・譲渡費用 ＝

$$譲渡資産の取得費 \times \frac{\left(対価補償金の額 - 譲渡費用の超過額\right) - 代替資産の取得価額}{（対価補償金の額－譲渡費用の超過額）}$$

（注）「譲渡費用の超過額」とは、譲渡費用の額からその費用に充てるべきものとして交付を受けた補償金等を控除した残額です。

③ 譲渡所得＝①（収入金額）－②（取得費・譲渡費用）

実務のポイント

■ 公共事業のために土地建物を譲渡した場合は、この代替えの特例か下記「4　収用交換等の場合の譲渡所得等の特別控除（5,000万円控除）」（94ページ）の特例の2つの特例のうち、どちらか一方の特例を選択して適用を受けることになります。

■ 代替えの特例を適用して取得した資産について、将来譲渡した場合には、取得価額の引継計算を行う必要があります。事業用の資産を取得した場合にも、代替資産の減価償却の対象となる取得価額について取得価額の引継計算が必要になります。

■ 収用等により農地等が買い取られた場合で、収用等の場合の課税の特例の適用などにより譲渡所得が零となるときであっても、その農地

等が相続税又は贈与税の納税猶予の対象とされている場合には、猶予していた相続税又は贈与税を利子税とともに納付する必要があります。

　一定の場合に納税猶予が継続される例外があります（措法70の6⑲）。

■　収用等に伴い代替資産を取得した場合の課税の特例は、収用等により資産を譲渡した者が代替資産を取得した場合に限って適用されるのが原則ですが、収用等により資産を譲渡した者が代替資産を取得しないで死亡した場合であっても、その死亡前に代替資産の取得に関する売買契約や請負契約を締結しているなど、代替資産が具体的に確定しており、かつ、その相続人が所定の期限内にその代替資産を取得しているときは、その死亡した者の収用等による資産の譲渡所得について、この特例の適用を受けることができます（措通33-45）。

■　確定申告書には、公共事業の施行者から受けた公共事業用資産の買取り等の申出証明書や買取り等の証明書など、一定の書類を添付することが必要です。

第3章 分離課税の譲渡所得に対する所得税の計算と特例 91

【J05-04】譲渡 収用代替

R5　税務署整理欄

収用等に伴い代替資産を取得した場合の特例適用チェック表

このチェック表は、収用等に伴い代替資産を取得した場合の特例の適用要件について、チェックしていただくためのものです。ご自分でチェックの上、確定申告書及び譲渡所得の内訳書（確定申告書付表兼計算明細書）とともに提出してください。

《特例の概要》
　この特例は、収用等により資産を譲渡した場合において、補償金等の全部で代替資産を取得したときは譲渡がなかったものとされ、補償金等の一部で代替資産を取得したときは残りの補償金等について譲渡所得が課税される特例です（措法33）。

氏名

	チェック項目 (チェック項目の全てについて「該当」となった場合には、この特例を適用することができます。)	該当	非該当
1	収用等により資産（棚卸資産又はこれに準ずる資産を除きます。）を譲渡したものですか。	はい	いいえ
2	事業施行者から、「収用証明書」の交付を受けていますか。	はい	いいえ
3	代替資産は、令和5年中に取得したもの（令和4年中に取得した資産で、一定の要件を満たすものを含みます。）又は収用等のあった日以後2年を経過した日までに取得する予定のものですか。	はい	いいえ
4	代替資産は、次のいずれかに該当しますか。 (1) 譲渡した資産と同種の資産（土地と土地、建物と建物など） (2) 譲渡した資産が2以上の異なる種類の資産で一の効用を有する一組の資産である場合（「居住の用」、「店舗又は事務所の用」、「工場、発電所又は変電所の用」、「倉庫の用」など）には、同じ効用を有する資産 (3) 譲渡した資産を自己の事業の用に供していた場合には、自己の事業の用に供する(1)及び(2)以外の資産	はい	いいえ
5	この譲渡について、次の特例の適用を受けますか。 (1) 優良住宅地の造成等のために土地等を譲渡した場合の税率の軽減の特例（措法31の2） (2) 居住用財産を譲渡した場合の長期譲渡所得の課税の特例（措法31の3） (3) 収用等の交換処分等に伴い資産を取得した場合の課税の特例（措法33の2） (4) 換地処分等に伴い資産を取得した場合の課税の特例（措法33の3） (5) 収用交換等の場合の5,000万円の特別控除の特例（措法33の4） (6) 特定土地区画整理事業等のために土地等を譲渡した場合の譲渡所得の特別控除の特例（措法34）（一部） (7) 特定住宅地造成事業等のために土地等を譲渡した場合の譲渡所得の特別控除の特例（措法34の2）（一部） (8) 居住用財産を譲渡した場合の3,000万円の特別控除の特例（措法35①） (9) 被相続人の居住用財産を譲渡した場合の3,000万円の特別控除の特例（措法35③） (10) 特定期間に取得をした土地等を譲渡した場合の1,000万円の特別控除の特例（措法35の2） (11) 低未利用土地等を譲渡した場合の100万円の特別控除の特例（措法35の3） (12) 特定の居住用財産の買換えの場合の長期譲渡所得の課税の特例（措法36の2） (13) 特定の居住用財産を交換した場合の長期譲渡所得の課税の特例（措法36の5） (14) 特定の事業用資産の買換えの場合の譲渡所得の課税の特例（措法37） (15) 既成市街地等内にある土地等の中高層耐火建築物等の建設のための買換え及び交換の場合の譲渡所得の課税の特例（措法37の5） (16) 特定の交換分合により土地等を取得した場合の課税の特例（措法37の6①二）（一部）	いいえ	はい

(注) 1 この特例の適用を受けることができる補償金は、対価補償金（建物等を取り壊し、建物移転補償金の額を建物等の対価補償金として取り扱う場合などを含みます。）に限られます。
2 この特例のほかに、譲渡所得（又は山林所得）の金額の計算上5,000万円までの特別控除額を控除することができる「収用交換等の場合の5,000万円の特別控除の特例」（措法33の4）がありますが、法定申告期限後に、特例の選択替えはできませんので注意してください。
3 この特例の適用を受けた場合、譲渡資産の取得価額が代替資産に引き継がれます（代わりに取得した資産に係る減価償却費の計算、将来、代わりに取得した資産を譲渡したときの譲渡所得の金額の計算において注意が必要です。）。

【添付書類】
　この特例の適用を受けるためには、代替資産を既に取得している場合又は取得する予定の場合に応じ、次の書類を確定申告書に添付する必要があります。

	代替資産を既に取得している場合	代替資産を取得する予定の場合	添　付　書　類
1	○	○	・収用証明書
2	○		・代替資産に係る登記事項証明書 ・売買契約書、工事請負契約書、領収書等の取得価額の分かる書類の写し
3		○	・買換（代替）資産の明細書（代替資産を取得した後に、登記事項証明書や売買契約書の写しなどの書類の提出が必要です。）

(注)「譲渡所得の特例の適用を受ける場合の不動産に係る不動産番号等の明細書」又は登記事項証明書の写しなどの不動産番号等の記載のある書類を添付することなどにより、登記事項証明書の原本の添付を省略することができます。

【参考】補償金の区分と原則的な所得税の課税上の取扱い

補償金の種類	原則的な所得税の課税上の取扱い	
対価補償金	譲渡所得の金額又は山林所得の金額の計算上、収用等の場合の課税の特例の適用があります。	
収益補償金	交付の基因となった事業の態様に応じ、不動産所得の金額、事業所得の金額又は雑所得の金額の計算上、総収入金額に算入します。 ただし、措置法通達33－11（収益補償金名義で交付を受ける補償金を対価補償金として取り扱うことができる場合）により収益補償金として交付を受ける補償金を対価補償金として取り扱うことができる場合があります。	
経費補償金	休廃業等により生ずる事業上の費用の補填に充てるものとして交付を受ける補償金	交付の基因となった事業の態様に応じ、不動産所得の金額、事業所得の金額又は雑所得の金額の計算上、総収入金額に算入します。
	収用等による譲渡の目的となった資産以外の資産（棚卸資産等を除く。）について実現した損失の補填に充てるものとして交付を受ける補償金	山林所得の金額又は譲渡所得の金額の計算上、総収入金額に算入します。 ただし、措置法通達33－13（事業廃止の場合の機械装置等の売却損の補償金）により、経費補償金として交付を受ける補償金を対価補償金として取り扱うことができる場合があります。
移転補償金	交付の目的に従って支出した額については、所得税法第44条（移転等の支出に充てるための交付金の総収入金額不算入）の規定が適用され、各種所得の金額の計算上、総収入金額に算入されません。 なお、支出しなかった額については、一時所得の金額の計算上、総収入金額に算入します。 ただし、措置法通達33－14（引き家補償等の名義で交付を受ける補償金）又は33－15（移設困難な機械装置の補償金）により対価補償金として取り扱うことができる場合があります。また、同通達33－30（借家人補償金）により、借家人補償金は、対価補償金とみなして取り扱われます。	
その他対価補償金の実質を有しない補償金	その実態に応じて、各種所得の金額の計算上、総収入金額に算入します。 ただし、所得税法第9条（非課税所得）第1項の規定に該当するものは、所得税が非課税となります。	

（出所：国税庁ホームページ）

2 交換処分等に伴い資産を取得した場合の課税の特例〔措法33の2〕

　土地収用法等により、個人の有する資産を他の資産と交換した場合には、交換取得資産を代替資産の取得と同様に取り扱います。

① 　交換取得資産のみを取得する場合には、交換譲渡資産の譲渡がなかったものとして課税を繰り延べます。

② 　交換取得資産とともに補償金等を取得した場合には、その補償金に対応する部分の譲渡があったものとして譲渡所得金額を計算します。

　この特例の補償金についての扱いや申告手続等については、前記1収用交換等の場合の課税の繰延べの特例（措法33）に準じます（措法33の2②～⑤）。

3 換地処分等に伴い資産を取得した場合の課税の特例〔措法33の3〕

　個人の有する資産（一部を除き棚卸資産を含みます。）が、次に掲げる事業により換地処分等となった場合には、納税者の選択の有無に関係なく土地等の譲渡はなかったものとみなされます。

土地区画整理法による土地区画整理事業	措法33の3①
新都市基盤整備法による土地整理	
土地改良法による土地改良事業	
大都市地域住宅等供給促進法による住宅街区整備事業	
都市再開発法による第一種市街地再開発事業	措法33の3②
都市再開発法による第二種市街地再開発事業	

密集市街地における防災街区の整備の促進に関する法律による防災街区整備事業	措法33の3④
マンションの建替え等の円滑化に関する法律第二条第一項第四号に規定するマンション建替事業	措法33の3⑥
マンションの建替え等の円滑化に関する法律第二条第一項第十二号に規定する敷地分割事業	措法33の3⑧
被災市街地復興推進地域内にあるもの（棚卸資産等以外の資産に限ります。）についての被災市街地復興土地区画整理事業	措法33の3⑨

4 収用交換等の場合の譲渡所得等の特別控除（5,000万円控除）〔措法33の4〕

収用等による譲渡所得から最高5,000万円までの特別控除を差し引いて所得金額を計算する特例で、次の要件にすべて該当する必要があります。

① 譲渡した土地建物は固定資産であること
② その年に公共事業のために譲渡した資産の全部について、他の課税の特例（措法31の2、33、33の2、33の3、34、34の2、34の3、35、35の2、35の3、36の2、36の5、37、37の4、37の5、37の6、37の8、所法58）を受けていないこと
③ 買取り等の申出があった日から6か月を経過した日までに土地建物を売っていること
④ 公共事業の施行者から最初に買取り等の申し出を受けた者（その者の死亡に伴い相続又は遺贈により当該資産を取得した者を含みます。）が譲渡していること

参考 判決・裁決 事例40・293ページ、事例42・309ページ

実務のポイント

■ 特別控除の特例は、同じ公共事業で2年以上の年にまたがって資産を譲渡したときは、最初の年しか受けることができません。同じ公共事業で2年以上にまたがって譲渡している場合には、最初の年に特別控除、2年目以降に代替資産の特例を選択したほうが一般的には有利になります。

	1年目
A事業のための買取り	「代替資産の特例」か「特別控除の特例」かいずれかを選択して適用できます。
	2年目
A事業のためのみの買取り	1年目で「特別控除の特例」を適用した場合、「代替資産の特例」のみ適用できます。 同一事業の2年目となりますので、「特別控除の特例」は適用できません。
B事業のためのみの買取り	「代替資産の特例」か「特別控除の特例」かいずれかを選択して適用できます。
A事業とB事業のための買取り	同一年中に適用できるのは、「代替資産の特例」か「特別控除の特例」のいずれかに限られるため、A事業について「代替資産の特例」を適用すれば、B事業について「特別控除の特例」を適用することはできません（B事業については「代替資産の特例」のみ適用できます。）。 A事業について「代替資産の特例」を適用しなければ、B事業については、「代替資産の特例」か「特別控除の特例」のいずれかの特例を選択適用できます。

■ 確定申告書には、公共事業の施行者から受けた公共事業用資産の買取り等の申出証明書や買取り等の証明書など、一定の書類を添付することが必要です。

■ 収用等の譲渡による所得金額が5,000万を超える場合には、2つの特

例のどちらを適用するかについて、それぞれの特例制度の内容を依頼者に説明し、同意を得ておくべきです。なお、所得金額が5,000万円未満であっても、他の所得や所得控除との関係及び控除前の所得金額に基づき社会保険料などが計算される場合があることにも注意が必要です。

第3章　分離課税の譲渡所得に対する所得税の計算と特例　97

【J05-05】譲渡　収用　5,000万円控除

R5　税務署整理欄

収用交換等の場合の5,000万円の特別控除の特例適用チェック表

　このチェック表は、収用交換等の場合の5,000万円の特別控除の特例の適用要件について、チェックしていただくためのものです。ご自分でチェックの上、確定申告書及び譲渡所得の内訳書（確定申告書付表兼計算明細書）とともに提出してください。

《特例の概要》
　この特例は、収用等により資産を譲渡した場合で一定の要件を満たすときに、譲渡所得（又は山林所得）の金額の計算上、5,000万円までの特別控除額を控除することができる特例です（措法33の4）。

氏名

	チェック項目 （チェック項目の全てについて「該当」となった場合には、この特例を適用することができます。）	該当	非該当
1	収用等により資産（棚卸資産又はこれに準ずる資産を除きます。）を譲渡したものですか。	はい	いいえ
2	事業施行者から、「公共事業用資産の買取り等の申出証明書」、「公共事業用資産の買取り等の証明書」及び「収用証明書」の交付を受けていますか。	はい	いいえ
3	最初に買取り等の申出があった日から6か月を経過した日までに譲渡（契約）しましたか。	はい	いいえ
4	最初に買取り等の申出を受けたのはあなたですか。または、譲渡した資産は、最初に買取り等の申出を受けた者の死亡によりあなたが取得したものですか。	はい	いいえ
5	令和4年以前に、今回と同一の収用等に係る事業のために資産を譲渡したことがありますか。	いいえ	はい
6	この譲渡について、次の特例の適用を受けますか。 (1) 優良住宅地の造成等のために土地等を譲渡した場合の税率の軽減の特例（措法31の2） (2) 収用等に伴い代替資産を取得した場合の課税の特例（措法33） (3) 収用等の交換処分等に伴い資産を取得した場合の課税の特例（措法33の2） (4) 換地処分等に伴い資産を取得した場合の課税の特例（措法33の3） (5) 特定土地区画整理事業等のために土地等を譲渡した場合の譲渡所得の特別控除の特例（措法34）（一部） (6) 特定住宅地造成事業等のために土地等を譲渡した場合の譲渡所得の特別控除の特例（措法34の2）（一部） (7) 居住用財産を譲渡した場合の3,000万円の特別控除の特例（措法35①） (8) 被相続人の居住用財産を譲渡した場合の3,000万円の特別控除の特例（措法35③） (9) 特定期間に取得をした土地等を譲渡した場合の1,000万円の特別控除の特例（措法35の2） (10) 低未利用土地等を譲渡した場合の100万円の特別控除の特例（措法35の3） (11) 特定の居住用財産の買換えの場合の長期譲渡所得の課税の特例（措法36の2） (12) 特定の居住用財産を交換した場合の長期譲渡所得の課税の特例（措法36の5） (13) 特定の事業用資産の買換えの場合の譲渡所得の課税の特例（措法37） (14) 特定の事業用資産を交換した場合の譲渡所得の課税の特例（措法37の4） (15) 既成市街地等内にある土地等の中高層耐火建築物等の建設のための買換え及び交換の場合の譲渡所得の課税の特例（措法37の5） (16) 特定の交換分合により土地等を取得した場合の課税の特例（措法37の6①二）（一部）	いいえ	はい

（注）1　この特例の適用を受けることができる補償金は、対価補償金（建物等を取り壊し、建物移転補償金の額を建物等の対価補償金として取り扱う場合などを含みます。）に限られます。
　　　2　この特例を選択した場合は、法定申告期限後に「収用等に伴い代替資産を取得した場合の特例」（措法33）への選択替えはできませんので注意してください。
（参考）　基礎控除や配偶者(特別)控除などの所得控除の適用に当たっての「合計所得金額」は、5,000万円までの特別控除前の金額で判定します。

【添付書類】

この特例の適用を受けるためには、次の書類を確定申告書に添付する必要があります。

1	公共事業用資産の買取り等の申出証明書
2	公共事業用資産の買取り等の証明書
3	収用証明書

【参考1】補償金の区分と原則的な所得税の課税上の取扱い

補償金の種類	原則的な所得税の課税上の取扱い	
対価補償金	譲渡所得の金額又は山林所得の金額の計算上、収用等の場合の課税の特例の適用があります。	
収益補償金	交付の基因となった事業の態様に応じ、不動産所得の金額、事業所得の金額又は雑所得の金額の計算上、総収入金額に算入します。 ただし、措置法通達33－11（収益補償金名義で交付を受ける補償金を対価補償金として取り扱うことができる場合）により収益補償金として交付を受ける補償金を対価補償金として取り扱うことができる場合があります。	
経費補償金	休廃業等により生ずる事業上の費用の補填に充てるものとして交付を受ける補償金	交付の基因となった事業の態様に応じ、不動産所得の金額、事業所得の金額又は雑所得の金額の計算上、総収入金額に算入します。
	収用等による譲渡の目的となった資産以外の資産（棚卸資産等を除く。）について実現した損失の補填に充てるものとして交付を受ける補償金	山林所得の金額又は譲渡所得の金額の計算上、総収入金額に算入します。 ただし、措置法通達33－13（事業廃止の場合の機械装置等の売却損の補償金）により、経費補償金として交付を受ける補償金を対価補償金として取り扱うことができる場合があります。
移転補償金	交付の目的に従って支出した額については、所得税法第44条（移転等の支出に充てるための交付金の総収入金額不算入）の規定が適用され、各種所得の金額の計算上、総収入金額に算入されません。 なお、支出しなかった額については、一時所得の金額の計算上、総収入金額に算入します。 ただし、措置法通達33－14（引き家補償等の名義で交付を受ける補償金）又は33－15（移設困難な機械装置の補償金）により対価補償金として取り扱うことができる場合があります。また、同通達33－30（借家人補償金）により、借家人補償金は、対価補償金とみなして取り扱われます。	
その他対価補償金の実質を有しない補償金	その実態に応じて、各種所得の金額の計算上、総収入金額に算入します。 ただし、所得税法第9条（非課税所得）第1項の規定に該当するものは、所得税が非課税となります。	

【参考2】特別控除の限度額等

1　収用等の場合の5,000万円の特別控除の特例は、同一年中に収用等をされた資産が2以上ある場合でも、特別控除額は5,000万円が限度となります。
2　2種類（例えば土地と立木）以上の資産が収用等された場合は、特別控除額を次の順序で控除します。
　(1)　分離課税となる土地建物等に係る短期譲渡所得の金額
　(2)　分離課税となる土地等に係る短期軽減譲渡所得の金額
　(3)　総合課税となる土地建物等以外の短期譲渡益の金額
　(4)　総合課税となる土地建物等以外の長期譲渡益の金額
　(5)　山林所得金額
　(6)　分離課税となる土地建物等に係る長期譲渡所得の金額
　(7)　分離課税となる土地建物等に係る長期軽課譲渡所得の金額

（出所：国税庁ホームページ）

5 優良住宅地の造成等のために土地等を譲渡した場合の軽減税率の特例〔措法31の2〕

個人が、譲渡した年の1月1日における所有期間が5年を超える土地等を、令和7年12月31日までに国若しくは地方公共団体に対する土地等の譲渡又は収用事業の対償とするため、優良住宅地等又は確定優良住宅地等予定地のための譲渡などについては、一般の譲渡所得の税率ではなく、以下の軽減税率の特例を適用することができます。

(1) 適用される譲渡の例

① 国、地方公共団体等に対する土地等の譲渡

② 都市再生機構などが行う住宅建設又は宅地造成の用に供するための土地等の譲渡

③ 収用交換などによる土地等の譲渡

④ 第一種市街地再開発事業の用に供するために土地等が当該事業の施行者に買い取られた場合

⑤ 都市計画法の開発許可を受けて行う住宅地造成の用に供するための土地等の譲渡

(2) 譲渡所得の金額及び所得税額等の計算

① 課税長期譲渡所得金額が2,000万円以下である場合

課税長期譲渡所得金額 × 14%(所得税10%、住民税4%)(※)

② 課税長期譲渡所得金額が2,000万円を超える場合

※ 令和19年までは、所得税に復興特別所得税2.1%が課税されます。

参考 判決・裁決 事例38・285ページ、事例39・289ページ

実務のポイント

■ 土地建物等の譲渡所得について特別控除や買換えなど他の特例（措法31の3、33、33の2、33の3、33の4、34、34の2、34の3、35、35の2、35の3、36の2、36の5、37、37の4、37の5、37の6、37の8）の適用を受ける場合には、この特例の適用を受けることはできません（措法31の2④）。

■ 同一事業の2年目の譲渡で代替資産を取得していない場合などでは、適用もれがないように注意が必要です。

6 短期譲渡所得の税率の特例〔措法32③〕

　個人が、譲渡した年の1月1日において所有期間が5年以下の土地等を国や地方公共団体に譲渡した場合又は収用等により譲渡した場合には、短期譲渡所得に対する税率が39％（所得税30％、住民税9％）から20％（所得税15％、住民税5％）に軽減されます。なお、この特例は、建物や建物の附属設備、構築物の譲渡による譲渡所得には適用されません（措通32－7）。

(1) 適用要件

次に掲げる土地等の譲渡であること。

① 国又は地方公共団体に対する譲渡

② 独立行政法人都市再生機構、土地開発公社、成田国際空港株式会社、独立行政法人中小企業基盤整備機構、地方住宅供給公社、日本

勤労者住宅協会及び公益社団法人（地方公共団体が議決権の全部を有するもの）又は公益社団法人（地方公共団体が金銭の全額を拠出したもの）に対する土地等の譲渡で、その譲渡した土地等が宅地や住宅の供給、土地等の先行取得の業務を行うために直接必要であると認められるもの

③ 収用交換等による譲渡

※ 上記②又は③に該当する譲渡のうち、土地開発公社に対する譲渡で、公有地の拡大の推進に関する法律第17条第1項第1号ニに掲げる土地の譲渡は除かれます。上記②又は③に該当する譲渡のうち、特定のもので、その譲渡した土地等の面積が1,000平方メートル以上であるときは、その譲渡価額が適正な価額（予定対価の額）以下である譲渡に限られます（措法28の4③二、三、四イ、措令19⑨⑩⑫）。

(2) **申告手続**

前記(1)適用要件の①～③に掲げる土地等の譲渡に該当することを証明する書類を添付して確定申告を行うことが必要です。

7　収用等により取得する補償金の所得区分

個人が土地等を収用等されることにより取得する補償金には各種名目の補償金がありますが、これらの補償金は課税上、次のように分類されます。

	補償金の名目	課税上の分類
①	収用等された資産の対価となる補償金	対価補償金
②	資産を収用等されることによって生ずる事業の減収や損失の補てんに充てられるものとして交付される補償金	収益補償金

③	事業上の費用の補てんに充てるものとして交付される補償金	経費補償金
④	資産の移転に要する費用の補てんに充てるものとして交付される補償金	移転補償金
⑤	原状回復費、協力料などの補償金	その他の補償金

　これらの補償金のうち、収用等の課税の特例の適用がある補償金は、原則として対価補償金のみになります。その他の補償金の課税上の取扱いは、次表のとおりになります（所法9、措通33－8、33－9、33－11、33－13～15、33－30）。

補償金の種類	課税上の取扱い
対価補償金	譲渡所得の金額又は山林所得の金額の計算上、収用等の場合の課税の特例の適用があります。
収益補償金	その補償金の交付の基因となった事業の態様に応じ、不動産所得の金額、事業所得の金額又は雑所得の金額の計算上、総収入金額に算入します。 　ただし、建物の収用等を受けた場合で建物の対価補償金がその建物の再取得価額に満たないときは、収益補償金のうちその満たない部分を対価補償金として取り扱うことができます（105ページ参照）。
経費補償金	(1)　休廃業等により生ずる事業上の費用の補てんに充てるものとして交付を受ける補償金は、その補償金の交付の基因となった事業の態様に応じ、不動産所得の金額、事業所得の金額又は雑所得の金額の計算上、総収入金額に算入します。 (2)　収用等による譲渡の目的となった資産以外の資産（棚卸資産を除きます。）について実現した損失の補てんに充てるものとして交付を受ける補償金は、譲渡所得の金額又は山林所得の金額の計算上、総収入金額に算入します。 　　ただし、事業を廃止する場合等でその事業の機械装置

第3章　分離課税の譲渡所得に対する所得税の計算と特例　103

経費補償金	等を他に転用できないときに交付を受ける経費補償金は、対価補償金として取り扱うことができます。
移転補償金	その交付の目的に従って支出した場合は、その支出した額については各種所得の金額の計算上、総収入金額に算入されません。 　その交付の目的に従って支出されなかった場合又は支出後に補償金が残った場合は、一時所得の金額の計算上、総所得金額に算入されます。 　ただし、建物等を引き家又は移築するための補償金を受けた場合で実際にはその建物等を取り壊したとき及び移設困難な機械装置の補償金を受けたときは、対価補償金として取り扱うことができます。 　また、借家人補償金は、対価補償金とみなして取り扱われます。
その他対価補償金の実質を有しない補償金	その実態に応じ、各種所得の金額の計算上、総収入金額に算入します。 　ただし、所得税法上の非課税（例えば改葬料や精神的補償など）に当たるものは課税されません。

参考 判決・裁決　事例41・305ページ

実務のポイント

■　移転補償金をその交付の目的に従って支出したかどうかは、次によります。

①　移転補償金をその交付の基因となった資産の移転若しくは移築又は除却若しくは取壊しのための支出に充てた場合は、その交付の目的に従って支出したものとします。

②　移転補償金を資産の取得のための支出又は資産の改良その他の資本的支出に充てた場合は、その交付の目的に従って支出したことにはなりません。

■ 各種補償金の課税上の例外的な取扱い

1	残地補償金 (措通33－16)	残地補償金は、収用等があった年分のその収用等をされた土地等の対価補償金とみなして取り扱うことができます。
2	残地買収の対価 (措通33－17)	残地について収用の請求をすれば、収用されることとなる事情があるため、残地が事業施行者に買い取られた場合には、その残地の買取りの対価は、その収用等があった年分の対価補償金として取り扱うことができます。
3	引き家補償金等 (措通33－14)	引き家補償金は、本来、移転補償金に該当しますが、その補償金を取得した者が実際にその建物や構築物を取り壊したときには、その補償金は、その建物や構築物の対価補償金として取り扱うことができます。
4	借家人補償金 (措通33－30)	転居先の建物の賃借に要する権利金に充てるものとして受ける補償金は、対価補償金とみなして取り扱います。

■ 建物の対価補償金の金額に基づき、収益補償金を対価補償金に振り替える計算ができます（105ページ参照）。

　なお、「収用された資産等の計算明細書」（105ページ）の補償金額は、302ページの図2収用証明書記載例によります。

■ 受取った年の事業所得等の総収入金額に算入しないで、収用等をされた土地又は建物から立ち退くべき日として定められている日（その日前に立ち退いたときは、その立ち退いた日）の属する年分の事業所得等の総収入金額に算入したい旨を書面をもって申し出たときは、これを認めることになっています（「課税延期申請書」106ページ参照）。

　※　この課税延期申請書は国税庁が定めた書式ではありません。

第3章　分離課税の譲渡所得に対する所得税の計算と特例　105

■収用された資産等の計算明細書（記載例）

公共事業用資産の買取り等の証明書から転記してください。

公共事業用資産の買取り等の申出証明書 ㊗・無					公共事業用資産の買取り等の証明書 ㊗・無			
補償区分	補償名	補償金額		所得区分	補償区分	補償名	補償金額	所得区分
土地等対価補償	土　　地	11,481,000 円		分離譲渡所得	収益補償	営　業	円	事業・不動産・雑所得
	借地権等					家賃減収	6,141,690	
	残　　地					建物対価補償への振替額 △ 100　　100 ─── 又は ─── 65　　　95	6,141,690	
	計	(A)	11,481,000				差引計	0	
建物等補償	建　　物	39,206,774			経費補償			
	工作物						計		
	収益補償からの振替額	6,141,690			移転補償	仮住居	4,836,229	一時所得
	計	(B)	45,348,464				動産移転		
借家人補償	借家権			総合譲渡所得		移転雑費	7,801,540	
						計	12,637,769	
	計					精神補償		非課税
						計		

【収益補償金のうち対価補償金に繰り入れることができる金額の計算】

建物の対価補償金(注)1　　　　　　　　　　　　　　　　　　　建物の再取得価額

（　39,206,774　円）　×　100 / ㊿ 又は 95 (注)3　＝　（　60,318,113　円）

建物の再取得価額　　　建物の対価補償金(注)2　　対価補償金としての繰入限度額

（　60,318,113　円）　−　（　39,206,774　円）　＝　（　21,111,339　円）

収益補償金　　　　対価補償金としての繰入限度額　　事業所得等の収入金額

（　6,141,690　円）　−　（　21,111,339　円）　＝　（　　　0　円）

（注）1　建物の譲渡費用控除前の額で、特別措置等の名義で交付を受けた補償金の額を含まない。
　　　2　建物の譲渡費用控除前の額で、特別措置等の名義で交付を受けた補償金のうち対価補償金として判定される金額を含む。
　　　3　建物の構造が木造又は木骨モルタル造りであるときは65、その他の構造であるときは95とする。

■収益（経費・移転）補償金の課税延期申請書

収益（経費・移転）補償金の課税延期申請書

………年………月………日

………………………税務署長殿

住所…………………………………………………
氏名……………………………………………
連絡先電話番号……………（　　）
予定転居先…………………………………………
転居予定年月日　………年……月……日

　……年……月……日の収用等に係る下記の補償金については、それぞれ、下記の年分の所得として申告したく、課税延期を申請します。

記

①収益補償金

補償金の名称	補償金額	所得区分	申告する年分
			立ち退くべき日(……年……月……日)と実際に立ち退いた日とのいずれか早い日の属する年分

②経費補償金、移転補償金等

補償金の名称	補償金額	所得区分	申告する年分
			収用等あった日以後2年を経過する日(……年……月……日)と交付の目的に従って支出する日とのいずれか早い日の属する年分

(注) 交付の目的に従って支出することが確実であると認められる部分の金額に限られます。

③参　考　事　項

④ 特定土地区画整理事業等のために土地等を譲渡した場合の譲渡所得の特別控除（2,000万円控除）〔措法34〕

　国、地方公共団体等が行う土地区画整理法による土地区画整理事業、大都市地域住宅等供給促進法による住宅街区整備事業、都市再開発法による第一種市街地再開発事業又は密集市街地における防災街区の整備の促進に関する法律による防災街区整備事業として行う公共施設の整備改善、宅地の造成、共同住宅の建設又は建築物及び建築敷地の整備に関する事業等のために、これらの者に土地等が買い取られた場合には、譲渡所得の金額の計算上2,000万円の特別控除を適用することができます。

(1) 適用要件

　個人の所有している土地等が、特定土地区画整理事業等のために買い取られる場合であること。ただし、買い取られる土地等の全部又は一部について、他の特例（措法31の2、33、33の4、34の2、34の3、35、35の2、35の3、36の2、36の5、37、37の4、37の5、37の6、37の7、所法58）の適用を受ける場合には、この特例の適用を受けることはできません（措法34①）。

(2) 申告手続等

　確定申告書には、買い取り区分に応じた施行者等から交付を受けた証明書、「譲渡所得の内訳書（確定申告書付表兼計算明細書）［土地・建物用］」など、一定の書類を添付することが必要です。譲渡所得が2,000万円に満たない場合であっても申告手続を行う必要があります。

⑤ 特定住宅地造成事業等のために土地等を譲渡した場合の譲渡所得の特別控除（1,500万円控除）〔措法34の2〕

　地方公共団体などが行う特定住宅地造成事業のために買い取られる場合、収用の対償に充てるために買い取られる場合等、土地区画整理事業として行われる一団の宅地造成事業の用に供するために買い取られる場合等、公有地の拡大の推進に関する法律に基づき地方公共団体などに買い取られる場合等で、一定の要件を満たすときには、譲渡所得の金額の計算上1,500万円の特別控除を適用することができます。

(1) 適用要件

　個人の所有している土地等が、特定住宅地造成事業等のために買い取られる場合であること。ただし、買い取られる土地等の全部又は一部について、他の特例（措法31の2、33、33の2、33の4、34、34の3、35、35の2、35の3、36の2、36の5、37、37の4、37の5、37の6、37の8、所法58）の適用を受ける場合には、この特例の適用を受けることはできません（措法34の2①）。

(2) 申告手続等

　確定申告書には、買い取り区分に応じた施行者等から交付を受けた証明書、「譲渡所得の内訳書（確定申告書付表兼計算明細書）［土地・建物用］」など、一定の書類を添付することが必要です。譲渡所得が1,500万円に満たない場合であっても申告手続を行う必要があります。

第3章　分離課税の譲渡所得に対する所得税の計算と特例　109

【J05-06】譲渡　特定造成　1,500万円控除

R5　税務署整理欄

特定住宅地造成事業等のために土地等を譲渡した場合の1,500万円の特別控除の特例適用チェック表

> このチェック表は、特定住宅地造成事業等のために土地等を譲渡した場合の特例の適用要件について、チェックしていただくためのものです。ご自分でチェックの上、確定申告書及び譲渡所得の内訳書（確定申告書付表兼計算明細書）とともに提出してください。

《特例の概要》
　この特例は、特定の住宅地造成事業等のために土地等を譲渡した場合で一定の要件を満たすときには、譲渡所得の金額の計算上、1,500万円までの特別控除額を控除することができる特例です（措法34の2）。

氏名

#	チェック項目 (チェック項目の全てについて「該当」となった場合には、この特例を適用することができます。)			該当	非該当
1	この土地等の譲渡は、次のいずれかに該当しますか（該当区分の「□」欄にチェック（✓）を付けてください。また、5号から25号の場合には、（　）内に号数を記載してください。）。			はい	いいえ
	□	1号	地方公共団体、独立行政法人中小企業基盤整備機構、独立行政法人都市再生機構又は地方住宅供給公社等が行う住宅の建設又は宅地の造成を目的とする事業の用に供するためにこれらの者に買い取られたものですか。		
	□	2号 （一部）	収用事業を行う者（代行買収者を含みます。）に収用等の対償に充てるため（収用等の対償地として）買い取られたものですか。		
	□	3号	土地区画整理法による土地区画整理事業として行われる一団の宅地の造成事業（一定の要件を満たすものに限られます。）のために買い取られたものですか。		
	□	4号	公有地の拡大の推進に関する法律の規定により、地方公共団体又は土地開発公社等に買い取られたものですか。		
	□	（　）号	上記以外の租税特別措置法第34条の2第2項各号（5号～25号）の規定により買い取られたものですか。		
2	租税特別措置法第34条の2第2項1号から3号まで、6号から16号まで、19号、22号又は22号の2による買取りについて、同一事業のために、令和4年以前にも土地等を譲渡したことがありますか。			いいえ	はい
3	この譲渡について、次の特例の適用を受けますか。 ⑴　優良住宅地の造成等のために土地等を譲渡した場合の税率の軽減の特例（措法31の2） ⑵　収用等に伴い代替資産を取得した場合の課税の特例（措法33）（一部） ⑶　収用等の交換処分等に伴い資産を取得した場合の課税の特例（措法33の2）（一部） ⑷　居住用財産を譲渡した場合の3,000万円の特別控除の特例（措法35①） ⑸　被相続人の居住用財産を譲渡した場合の3,000万円の特別控除の特例（措法35③） ⑹　特定期間に取得をした土地等を譲渡した場合の1,000万円の特別控除の特例（措法35の2） ⑺　低未利用土地等を譲渡した場合の100万円の特別控除の特例（措法35の3） ⑻　特定の居住用財産の買換えの場合の長期譲渡所得の課税の特例（措法36の2） ⑼　特定の居住用財産を交換した場合の長期譲渡所得の課税の特例（措法36の5） ⑽　特定の事業用資産の買換えの場合の譲渡所得の課税の特例（措法37） ⑾　特定の事業用資産を交換した場合の譲渡所得の課税の特例（措法37の4） ⑿　既成市街地等内にある土地等の中高層耐火建築物等の建設のための買換え及び交換の場合の譲渡所得の課税の特例（措法37の5） ⒀　特定の交換分合により土地等を取得した場合の課税の特例（措法37の6①一、二）			いいえ	はい

110　第1部　不動産譲渡所得の概要

（注）　この特例の特別控除額は、同一年中に特定住宅地造成事業等のために譲渡された資産が2以上ある場合でも、1,500万円が限度となります。

（参考）　基礎控除や配偶者（特別）控除などの所得控除の適用に当たっての「合計所得金額」は、1,500万円までの特別控除前の金額で判定します。

【添付書類】

この特例の適用を受けるためには、次の書類を確定申告書に添付する必要があります。

号	添　付　書　類	
1	租税特別措置法第34条の2第2項第1号に規定する住宅建設又は宅地造成の施行者の当該土地等を当該住宅建設又は宅地造成のために買い取った旨を証する書類（当該住宅建設又は宅地造成の施行者に代わり、同号に規定する法人で当該施行者でないものが同号の買取りをする場合には、当該施行者の当該証する書類で当該買取りをする者の名称及び所在地の記載があるもの）	
2	次に掲げる場合の区分に応じそれぞれ次に定める書類	
	区　　分	書　　類
	イ　土地等が租税特別措置法第34条の2第2項第2号に規定する収用を行う者によって同号に規定する収用の対価に充てるため買い取られる場合	その買取りをする者の当該土地等を当該収用の対価に充てるため買い取った旨を証する書類
	ロ　土地等が租税特別措置法施行令第22条の8第2項に規定する者によって同項に規定する収用の対価に充てるため買い取られる場合	その買取りをする者の当該土地等を同項に規定する契約に基づき当該収用の対価に充てるため買い取った旨を証する書類及びその契約書の写し
	ハ　土地等が住宅地区改良法第2条第6項に規定する改良住宅を同条第3項に規定する改良地区の区域外に建設するため買い取られる場合	国土交通大臣の当該土地等の所在地が住宅地区改良法第6条第3項第1号に掲げる住宅地区改良事業を施行する土地の区域（当該改良地区の区域を除く。）内である旨を証する書類及びその買取りをする者の当該土地等を当該住宅地区改良事業のため買い取った旨を証する書類
	ニ　土地等が公営住宅法第2条第4号に規定する公営住宅の買取りにより買い取られる場合	その買取りをする地方公共団体の長の当該土地等を当該公営住宅の買取りにより買い取った旨を証する書類
3	①　土地等の買取りをする者の当該土地等を租税特別措置法第34条の2第2項第3号に規定する一団の宅地の造成に関する事業の用に供するために買い取った旨、当該土地等の買取りをした年の前年以前において当該買取りをする者から当該事業の用に供するために土地等を買い取ったことがない旨及び当該土地等が当該買取りをする者の有する土地と併せて一団の土地に該当することとなるを証する書類 ②　租税特別措置法第34条の2第2項第3号イに規定する土地区画整理事業の施行者の施行令第22条の8第5項に規定する仮換地の指定がない旨又は最初に行われた当該指定の効力発生の日の年月日を証する書類 ③　国土交通大臣の①に記載する一団の宅地の造成に係る租税特別措置法施行令第22条の8第4項の規定による認定をした旨を証する書類（②に記載する土地区画整理事業に係る同条第5項に規定する認可の申請書の受理年月日の記載のあるものに限る。）の写し	
4	買取りをする者の当該土地を公有地の拡大の推進に関する法律第6条第1項の協議に基づき買い取った旨を証する書類	
5～25	適用を受けようとする、租税特別措置法第34条の2第2項第5号から第25号に応じた必要書類	

【参考】租税特別措置法第34条の2第2項の抜粋（記載のない号は、法令を確認してください。）

号	規　　定
1	地方公共団体（その設立に係る団体で政令で定めるものを含む。第12号において同じ。）、独立行政法人中小企業基盤整備機構、独立行政法人都市再生機構、成田国際空港株式会社、地方住宅供給公社又は日本勤労者住宅協会が行う住宅の建設又は宅地の造成を目的とする事業（政令で定める事業を除く。）の用に供するためにこれらの者に買い取られる場合（第33条第1項第2号若しくは第4号、第33条の2第1項第1号又は前条第2項第1号に掲げる場合に該当する場合を除く。）
2	第33条第1項第1号に規定する土地収用法等に基づく収用（同項第2号の買取り及び同条第4項第1号の使用を含む。）を行う者若しくはその者に代わるべき者として政令で定める者によって当該収用の対価に充てるため買い取られる場合、住宅地区改良法第2条第6項に規定する改良住宅を同条第3項に規定する改良地区の区域外に建設するため買い取られる場合又は公営住宅法（昭和26年法律第193号）第2条第4号に規定する公営住宅の買取りにより地方公共団体に買い取られる場合（第33条第1項第2号若しくは第4号若しくは第33条の2第1項第1号に掲げる場合又は政令で定める場合に該当する場合を除く。）
3	一団の宅地の造成に関する事業（次に掲げる要件を満たすもので政令で定めるものに限る。）の用に供するために、平成6年1月1日から令和5年12月31日までの間に、買い取られる場合（政令で定める場合に限る。） イ　当該一団の宅地の造成が土地区画整理法による土地区画整理事業（当該土地区画整理事業の同法第2条第4項に規定する施行地区（ロにおいて「施行地区」という。）の全部が都市計画法第7条第1項の市街化区域と定められた区域に含まれるものに限る。）として行われるものであること。 ロ　当該一団の宅地の造成に係る一団の土地（イの土地区画整理事業の施行地区内において当該土地等の買取りをする個人又は法人の有する当該施行地区内にある一団の土地に限る。）の面積が5ヘクタール以上のものであることその他政令で定める要件を満たすものであること。 ハ　当該事業により造成される宅地の分譲が公募の方法により行われるものであること。
4	公有地の拡大の推進に関する法律（昭和47年法律第66号）第6条第1項の協議に基づき地方公共団体、土地開発公社又は政令で定める法人に買い取られる場合（第33条第1項第2号又は前条第2項各号に掲げる場合に該当する場合を除く。）

（出所：国税庁ホームページ）

⑥ 農地保有の合理化等のために農地等を譲渡した場合の譲渡所得の特別控除（800万円控除）〔措法34の3〕

　個人の所有している土地等が、農業振興地域の整備に関する法律第23条に規定する勧告に係る協議、調停又はあっせんによる譲渡など、一定の要件を満たす農地保有の合理化等のために農地等を譲渡したときには、譲渡所得の金額の計算上800万円の特別控除を適用することができます。

(1) 適用要件

　個人の所有している土地等を、農地保有の合理化等のための農地等として譲渡する場合であること。ただし、譲渡する土地等の全部又は一部について、他の特例（措法31の2、31の3、33、33の4、34、34の2、35、35の2、35の3、36の2、36の5、37、37の4、37の5、37の6、37の8、所法58）の適用を受ける場合には、この特例の適用を受けることはできません（措法34の3①）。

(2) 申告手続等

　確定申告書には、農地保有の合理化等のために譲渡した場合に該当する旨の証明書、「譲渡所得の内訳書（確定申告書付表兼計算明細書）［土地・建物用］」など、一定の書類を添付することが必要です。譲渡所得が800万円に満たない場合であっても申告手続を行う必要があります。

⑦ 特定期間に取得をした土地等を譲渡した場合の長期譲渡所得の特別控除(1,000万円控除)〔措法35の2〕

　個人が、平成21年1月1日から平成22年12月31日までの2年間の間に取得した国内にある土地等で、譲渡した年の1月1日において所有期間が5年を超えるものを譲渡した場合には、これらの全部の土地等の譲渡に対する長期譲渡所得の金額の計算上1,000万円の特別控除を適用することができます。

(1) 適用要件

　① 平成21年1月1日から平成22年12月31日までの2年間に取得していること

　② その取得は、配偶者その他の特別の関係がある者からの取得ではないこと、又は相続、遺贈、贈与、交換、代物弁済及び所有権移転外リース取引による取得(この⑦において「相続等による取得」といいます。)並びにその取得をした者からの相続等による取得でないこと

　③ 譲渡の年の1月1日において所有期間が5年を超える土地等を譲渡していること

　　所有期間について、平成21年1月1日から平成22年12月31日までの間に、収用等に伴い代替資産を取得した場合の課税の特例(措法33)、交換処分等に伴い資産を取得した場合の課税の特例(措法33の2)、換地処分等に伴い資産を取得した場合の課税の特例(措法33の3)の適用を受けて取得した土地等(交換により取得したものを除きます。)の所有期間は、その土地等を実際に取得した日の翌

第3章　分離課税の譲渡所得に対する所得税の計算と特例　113

　　日から引き続き所有していた期間により判断します。(措令20②③、23の2③)。
④　譲渡する土地等の全部又は一部について、他の特例（所法58、措法31の2、33、33の2、33の3、33の4、34、34の2、34の3、35、35の3、36の2、36の5、37、37の4、37の5、37の6、37の8）の適用を受ける場合には、この特例の適用を受けることはできません。

(2) **申告手続等**

　確定申告書には、譲渡した土地等に係る登記事項証明書（「不動産番号等の明細書」を提出することなどにより添付を省略することも可能です。）、売買契約書の写し等でその土地等が上記適用要件の①、②、③に該当することを明らかにする書類、「譲渡所得の内訳書（確定申告書付表兼計算明細書）［土地・建物用］」など、一定の書類を添付することが必要です。

【J05-09】譲渡　特定期間土地

R5

特定期間に取得をした土地等を譲渡した場合の1,000万円の特別控除の特例適用チェック表

> このチェック表は、特定期間に取得をした土地等を譲渡した場合の特別控除の特例の適用要件について、チェックしていただくためのものです。ご自分でチェックの上、確定申告書及び譲渡所得の内訳書（確定申告書付表兼計算明細書）とともに提出してください。

《特例の概要》

　この特例は、平成21年1月1日から平成22年12月31日までの間に取得をした国内の土地等で、その年の1月1日において所有期間が5年を超えるものを譲渡した場合に、譲渡所得の金額の計算上1,000万円までの特別控除額を控除することができる特例です（措法35の2）。

氏名　　　　　　　　　

	チェック項目 （チェック項目の全てについて「該当」となった場合には、この特例を適用することができます。）	該当	非該当
1	譲渡した土地等（棚卸資産又はこれに準ずる資産を除きます。）は、国内にある土地等ですか。	はい	いいえ
2	譲渡した土地等は、平成21年1月1日から平成22年12月31日までの間に取得したものですか。	はい	いいえ
3	譲渡した土地等は、相続、遺贈、贈与、交換、代物弁済及び所有権移転外リース取引により取得したものですか。	いいえ	はい
4	譲渡した土地等は、配偶者、直系血族、生計を一にする親族、婚姻の届出をしていないが事実上婚姻関係と同様の事情にある者、一定の同族会社等から取得したものですか。	いいえ	はい
5	譲渡した土地等の全部又は一部（この特例の対象となる土地等の譲渡のうちいずれかの土地等の譲渡）について、次のいずれかの特例の適用を受けますか。 (1) 収用等に伴い代替資産を取得した場合の課税の特例（措法33） (2) 収用等の交換処分等に伴い資産を取得した場合の課税の特例（措法33の2） (3) 換地処分等に伴い資産を取得した場合の課税の特例（措法33の3） (4) 特定の居住用財産の買換えの場合の特例（措法36の2） (5) 特定の居住用財産を交換した場合の長期譲渡所得の課税の特例（措法36の5） (6) 特定の事業用資産の買換えの場合の譲渡所得の課税の特例（措法37） (7) 特定の事業用資産を交換した場合の譲渡所得の課税の特例（措法37の4） (8) 特定普通財産とその隣接する土地等の交換の場合の譲渡所得の課税の特例（措法37の8） （注）同一年中にこの特例の適用対象となる土地等を2以上譲渡している場合で、いずれかの土地等について上記の特例の適用を受けるときは、この特例の適用はありません。	いいえ	はい

（裏面へ続きます⇒）

第3章 分離課税の譲渡所得に対する所得税の計算と特例　115

	チェック項目 (チェック項目の全てについて「該当」となった場合には、この特例を適用することができます。)	該当	非該当
6	譲渡した土地等について、次のいずれかの特例の適用を受けますか。 (1) 固定資産の交換の場合の特例（所法58） (2) 優良住宅地の造成等のために土地等を譲渡した場合の税率の軽減の特例（措法31の2） (3) 収用交換等の場合の5,000万円の特別控除の特例（措法33の4） (4) 特定土地区画整理事業等のために土地等を譲渡した場合の譲渡所得の特別控除の特例（措法34） (5) 特定住宅地造成事業等のために土地等を譲渡した場合の譲渡所得の特別控除の特例（措法34の2） (6) 農地保有の合理化等のために農地等を譲渡した場合の譲渡所得の特別控除の特例（措法34の3） (7) 居住用財産を譲渡した場合の3,000万円の特別控除の特例（措法35①） (8) 被相続人の居住用財産を譲渡した場合の3,000万円の特別控除の特例（措法35③） (9) 低未利用土地等を譲渡した場合の100万円の特別控除の特例（措法35の3） (10) 既成市街地等内にある土地等の中高層耐火建築物等の建設のための買換え及び交換の場合の譲渡所得の課税の特例（措法37の5） (11) 特定の交換分合により土地等を取得した場合の課税の特例（措法37の6①一、二）	いいえ	はい

（参考）　基礎控除や配偶者(特別)控除などの所得控除の適用に当たっての「合計所得金額」の判定は1,000万円までの特別控除前の金額で判定します。

【添付書類】

この特例の適用を受けるためには、次の書類を確定申告書に添付する必要があります。

> 譲渡した土地等に係る登記事項証明書、売買契約書の写しその他の書類で、当該土地等が平成21年1月1日から平成22年12月31日までの間に取得されたものであることを明らかにする書類

（注）　「譲渡所得の特例の適用を受ける場合の不動産に係る不動産番号等の明細書」又は登記事項証明書の写しなどの不動産番号等の記載のある書類を添付することなどにより、登記事項証明書の原本の添付を省略することができます。

（出所：国税庁ホームページ）

⑧ 低未利用土地等を譲渡した場合の長期譲渡所得の特別控除（100万円控除）〔措法35の３〕

　個人が、令和２年７月１日から令和７年12月31日までの間に、譲渡した年の１月１日における所有期間が５年を超える都市計画区域内にある一定の低未利用土地等を500万円以下（一定の場合には800万円以下）で売った場合には、その年の低未利用土地等の譲渡に係る譲渡所得の金額から100万円を控除することができます。その譲渡所得の金額が100万円に満たない場合には、その譲渡所得の金額が控除額になります。

(1) 適用要件

　① 売った土地等が、都市計画区域内にある低未利用土地等であること

　　（注）低未利用土地等とは、居住の用、事業の用その他の用途に利用されておらず、またはその利用の程度がその周辺の地域における同一の用途もしくはこれに類する用途に利用されている土地の利用の程度に比し、著しく劣っている土地や当該低未利用土地の上に存する権利のことをいいます。

　② 売った年の１月１日において、所有期間が５年を超えること

　③ 売手と買手が、親子や夫婦など特別な関係でないこと。特別な関係には、生計を一にする親族、内縁関係にある人、特殊な関係のある法人なども含まれます。

　④ 売った金額が、低未利用土地等の上にある建物等の対価を含めて500万円以下であること

　　なお、次に掲げる区域内に存する低未利用地を譲渡する場合には800万円以下であること

イ	市街化区域又は区域区分に関する都市計画が定められていない都市計画区域（用途地域が定められている区域に限ります。）
ロ	所有者不明土地の利用の円滑化等に関する特別措置法に規定する所有者不明土地対策計画を策定した市町村の区域

⑤　売った後に、その低未利用土地等の利用（コインパーキングの用途に供される場合を除きます。）がされること

⑥　この特例の適用を受けようとする低未利用土地等と一筆であった土地から前年または前々年に分筆された土地またはその土地の上に存する権利について、前年または前々年にこの特例の適用を受けていないこと

⑦　売った土地等について、収用等の場合の特別控除や事業用資産を買い換えた場合の課税の繰延べなど、他の譲渡所得の課税の特例（所法58、措法31の2、31の3、33、33の2、33の3、33の4、34、34の2、34の3、35、35の2、36の2、36の5、37、37の4、37の5、37の6、37の8）の適用を受けないこと

(2)　申告手続等

確定申告書に次の書類等を添付して提出すること。

①　「譲渡所得の内訳書（確定申告書付表兼計算明細書）［土地・建物用］」

②　売った土地等の所在地の市区町村長の、次のイからニまでに掲げる事項を確認した旨ならびにホ及びヘに掲げる事項を記載した書類

イ	売った土地等が都市計画区域内にあること

ロ	売った土地等が、売った時において低未利用土地等に該当するものであること
ハ	売った土地等が、売った後に利用されていることまたは利用される見込みであること
ニ	売った土地等の所有期間が5年を超えるものであること
ホ	売った土地等と一筆であった土地からその年の前年または前々年に分筆された土地等の有無
ヘ	上記ホの分筆された土地等がある場合には、その土地等につきこの②の書類のその土地等を売った者への交付の有無

③ 売った金額が、低未利用土地等の上にある建物等の対価を含めて500万円以下（一定の場合には800万円以下）であることを明らかにする書類（売買契約書の写し等）

【J05-10】譲渡 低未利用土地

税務署整理欄 R5

低未利用土地等を譲渡した場合の100万円の特別控除の特例適用チェック表

> このチェック表は、低未利用土地等を譲渡した場合の100万円の特別控除の特例の適用要件について、チェックしていただくためのものです。ご自分でチェックの上、確定申告書及び譲渡所得の内訳書（確定申告書付表兼計算明細書）とともに提出してください。

《特例の概要》
　この特例は、都市計画区域内にある一定の低未利用土地等を500万円以下（一定の場合は800万円以下）で譲渡した場合に、譲渡所得の金額の計算上100万円までの特別控除額を控除することができる特例です（措法35の３）。

氏名

	チェック項目 （チェック項目の全てについて「該当」となった場合には、この特例を適用することができます。）	該当	非該当
1	譲渡した土地等（棚卸資産又はこれに準ずる資産を除きます。）について、その土地等の所在地の市区町村長から、次の事項が記載された確認書（以下「低未利用土地等確認書」といいます。）の交付を受けていますか。 ① 都市計画区域内にある低未利用土地（低未利用土地の上に存する権利を含み、以下、「低未利用土地等」といいます。）に該当すること ② 当該低未利用土地等の譲渡後の利用を確認したこと及び譲渡の年の１月１日において所有期間が５年を超えることについて確認したこと ③ 譲渡した土地等と一筆であった土地からその年の前年又は前々年（令和４年又は令和３年）に分筆された土地等（以下「分筆された土地等」といいます。）の有無 ④ 分筆された土地等がある場合、当該分筆された土地等につき低未利用土地等確認書をあなたに交付した実績の有無 ⑤ 譲渡した土地等が市街化区域、区域区分に関する都市計画が定められていない都市計画区域のうち用途地域が定められている区域又は所有者不明土地対策計画を作成した市町村の区域のうちいずれの区域内にあるかの別	は い	いいえ
2	譲渡した土地等は、配偶者、直系血族、生計を一にする親族、婚姻の届出をしていないが事実上婚姻関係と同様の事情にある者、一定の同族会社等への譲渡ですか。	いいえ	は い
3	譲渡の対価（低未利用土地等の譲渡とともにした当該低未利用土地の上にある資産の譲渡の対価を含みます。）の額は、500万円（当該低未利用土地等が次の①又は②に掲げる区域内にある場合には、800万円）以下ですか。 ① 市街化区域又は区域区分に関する都市計画が定められていない都市計画区域のうち用途地域が定められている区域 ② 所有者不明土地の利用の円滑化等に関する特別措置法第45条第１項に規定する所有者不明土地対策計画を作成した市町村の区域（①に掲げる区域を除きます。）	は い	いいえ
4	この特例の適用を受けようとする低未利用土地等と一筆であった土地から令和３年又は令和４年に分筆された土地等の有無に応じ、次のうち該当する区分についてチェックしてください（ 該当区分の「□欄」にもチェック（✓）を付してください）。 □ 分筆された土地等がない場合 　「はい」に○を付けてください。 □ 分筆された土地等がある場合 　分筆された土地等を令和３年又は令和４年に譲渡し、その譲渡についてこの特例の適用を受けていませんか。	は い	いいえ

（裏面へ続きます⇒）

チェック項目 (チェック項目の全てについて「該当」となった場合には、この特例を適用することができます。)	該当	非該当
5　譲渡した土地等の全部又は一部について、次のいずれかの特例の適用を受けますか。 ① 収用等に伴い代替資産を取得した場合の課税の特例（措法33） ② 収用等の交換処分等に伴い資産を取得した場合の課税の特例（措法33の2） ③ 換地処分等に伴い資産を取得した場合の課税の特例（措法33の3） ④ 特定の居住用財産の買換えの場合の特例（措法36の2） ⑤ 特定の居住用財産を交換した場合の長期譲渡所得の課税の特例（措法36の5） ⑥ 特定の事業用資産の買換えの場合の譲渡所得の課税の特例（措法37） ⑦ 特定の事業用資産を交換した場合の譲渡所得の課税の特例（措法37の4） ⑧ 特定普通財産とその隣接する土地等の交換の場合の譲渡所得の課税の特例（措法37の8） （注）同一年中にこの特例の適用対象となる土地等を2以上譲渡している場合で、いずれかの土地等について上記の特例の適用を受けるときは、この特例の適用はありません。	いいえ	はい
6　譲渡した土地等について、次のいずれかの特例の適用を受けますか。 ① 固定資産の交換の場合の特例（所法58） ② 優良住宅地の造成等のために土地等を譲渡した場合の税率の軽減の特例（措法31の2） ③ 居住用財産を譲渡した場合の長期譲渡所得の課税の特例（措法31の3） ④ 収用交換等の場合の5,000万円の特別控除の特例（措法33の4） ⑤ 特定土地区画整理事業等のために土地等を譲渡した場合の譲渡所得の特別控除の特例（措法34） ⑥ 特定住宅地造成事業等のために土地等を譲渡した場合の譲渡所得の特別控除の特例（措法34の2） ⑦ 農地保有の合理化等のために農地等を譲渡した場合の譲渡所得の特別控除の特例（措法34の3） ⑧ 居住用財産を譲渡した場合の3,000万円の特別控除の特例（措法35①） ⑨ 被相続人の居住用財産を譲渡した場合の3,000万円の特別控除の特例（措法35③） ⑩ 特定期間に取得をした土地等を譲渡した場合の100万円の特別控除の特例（措法35の2） ⑪ 既成市街地等内にある土地等の中高層耐火建築物等の建設のための買換え及び交換の場合の譲渡所得の課税の特例（措法37の5） ⑫ 特定の交換分合により土地等を取得した場合の課税の特例（措法37の6①一、二）	いいえ	はい

（参考）　基礎控除や配偶者(特別)控除などの所得控除の適用に当たっての「合計所得金額」の判定は、100万円までの特別控除前の金額で判定します。

【添付書類】
　この特例の適用を受けるためには、次の書類を確定申告書に添付する必要があります。

1	低未利用土地等の所在する市区町村長から交付を受けた低未利用土地等確認書
2	譲渡をした低未利用土地等に係る売買契約書の写しその他の書類で、当該譲渡の対価の額が500万円（チェック項目3の①又は②に掲げる区域内にある場合には800万円）以下であることを明らかにするもの

（出所：国税庁ホームページ）

⑨ 特定の事業用資産の買換えの場合の譲渡所得の課税の特例〔措法37〕

　個人が、事業の用に供している特定の地域内にある土地建物等（譲渡資産）を譲渡して、一定期間内に特定の地域内にある土地建物等の特定の資産（買換資産）を取得し、その取得の日から1年以内に買換資産を事業の用に供したときは、一定の要件のもと、譲渡益の一部に対する課税を将来に繰り延べることができる特例です。

　譲渡価額より買換資産の取得価額のほうが多いときは、譲渡金額に20％の割合を乗じた額を収入金額として譲渡所得の計算を行います。なお、この課税割合は、譲渡資産又は買換資産の所在地等によって、30％、40％、25％又は10％の割合になる場合があります（下表参照）。譲渡価額より買換資産の取得価額のほうが少ないときは、その差額と買換資産の取得金額に20％を乗じた額との合計額を収入金額として譲渡所得の計算を行います。

■課税割合

譲渡資産		買換資産	集中地域以外の地域		集中地域		
					東京都特別区以外	東京都特別区	
			主たる事務所資産以外	主たる事務所資産	—	主たる事務所資産以外	主たる事務所資産
集中地域以外		主たる事務所資産以外	20%	20%	25%	30%	40%(30%)
		主たる事務所資産					
集中地域	東京都特別区以外	—					
	東京都特別区	主たる事務所資産以外					
		主たる事務所資産	10%(20%)				

（出所：国税庁ホームページ）

（注1）　主たる事務所の移転を伴う買換えは、譲渡資産及び買換資産がその

個人の主たる事務所として使用される建物及び構築物並びにその敷地の用に供される土地等を譲渡及び取得することにより判定します。
(注2) 主たる事務所資産の移転を伴う買換えについて、令和5年3月31日以前に譲渡資産を譲渡した場合及び同日後に譲渡資産を譲渡し、同日以前に買換資産を取得している場合には、表内のカッコ内の課税割合となります。
(注3) 集中地域とは、具体的には、平成30年4月1日における次に掲げる区域をいいます。
　イ　東京都の特別区の存する区域及び武蔵野市の区域並びに三鷹市、横浜市、川崎市及び川口市の区域のうち首都圏整備法施行令別表に掲げる区域を除く区域
　ロ　首都圏整備法第24条第1項の規定により指定された区域
　ハ　大阪市の区域及び近畿圏整備法施行令別表に掲げる区域
　ニ　首都圏、近畿圏及び中部圏の近郊整備地帯等の整備のための国の財政上の特別措置に関する法律施行令別表に掲げる区域

(1) 適用要件

① 譲渡資産と買換資産は、共に事業用のものに限られます。

② 譲渡資産と買換資産とが、以下の一定の組合せに該当していること

区分	譲渡資産	買換え資産
1号	航空機騒音障害区域内にある土地等、建物又は構築物	航空機騒音障害区域外にある土地等、建物、構築物又は機械及び装置 ※　農業又は林業以外の一般商工業の事業に限られます。
	航空機騒音障害区域とは、次の区域をいいます。 ①　特定空港周辺航空機騒音対策特別措置法第4条第1項に規定する航空機騒音障害防止特別地区 ②　公共用飛行場周辺における航空機騒音による障害の防止等に関する法律第9条第1項に規定する第2種区域	

	③　防衛施設周辺の生活環境の整備等に関する法律第5条第1項に規定する第2種区域	
2号	既成市街地等及びこれに類する区域内にある土地等、建物又は構築物	既成市街地等及びこれに類する区域内にある土地等、建物、構築物又は機械及び装置で、土地の計画的かつ効率的な利用に資する一定の施策の実施に伴い、その施策に従って取得をされるもの（中高層耐火建築物以外の建物及び住宅の用に供される部分が含まれる建物及びその敷地を除きます。）
	①　既成市街地等とは、次に掲げる区域をいいます（譲渡した年の10年前の年の翌年1月1日以後に公有水面埋立法による竣功認可のあった埋立地の区域は除きます。）。 　㋑　首都圏整備法第2条第3項に規定する既成市街地 　㋺　近畿圏整備法第2条第3項に規定する既成都市区域 　㋩　首都圏、近畿圏及び中部圏の近郊整備地帯等の整備のための国の財政上の特別措置に関する法律施行令別表に掲げられている区域 ②　市街化区域とは、都市計画法第7条第1項に規定する市街化区域をいいます。 ③　既成市街地等に類する区域とは、都市計画法第4条第1項に規定する都市計画に都市再開発法第2条の3第1項第2号に掲げる地区若しくは同条第2項に規定する地区の定められた市又は道府県庁所在の市の区域の都市計画法第4条第2項に規定する都市計画区域のうち最近の国勢調査の結果による人口集中地区の区域をいいます。 ④　土地の計画的かつ効率的な利用に資する一定の施策とは、都市再開発法による市街地再開発事業（その施行される土地の区域の面積が5,000㎡以上であるものに限ります。）に関する都市計画をいいます。	
3号	国内にある土地等、建物又は	国内にある土地等又は駐車場の

	構築物で、譲渡の日の属する年の1月1日において所有期間が10年を超えるもの	用に供されるもので、その面積が300㎡以上のもの、建物又は構築物 ※　土地等は、特定施設（事務所、事業所等）の敷地の用に供されるものをいいます。駐車場の用に供されるものは、建物又は構築物の敷地の用に供されていないことについて政令で定めるやむを得ない事情があるものをいいます（措令25⑪）。
4号	日本船舶のうち、その進水の日から譲渡の日までの期間が一定期間に満たないもの（一定期間は①海洋運輸業の用に供されている船舶は20年、②沿海運輸業の用に供されている船舶は23年、③建設業又はひき船業の用に供されている船舶は30年）（措令25⑫） ※　漁業の用に供されるものを除きます。	日本船舶のうち、①建造後事業の用に供されたことのないもの、②船齢が耐用年数以下のもので船齢が譲渡船舶の進水の日から譲渡船舶の譲渡の日までの期間に満たないもの（環境への負荷の低減に資する船舶として国土交通大臣が財務大臣と協議して指定するものに限ります。） ※　譲渡船舶に係る事業と同一の事業に供されるものに限ります。

③　買換資産が土地等であるときは、取得する土地等の面積が、原則として譲渡した土地等の面積の5倍以内であること

　　5倍を超えた場合には、超える部分は特例の対象となりません。

④　資産を譲渡した年か、その前年中、あるいは譲渡した年の翌年中に買換資産を取得すること

　　なお、前年中に取得した資産を買換資産とするためには、取得した年の翌年3月15日までに「先行取得資産に係る買換えの特例の適用に関する届出書」を税務署長に提出をしておくことが必要です。

また、譲渡した翌年中に買換資産を取得する予定の場合には、確定申告書を提出する際に取得する予定の買換資産についての取得予定年月日、取得価額の見積額及び買換資産が買換えの組合せのいずれかに該当するかの別、その他の明細を記載した「買換（代替）資産の明細書」を添付することが必要です。
⑤　買換資産を取得した日から1年以内に事業に使うこと
　なお、取得してから1年以内に事業に使用しなくなった場合は、原則として特例は受けられません。
⑥　この特例を受けようとする資産については、重ねて他の特例（所法58、措法31の2、31の3、33、33の4、34、34の2、34の3、35、35の2、35の3、36の2、36の5、37の4、37の5、37の6、37の8や減価償却資産の特別償却又は所得税額の特別控除の特例等）を適用することはできません。
⑦　土地等の譲渡については、原則として、譲渡した年の1月1日現在の所有期間が5年を超えていること
　なお、令和8年3月31日までにした土地等の譲渡については、この要件が停止されています。ただし、上記②の区分3号の組合せの場合には、所有期間について、譲渡した年の1月1日において10年を超えていることが、個別の要件とされています。
⑧　譲渡資産の譲渡は、収用等、贈与、交換、出資によるもの及び代物弁済としての譲渡ではないこと、また、買換資産の取得は、贈与、交換又は一定の現物分配によるもの、所有権移転外リース取引によるもの及び代物弁済によるものではないこと（措令37①）。

(2) 申告手続等

特例を受けるためには、次の書類を添付し確定申告をすることが必要です。

イ	「譲渡所得の内訳書（確定申告書付表兼計算明細書）［土地・建物用］」
ロ	買換資産の登記事項証明書などその資産の取得を証する書類
ハ	譲渡資産及び買換資産が特例の適用要件とされる特定の地域内にあることを証する市区町村長等の証明書など

(注) 買換資産を取得する見込みで、この特例の適用を受けた場合には、上記のロの登記事項証明書などは、買換資産を取得した日から4か月以内に提出しなければなりません。

(3) 所得金額の計算

この特例の適用を受けた場合の譲渡所得の金額は、原則として次の算式によって計算します（課税の繰延割合が80％の場合）。

① 譲渡資産の譲渡価額 ≦ 買換資産の取得価額の場合

イ	収入金額＝譲渡資産の譲渡価額×0.2
ロ	必要経費＝（譲渡資産の取得費＋譲渡費用）×0.2
ハ	収入金額イ－必要経費ロ＝課税される譲渡所得の金額

② 譲渡資産の譲渡価額 ＞ 買換資産の取得価額の場合

イ	収入金額＝譲渡資産の譲渡価額－買換資産の取得価額×0.8
ロ	必要経費＝（譲渡資産の取得費＋譲渡費用）×（収入金額イ÷譲渡資産の譲渡価額）
ハ	収入金額イ－必要経費ロ＝課税される譲渡所得の金額

参考 判決・裁決 事例47・334ページ、事例48・338ページ

実務のポイント

■ この特定の事業用資産の買換えの特例を適用するためには、譲渡資産及び買換資産が事業又は事業に準ずるものの用に供されていることが必要です。「事業に準ずるもの」とは、事業と称するに至らない不動産又は船舶の貸付けその他これに類する行為で、相当の対価を得て継続的に行われるものをいいます。相当の対価については、貸付等をしている資産の減価償却費、固定資産税その他の必要経費を回収した後において、なお相当の利益が生ずるような対価を得ているかどうかにより判定します（措令25②、措通37－3）。

■ 次のような資産は事業用資産には該当しません。

イ	棚卸資産又は雑所得の基因となる土地及び土地の上に存する権利
ロ	事業用資産の買換えの特例を受けるためだけの目的で、一時的に事業の用途に使ったと認められる資産
ハ	空閑地である土地や空き家である建物等

（注） 運動場、物品置場、駐車場などとして利用している土地であっても、特別の施設を設けていないものは、この空閑地に含まれます（措通37－21）。

■ 買換資産を取得する見込みで、この特例の適用を受け申告した場合で「買換資産の取得価額の見積額」より「実際の取得価額」のほうが多かった場合には、買換資産を取得した日から4か月以内に「更正の請求書」を提出して所得税の還付を受けることができます（措法37の2②）。

■ 買換資産を取得する見込みで、この特例の適用を受け申告した「買換資産の取得価額の見積額」より「実際の取得価額」のほうが少なかった場合には、買換資産の取得期間を経過する日から4か月以内に修

正申告の提出と差額の所得税を納付しなければなりません。
■　翌年中に買換資産を取得する見込みで買換資産を取得しなかった場合又は買換資産の取得の日から1年以内に事業の用に供しない若しくは供しなくなった場合は、これらの事情に該当することとなった日から4か月以内に修正申告の提出と差額の所得税を納付しなければなりません。
■　事業用資産の買換えの特例を受けるには、資産を譲渡した年か、その前年中あるいは譲渡した年の翌年中に買換資産を取得することが必要です。買換資産をこの期間内に取得しないときは原則としてこの特例は受けることができません。ただし、やむを得ない事情があるため、資産を譲渡した年の翌年1月1日から12月31日までの期間内に買換資産の取得をすることが困難な場合には、以下の(2)により、資産を譲渡した年の翌年12月31日後2年以内において税務署長が認定した日までの期間（以下、これらの期間を「取得指定期間」といいます。）に、買換資産の取得期間を延長することができます。

(1)　このやむを得ない事情とは、次の4つのいずれかのケースに当てはまる場合をいいます（措令25⑮、措通37-27の2）。

イ	工場などの敷地の造成や建設移転にかかる期間が通常1年を超えること
ロ	法令の規制等により取得計画の変更をしなければならなくなったこと
ハ	売主、その他の関係者との交渉が長引き、簡単に資産の取得ができないこと
ニ	①から③に準じた事情があること

(2)　買換資産の取得期間の延長を受けたいときは、資産を譲渡した年

についての所得を申告する際に次に掲げる事項を記載した「やむを得ない事情がある場合の買換資産の取得期限承認申請書」を税務署長へ提出して承認を受ける必要があります（措法37④、措令25⑧）。

イ	申請者の氏名及び住所
ロ	買換資産を取得することが困難であるやむを得ない事情の詳細
ハ	買換資産の取得予定年月日及び税務署長の認定を受けようとする日
ニ	その他参考となるべき事項

(3) 特定非常災害に基因するやむを得ない事情により、取得指定期間の延長を受けたいときは、取得指定期間の末日の属する年の翌年3月15日（同日が修正申告書の提出期限後である場合には、その提出期限）までに次に掲げる事項を記載した「買換資産等の取得期限等の延長承認申請書【特定非常災害用】」に、次のロのやむを得ない事情により買換資産の取得をすることが困難であると認められる事情を証する書類を添付して、税務署長に提出して承認を受けることが必要になります（措法37⑧、措令25㉑、措規18の5⑥）。

イ	申請者の氏名及び住所
ロ	特定非常災害として指定された非常災害に基因する、やむを得ない事情の詳細
ハ	買換資産の取得予定年月日及び税務署長の認定を受けようとする日
ニ	その他参考となるべき事項

(※) 特定非常災害とは、特定非常災害の被害者の権利利益の保全等を図るための特別措置に関する法律第2条第1項の規定により特定非常災害として指定された非常災害をいいます。

⑩ 特定の事業用資産を交換した場合の譲渡所得の課税の特例〔措法37の4〕

　個人が、その有する特定の事業用資産を他の特定の資産と交換した場合で、一定の要件を満たす場合には、その交換による資産の譲渡について、特定の事業用資産の買換えの場合の課税の特例（措法37①）を受けることができます。

(1) 適用要件

　次に掲げるいずれかの要件を満たす場合に限り適用を受けることができます。

① 交換譲渡資産及び交換取得資産が、共に特定の事業用資産の買換えの特例（措法37①）の適用を受けることができる場合のいずれか一の組合せ内（122ページの⑨(1)②の組合せ）にある場合

② ①以外の場合で、その交換により取得した交換差金で買換資産を取得した場合（交換譲渡資産と買換資産のいずれもが、前記⑨(1)②の組合せのいずれか一の組合せ内にある場合に限られます。）

　上記①の交換取得資産、②の買換資産を事業の用に供すべき時期及び②の買換資産の取得期間等については、特定の事業用資産の買換えの特例（措法37①）の場合と同様です。

(2) 適用除外

　この特例は、固定資産の交換の特例等（所法58、措法31の2、31の3、33、33の2、33の3、33の4、34、34の2、34の3、35、35の2、35の3、36の2、36の5、37、37の5、37の6、37の8）の他の特例を受け

る交換の場合には適用することができません（措令25の3①）。

(3) 譲渡所得の金額の計算

　特定の事業用資産の交換の特例を受ける場合には、交換譲渡資産の時価額を譲渡収入金額とし、交換取得資産の時価額（上記、適用要件の②の場合には、交換差金で取得した買換資産の取得価額）を買換資産の取得価額として、原則として次の算式により譲渡所得の金額を計算します。

	交換の態様	譲渡所得の課税関係
イ	Ⓐ＞Ⓒの場合	$Ⓐ - (Ⓒ \times 80\%) - Ⓑ \times \dfrac{Ⓐ - Ⓒ \times 80\%}{Ⓐ} = Ⓓ$
ロ	Ⓐ＝Ⓒの場合	$Ⓐ \times 20\% - Ⓑ \times 20\% = Ⓓ$
ハ	Ⓐ＜Ⓒの場合	

※　Ⓐ…交換譲渡資産の時価額
　　Ⓑ…交換譲渡資産の取得費・譲渡費用の額
　　Ⓒ…交換取得資産の時価額（交換差金で取得した買換資産の取得価額を含みます。）
　　Ⓓ…課税長期（短期）譲渡所得金額

(4) 申告手続等

　特例を受けるためには、次の書類を添付し確定申告をすることが必要です。

イ	「譲渡所得の内訳書（確定申告書付表兼計算明細書）［土地・建物用］」
ロ	交換取得資産の登記事項証明書などその資産の取得を証する書類
ハ	交換譲渡資産及び交換取得資産の区分に応じ、租税特別措置法施行規則18条の5第4項及び第5項にそれぞれ規定する書類

⑪ 既成市街地等内にある土地等の中高層耐火建築物等の建設のための買換え及び交換の場合の譲渡所得の課税の特例〔措法37の5〕

　個人が、以下の「1　特定民間再開発事業の施行地区内における中高層耐火建築物への買換えの特例」又は「2　既成市街地等内における中高層耐火共同住宅への買換えの特例」(138ページ)の表の譲渡資産を譲渡して、所定の期間内にそれぞれの表の買換資産の取得をし、かつ、その取得の日から1年以内に買換資産をその個人の事業の用又は居住の用に供したとき又はこれらの用に供する見込みであるときは、譲渡価額と買換資産の取得価額との差額に対して、長期(短期)譲渡所得が課税されます。

　なお、下記1又は2の表の譲渡資産と買換資産を交換し、交換差金を取得したときには、その交換差金にのみ譲渡所得が課税されます(措法37の5⑤)。

1　特定民間再開発事業の施行地区内における中高層耐火建築物への買換えの特例

譲渡資産	買換資産
次に掲げる区域又は地区内にある土地等又は建物等で、その土地等又は建物等の敷地の用に供されている土地等の上に地上階数4以上の中高層の耐火建築物の建築をする特定民間再開発事業の用に供するために譲渡されるもの(その個人の事業の用	①　特定民間再開発事業の施行により、譲渡した土地等の上に建築された中高層耐火建築物(その敷地を含みます。)又はその中高層耐火建築物に係る構築物 ②　その特定民間再開発事業の施行される地区内(左記のロからトの

第3章　分離課税の譲渡所得に対する所得税の計算と特例　133

に供しているものを除きます。）（措法37の5①一、措令25の4③）
　イ　租税特別措置法37条1項の表の第2号上欄に規定する既成市街地等（同欄のニに掲げる既成市街地等に類する区域を除きます。）
　ロ　都市計画法第4条第1項に規定する都市計画に都市再開発法第2条の3第1項第2号に掲げる地区として定められた地区
　ハ　都市計画法第8条第1項第3号に掲げる高度利用地区として定められた地区
　ニ　都市計画法第12条の4第1項第2号に掲げる防災街区整備地区計画及び同項第4号に掲げる沿道地区計画の区域のうち、一定の要件に該当する区域
　ホ　中心市街地の活性化に関する法律第16条第1項に規定する認定中心市街地の区域
　ヘ　都市再生特別措置法第2条第3項に規定する都市再生緊急整備地域
　ト　都市再生特別措置法第99条に規定する認定誘導事業計画の区域
　チ　都市の低炭素化の促進に関する法律第12条に規定する認定集約都市再開発事業計画の区域のうち一定の要件に該当する区域

地区内に限ります。）で行われる他の特定民間再開発事業等の施行によりその地区内に建築された中高層の耐火建築物で建築後使用されたことのないもの（その敷地を含みます。）又はその中高層の耐火建築物に係る構築物（措法37の5①一、措令25の4④）

(1)　適用要件

　次の①から⑥のすべての要件を満たす場合に限り特例の適用を受ける

ことができます。

① 譲渡資産の範囲

譲渡資産は、上記表のイからチまでに掲げる区域（地区）内で行われる特定民間再開発事業の用に供するための土地等、建物又は構築物（棚卸資産、棚卸資産に準ずる資産及び事業の用に供している資産を除きます。）であることが必要です。なお、短期譲渡所得となる場合であっても適用することができます。

② 買換資産の範囲

特定民間再開発事業の施行により、譲渡した土地等の上に建築された地上階数4以上の中高層耐火建築物（その敷地の用に供されている土地等を含みます。）又はその建築物に係る構築物の全部又は一部で、かつ、その取得の日から1年以内に居住の用（親族の居住の用を含みます。）に供する、又は供する見込みである場合のほか、次の表に掲げる地区内で施行される特定民間再開発事業のための譲渡にあっては、次に掲げる事業によりその地区内に建築された地上階数4以上の中高層の耐火建築物でその建築後使用されたことのないもの（その敷地の用に供されている土地等を含みます。）又はその建築物に係る構築物の全部又は一部で、かつ、その取得の日から1年以内に居住の用（親族の居住の用を含みます。）に供する、又は供する見込みであるものが買換資産となります。

特定民間再開発事業が実施される地区	中高層の耐火建築物を建築する事業
・都市計画に都市再開発法第2条の3第1項第2号に掲げる地区として定められた地区 ・都市計画に高度利用地区として	・その地区内で施行される他の特定民間再開発事業 ・租税特別措置法31条の2第2項12号に規定する事業

定められた地区 ・都市計画に防災街区整備地区計画及び沿道地区計画の区域として定められた一定の区域 ・認定中心市街地の区域として定められた一定の地区 ・都市再生緊急整備地域として定められた区域 ・認定誘導事業計画の区域として定められた区域 ・認定集約都市再開発事業計画の区域として定められた一定の区域	・第一種市街地再開発事業又は第二種市街地再開発事業

③ 特定民間再開発事業の範囲

　この特例の対象となる特定民間再開発事業は、民間が行う再開発事業のうち、次の表に掲げるすべての要件を満たすもので、その事業に係る中高層耐火建築物の建築主の申請に基づき、都道府県知事（都市再生特別措置法第25条に規定する認定計画に係る都市再生事業又は同法第99条に規定する認定誘導事業計画に係る誘導施設等整備事業の場合は国土交通大臣）の認定を受けたものをいいます。

特定民間再開発事業の範囲（次のすべての要件を満たす必要があります。）
・上記１の表のイからチに掲げる区域又は地区内で施行されるもの（チの認定集約都市開発事業計画の区域内において施行される事業にあっては一定の要件を満たす集約都市開発事業に限ります。）であること（措令25の４②一） ・その事業の施行される土地の区域（施行地区）の面積が1,000㎡以上であること（措令25の４②ニ） ・その事業の施行地区内において、都市施設（都市計画法に定める都

市計画施設又は施設）の用に供される土地又は建築基準法施行令第136条第1項に定める空地が確保されていること（措令25の4②三）
・その事業の施行地区内の土地の利用の共同化に寄与するものとして、次のいずれの要件を満たすものであること（措令25の4②四、措規18の6①）
　㋑　その事業の施行地区内の土地につき所有権を有する者又はその施行地区内の土地につき借地権を有する者の数が2以上であること
　㋺　その中高層耐火建築物の建築の後におけるその施行地区内の土地に係る所有権又は借地権が、㋑の所有権者若しくは借地権者又はこれらの者及びその中高層耐火建築物を所有することとなる者の2以上の者により共有されるものであること

④　譲渡の範囲

　譲渡資産の譲渡が、次の譲渡である場合又は次の特例の適用を受ける場合には、この買換えの特例の適用を受けることはできません。

適用除外の譲渡	・贈与による譲渡 ・交換による譲渡 ・出資による譲渡

⑤　特例の適用除外

　この特例は、収用交換等による譲渡などの他の特例（措法31の2、31の3、33、33の2、33の3、33の4、34、34の2、34の3、35、35の2、35の3、36の2、36の5、37、37の4、37の6、37の8、所法58）を受ける場合には適用できません。

⑥　取得の範囲

　買換資産の取得方法が、贈与による取得、交換による取得又は所有権移転外リース取引による場合には、この買換えの特例の適用を受けることはできません。

⑦ 買換資産の取得期間

　資産を譲渡した年か、譲渡した年の翌年中に買換資産を取得すること。ただし、中高層耐火建築物の建築に要する期間が通常1年を超えると認められる事情、その他これに準ずるやむを得ない事情がある場合には、特例を受けようとする者からの申請により、譲渡した年の翌年以降3年間のうち所轄税務署長が認定した日までの期間に買換資産を取得すること（措法37の5②、措令25の4⑦）。

　なお、特定非常災害として指定された非常災害に起因するやむを得ない事情により、買換資産を取得指定期間内に取得することが困難となった場合には、特例を受けようとする者からの申請により、取得指定期間が、その取得指定期間の末日から2年以内の日で所轄税務署長が認定した日まで延長されます（措法37の5③、措令25の4⑩）。

(2) 申告手続等

　特例を受けるためには、次の書類を添付し確定申告をすることが必要です（措法37の5②、措令25の4⑧⑨、措規18の6②）。

イ	「譲渡所得の内訳書（確定申告書付表兼計算明細書）[土地・建物用]」
ロ	譲渡資産の所在地において行われる事業が、特定民間再開発事業として認定されたものである旨の都道府県知事又は国土交通大臣の証明書
ハ	買換資産として取得した土地、建物等に関する登記事項証明書その他これらの資産を取得した旨を証する書類

2 既成市街地等内における中高層耐火共同住宅への買換えの特例〔措法37の5①二〕

譲渡資産	買換資産
次に掲げる区域内にある土地等又は建物等で、その土地等又は建物等の敷地の用に供されている土地等の上に地上階数3以上の中高層の耐火共同住宅（主として住宅の用に供される建築物に限ります。）の建築をする事業の用に供するために譲渡されるもの（措法37の5①二、措令25の4⑤⑥） イ　1表中イに掲げる区域（既成市街地等） ロ　首都圏整備法第2条第4項に規定する近郊整備地帯、近畿圏整備法第2条第4項に規定する近郊整備区域又は中部圏開発整備法第2条第3項に規定する都市整備区域のうち、上記イに掲げる既成市街地等に準ずる区域 ハ　中心市街地の活性化に関する法律第12条第1項に規定する認定基本計画に基づいて行われる中心市街地共同住宅供給事業（同条第4項に規定する都市福利施設の整備を行う事業と一体的に行われるものに限ります。）の区域	左記の事業の施行によりその土地等の上に建築された耐火共同住宅（その敷地を含みます。）又はその耐火共同住宅に係る構築物

(1) **適用要件**

次の①から③のすべての要件を満たす場合に限り特例の適用を受けることができます。

① 譲渡資産の範囲

譲渡資産は、次のイからハに掲げる区域内にある土地等、建物又は構築物（棚卸資産又は棚卸資産に準ずる資産を除きます。）であることが必要です。短期譲渡所得に対しても適用対象となります。なお、譲渡した土地等、建物又は構築物の用途に制限はありません。

イ　既成市街地等の区域

既成市街地等の区域
・首都圏の既成市街地（東京都の特別区及び武蔵野市の全域、三鷹市、横浜市、川崎市及び川口市の区域の特定の区域）。 ・近畿圏の既成都市区域（大阪市の全域、京都市、守口市、東大阪市、堺市、神戸市、尼崎市、西宮市及び芦屋市の区域の特定の区域）。 ・中部圏の名古屋市の特定の区域。

ロ　既成市街地等に準ずる区域として指定された区域

都道府県	市　名
埼玉県	川口市、さいたま市、所沢市、岩槻市、春日部市、上尾市、草加市、越谷市、蕨市、戸田市、朝霞市、志木市、和光市、新座市、八潮市、富士見市、三郷市
千葉県	千葉市、市川市、船橋市、松戸市、野田市、佐倉市、習志野市、柏市、流山市、八千代市、我孫子市、鎌ヶ谷市、浦安市、四街道市
東京都	八王子市、立川市、三鷹市、青梅市、府中市、昭島市、調布市、町田市、小金井市、小平市、日野市、東村山市、国分寺市、国立市、西東京市、福生市、狛江市、東大和市、清瀬市、東久留米市、武蔵村山市、多摩市、稲城市、羽村市

神奈川県	横浜市、川崎市、横須賀市、平塚市、鎌倉市、藤沢市、茅ヶ崎市、逗子市、相模原市、厚木市、大和市、海老名市、座間市、綾瀬市
愛知県	名古屋市、春日井市、小牧市、尾張旭市、豊明市
京都府	京都市、宇治市、日向市、長岡京市、八幡市
大阪府	堺市、岸和田市、豊中市、池田市、吹田市、泉大津市、高槻市、貝塚市、守口市、枚方市、茨木市、八尾市、泉佐野市、富田林市、寝屋川市、河内長野市、松原市、大東市、和泉市、箕面市、柏原市、羽曳野市、門真市、摂津市、高石市、藤井寺市、東大阪市、四条畷市、交野市、大阪狭山市
兵庫県	神戸市、尼崎市、西宮市、芦屋市、伊丹市、宝塚市、川西市

(注) 上記の市の区域のうち、都市計画法第7条第1項の市街化区域として定められている区域に限られます（措令25の4⑥）。

ハ 中心市街地共同住宅供給事業の区域

中心市街地の活性化に関する法律に規定する認定基本計画に基づいて行われる中心市街地共同住宅供給事業の区域で、同法に規定する都市福利施設の整備を行う事業と一体的に行われるものに限られます。

② **買換資産の範囲**

買換資産は、その譲渡した土地等又は建物若しくは構築物の敷地の用に供されている土地等の上に建築された地上階数3以上の中高層の耐火共同住宅（その敷地の用に供されている土地等を含みます。）又はその住宅に係る構築物の全部又は一部で、次に掲げる要件のすべてに該当する必要があります。また、譲渡資産を譲渡した者は、買換資産を取得した日から1年以内にその者の事業の用若し

くは居住の用(その者の親族の居住の用を含みます。)に供する必要があります。供することができない場合には、この買換え特例の適用を受けることはできません。

> **次のすべての要件を満たす必要があります。**
> ・その中高層の耐火共同住宅は、譲渡資産を取得した者、又は譲渡資産を譲渡した者が建築したものであること
> ・その中高層の耐火共同住宅は、耐火建築物又は準耐火建築物であること
> ・その中高層の耐火共同住宅の床面積の2分の1に相当する部分が、専ら居住の用(居住の用に供される部分に係る廊下、階段その他その共用に供されるべき部分を含みます。)に供されるものであること

③ その他

譲渡の範囲、取得の範囲及び買換資産の取得期間については、前記1「特定民間再開発事業の施行地区内における中高層耐火建築物への買換えの特例」(132ページ)の場合と同様です。

(2) 譲渡所得金額の計算

この特例(措法37の5)を受ける場合の譲渡所得金額の計算は、以下のようになります。

① **譲渡資産の譲渡価額≦買換え資産の取得価額の場合**

譲渡価額が買換え資産の取得価額以下の場合には、譲渡資産の譲渡はなかったものとして譲渡所得金額は生じないこととなります。

② **譲渡資産の譲渡価額>買換え資産の取得価額の場合**

買換え資産の取得価額が譲渡資産の譲渡金額に満たない場合には、次の算式に基づいて譲渡所得金額を計算します。

イ　収入金額 ＝ 譲渡資産の譲渡価額 － 買換え資産の取得価額

ロ　必要経費 ＝ $\begin{pmatrix}譲渡資産の\\取得費の額\end{pmatrix} + \begin{pmatrix}譲渡費\\用の額\end{pmatrix} \times \dfrac{イ}{譲渡資産の譲渡価額}$

ハ　譲渡所得の金額 ＝ イ － ロ

※　この既成市街地等内にある土地等の中高層耐火建築物等の建設のための買換え及び交換の特例（措法37の5）を受けた買換え資産を、将来譲渡した場合における譲渡所得金額の計算上控除する取得費は、買換え資産の実際の取得費を基とするのではなく譲渡資産の取得費等を引き継ぐ次の計算方法によりますので注意が必要です。

買換え資産の取得価額の引継ぎ計算

① 譲渡資産の譲渡価額＜買換え資産の取得価額の場合

$\begin{pmatrix}譲渡資産の\\取得費の額\end{pmatrix} + \begin{pmatrix}譲渡費\\用の額\end{pmatrix} + \begin{pmatrix}買換え資産\\の取得価額\end{pmatrix} - \begin{pmatrix}譲渡資産の\\譲渡価額\end{pmatrix} = 買換え資産に引き継がれる取得価額$

② 譲渡資産の譲渡価額＝買換え資産の取得価額の場合

$(譲渡資産の取得費の額 ＋ 譲渡費用の額) = 買換え資産に引き継がれる取得価額$

③ 譲渡資産の譲渡価額＞買換え資産の取得価額の場合

$\begin{pmatrix}譲渡資産の\\取得費の額\end{pmatrix} + \begin{pmatrix}譲渡費\\用の額\end{pmatrix} \times \dfrac{買換え資産の取得価額}{譲渡資産の譲渡価額} = 買換え資産に引き継がれる取得価額$

(3) 申告手続等

特例を受けるためには、次の書類を添付し確定申告をすることが必要です。

イ	「譲渡所得の内訳書（確定申告書付表兼計算明細書）［土地・建物用］」
ロ	譲渡資産の所在地を管轄する市町村長の、その譲渡資産の所在地が既成市街地等内である旨を証する書類（東京都の特別区の存する区域、武蔵野市の区域又は大阪市の区域内にあるものを除きます。）又は、中心市街地共同住宅供給事業の区域内である旨並びに中心市街地共同住宅供給事業の実施に関する計画を認定した旨及び同事業が都市福祉施設の整備を行う事業を一体として行うものである旨を証する書類

ハ	買換資産に該当する中高層の耐火共同住宅に係る建築基準法第7条第5項に規定する検査済証の写し
ニ	中高層の耐火共同住宅に係る事業概要書又は各階平面図その他の書類で、その中高層の耐火共同住宅が下記要件に該当するものであることを明らかにする書類 ・その中高層の耐火共同住宅は、耐火建築物又は準耐火建築物であること ・その中高層の耐火共同住宅の床面積の2分の1に相当する部分が、専ら居住の用（居住の用に供される部分に係る廊下、階段その他の共用に供されるべき部分を含みます。）に供されるものであること
ホ	登記事項証明書その他の買換資産を取得した旨を証する書類

⑫ 特定の交換分合により土地等を取得した場合の課税の特例〔措法37の6〕

　個人が所有する土地等について、農業振興地域の整備に関する法律、集落地域整備法又は農住組合法の規定による交換分合が行われた場合、これらの交換分合により土地等の譲渡をし、かつ、これらの交換分合により土地等を取得したとき（土地等とともに清算金を取得した場合を含みます。）は、これらの交換分合により譲渡した土地等（清算金の額に対応する部分は除きます。）の譲渡がなかったものとされます。

(1) 土地等の範囲

　この特例の適用対象となる土地等は、土地又は土地の上に存する権利（棚卸資産や雑所得の起因となる土地等は除きます。）となります。なお、農住組合法の規定による交換分合の場合には、農住組合の組合員又はその組合員以外の者で、同法第9条第1項の規定による認可があった交換

分合計画において定める土地等の所有者が有する土地等に限られます。

(2) 譲渡の範囲

この特例の適用対象となる土地等の譲渡は、次に掲げる交換分合による土地等の譲渡をいい、この譲渡には借地権や地役権の設定等による対価が譲渡所得とされる場合の設定等の行為も含まれます。

イ	農業振興地域の整備に関する法律第13条の2第2項に規定する交換分合(林地等交換分合及び協定関連交換分合に限ります。)による譲渡(措法37の6①一)
ロ	農住組合法第7条第2項第3号に規定する交換分合による譲渡 (注) 平成3年1月1日において次に掲げる区域に該当する区域内で行われるものに限り特例の適用対象となります（措法37の6①ニ、措令25の5③）。 　1　東京都の特別区の区域 　2　首都圏整備法に規定する首都圏、近畿圏整備法に規定する近畿圏又は中部圏開発整備法に規定する中部圏内にある地方自治法第252条の19第1項の市の区域 　3　2に該当する市以外の市でその区域の全部又は一部が首都圏整備法に規定する既成市街地若しくは近郊整備地帯、近畿圏整備法に規定する既成都市区域若しくは近郊整備区域又は中部圏開発整備法に規定する都市整備区域内にあるものの区域

(3) 特例の適用除外

この特例は、特定の事業用資産の買換えの特例などの他の特例（措法31の2、31の3、34、34の2、34の3、35の2、35の3、37、37の4、37の8、所法58）を受ける場合には、適用できません。さらに、上記「(2) 譲渡の範囲」の表ロの農住組合法第7条第2項第3号に規定する交換分合の場合には、以下の特例（措法33、33の4、35、36の2、36の5、37の5）を受ける場合にも適用することができません（措法37の6①、

31の3①)。

(4) 取得の範囲

この特例の適用対象となる土地等の取得は、上記「譲渡の範囲」に掲げられた交換分合により行われる土地等の取得をいいますが、土地と併せて精算金を取得する場合も含まれます（措法37の6①）。

(5) 申告手続等

この特例を受けるためには、①交換分合により譲渡・取得した土地等の登記事項証明書、②交換分合計画の写し書類を添付し確定申告をすることが必要です。さらに、上記「(2) 譲渡の範囲」の表ロの農住組合法第7条第2項第3号に規定する交換分合の場合には、③交換分合が特例適用対象となる区域内で行われたことを明らかにする書類も添付することが必要です。

⑬ 特定普通財産とその隣接する土地等の交換の場合の譲渡所得の課税の特例〔措法37の8〕

この特例は、国有財産特別措置法の規定により、国有財産のうち普通財産である土地等で、財務局長等による一定の証明がされたもの（特定普通財産）に隣接する土地等（棚卸資産及び雑所得の基因となる土地等を除きます。）と、特定普通財産との交換をしたときは、次に掲げる部分を除いて、その土地等の交換がなかったものとして課税を繰り延べる特例です。

なお、収用交換等による譲渡など他の特例（措法31の2、31の3、

33、33の4、34、34の2、34の3、35、35の2、35の3、36の2、36の5、37、37の4、37の5、37の6）を受ける場合には適用できません。

交換の態様	個人が有する国有財産特別措置法第9条第2項に規定する土地等に隣接する土地等と、その隣接国有財産である土地等との交換（措法37の4の規定の適用を受ける交換を除きます。）をしたとき
課税の繰延べが認められない部分	交換差金を取得するときは、その交換差金に相当する部分

(1) 譲渡所得の金額の計算

用地とともに交換差金を取得した場合の交換差金に相当する部分については、譲渡があったものとして次の算式により計算した金額が譲渡所得として課税されます。

【計算式】

$$\text{交換差金の額} - \left(\text{交換譲渡した土地等の取得価額} + \text{交換に要した費用} \right) \times \frac{\text{交換差金の額}}{\text{交換取得した用地の価額} + \text{交換差金の額}}$$

(2) 申告手続等

特例を受けるためには、次の書類を添付し確定申告をすることが必要です。

イ	「譲渡所得の内訳書（確定申告書付表兼計算明細書）[土地・建物用]」
ロ	特定普通財産との交換契約書の写し
ハ	財務局長等から交付を受けた国有財産特別措置法第9条第2項の規定に基づき交換をした旨を証する書類
ニ	財務局長等から交付を受けた交換により取得した特定普通財産が国有財産特別措置法第9条第2項に規定する土地等に該当する旨を証する書類

ホ	交換により取得した特定普通財産の登記事項証明書その他その特定普通財産を取得した旨を証する書類の写し

⑭ 相続財産に係る譲渡所得の課税の特例〔措法39〕

(1) 特例の概要

　この特例は、相続により取得した土地、建物、株式などを一定期間内に譲渡した場合に、相続税額のうち一定金額を譲渡資産の取得費に加算することができるものです。

(注)　この特例は譲渡所得のみに適用がある特例ですので、株式等の事業所得、雑所得に係る株式等の譲渡については、適用できません。
　　なお、被相続人に係る居住用財産の3,000万円特別控除の特例（措法35③）とは、選択適用とされています。

(2) 適用要件

　イ　相続や遺贈により財産を取得した者であること

　ロ　その財産を取得した人に相続税が課税されていること

　ハ　その財産を、相続開始のあった日の翌日から相続税の申告期限の翌日以後3年を経過する日までに譲渡していること

(3) 取得費に加算する相続税額

　相続又は遺贈により取得した財産を譲渡した場合の算式は、土地等又は土地等以外の区分にかかわらず、次のとおりとなります。

$$\boxed{\text{取得費に加算する相続税額}} = \boxed{\text{その者の相続税額}} \times \frac{\text{その者の相続税の課税価格の計算の基礎とされたその譲渡された財産の価格}}{\text{その者の相続の課税価格} + \text{その者の債務控除額}}$$

（注）　上記算式の「その者の相続税の課税価格の計算の基礎とされたその譲渡された財産の価格」（相続税評価額）については、以下の場合は調整計算が必要になります（150ページ参照）。
　①　買換えや交換の特例の適用を受ける場合（所法58、措法37、37の4）
　②　収用等による譲渡の特例（措法33、33の2、36の2、36の5、37の5）の適用を受ける場合
　③　被相続人の居住の用に供されていた家屋又は敷地等の譲渡について租税特別措置法35条3項の規定の適用を受ける場合
　④　代償分割によって相続財産の分割が行われた場合

参考 判決・裁決 事例49・344ページ

第3章 分離課税の譲渡所得に対する所得税の計算と特例　149

相続財産の取得費に加算される相続税の計算明細書

○この特例は、明細書の記載に当たっては、裏面を参照してください。
なお、相続財産を相続税の申告期限から3年以内に譲渡した場合に適用されます。

○令和五年一月一日以後相続開始用

譲渡者	住所		氏名	
被相続人	住所		氏名	

| 相続の開始があった日 | 年 月 日 | 相続税の申告書を提出した日 | 年 月 日 | 相続税の申告書の提出先 | 税務署 |

1　譲渡した相続財産の取得費に加算される相続税額の計算

譲渡した相続財産	所　在　地				
	種　　　類				
	利用状況 / 数量				
	譲渡した年月日		年 月 日	年 月 日	年 月 日
	相続税評価額（裏面の計算が必要となる場合がありますので、ご注意ください。）	Ⓐ	円	円	円
	相続税の課税価格（相続税の申告書第1表の①+②+⑤の金額を記載してください。）	Ⓑ	円		
	相続税額（相続税の申告書第1表の⑲の金額を記載してください。ただし、贈与税額控除又は相次相続控除を受けている方は、下の2又は3で計算したⒾ又はⓈの金額を記載してください。）	Ⓒ	円		
	取得費に加算される相続税額 （Ⓒ × Ⓐ/Ⓑ）	Ⓓ	円	円	円

【贈与税額控除又は相次相続控除を受けている場合のⒸの相続税額】

2　相続税の申告書第1表の⑲の小計の額がある場合

暦年課税分の贈与税額控除額（相続税の申告書第1表の⑫の金額）	Ⓔ	円
相次相続控除額（相続税の申告書第8の8表の1の③の金額）	Ⓕ	円
相続時精算課税分の贈与税額控除額（相続税の申告書第1表の⑰の金額）	Ⓖ	円
小計の額（相続税の申告書第1表の⑲の金額）	Ⓗ	円
相続税額（Ⓔ+Ⓕ+Ⓖ+Ⓗ）	Ⓘ	円

※ 相続税の申告において、贈与税額控除又は相次相続控除を受けていない場合は、「2　相続税の申告書第1表の⑲の小計の額がある場合」欄及び「3　相続税の申告書第1表の⑲の小計の額がない場合」欄の記載等は不要です。

3　相続税の申告書第1表の⑲の小計の額がない場合

算出税額（相続税の申告書第1表の⑨又は⑩の金額）	Ⓙ	円
相続税の2割加算が行われる場合の加算金額（相続税の申告書第1表の⑪の金額）	Ⓚ	円
合計（Ⓙ+Ⓚ）	Ⓛ	円
税額控除等	配偶者の税額軽減額（相続税の申告書第5表のⒶ又はⒸの金額）	Ⓜ	円
	未成年者控除額（相続税の申告書第6表の1の②又は⑥の金額）	Ⓝ	円
	障害者控除額（相続税の申告書第6表の2の②又は⑥の金額）	Ⓞ	円
	外国税額控除額	Ⓟ	円
	医療法人持分税額控除額	Ⓠ	円
	計（Ⓜ+Ⓝ+Ⓞ+Ⓟ+Ⓠ）	Ⓡ	円
相続税額（Ⓛ-Ⓡ）（赤字の場合は0と記載してください。）	Ⓢ	円

関与税理士		電話番号	

特例の内容についての詳細は、税務署にお尋ねください。

（資6-11-A4統一）

R5.11

相続財産の取得費に加算される相続税の計算明細書

1 記載要領等

この明細書の記載に当たっては、次の点にご注意ください。

(1) 同一年中に相続財産を二以上譲渡した場合、取得費に加算される相続税額は譲渡した資産ごとに計算します。

(2) 「Ⓑ」及び「Ⓒ」の金額は、相続税の申告書の「各人の合計」欄の金額ではなく、譲渡者の「財産を取得した人」欄の金額となります。

なお、「Ⓐ」、「Ⓔ」～「Ⓗ」、「Ⓙ」、「Ⓚ」、「Ⓜ」～「Ⓠ」についても譲渡者の金額を記載します。

(3) 「Ⓓ」の金額は、譲渡した相続財産の譲渡益を超える場合には、その譲渡益相当額となります。

(4) 「Ⓐ」の「相続税評価額」は、譲渡した相続財産の譲渡所得について、買換えや交換などの特例の適用を受ける場合には、次の算式で計算した金額となります。

イ 交換差金等がある交換について所得税法第58条の規定の適用を受ける場合

$$\text{「Ⓐ」の金額} = \begin{bmatrix} \text{譲渡した相続財産} \\ \text{の相続税評価額} \end{bmatrix} \times \frac{(\text{取得した交換差金等の額})}{(\text{取得した交換差金等の額}) + (\text{交換取得資産の価額})}$$

ロ 収用等による資産の譲渡又は特定資産の譲渡について租税特別措置法第33条、第36条の2、第36条の5又は第37条の5の規定の適用を受ける場合

$$\text{「Ⓐ」の金額} = \begin{bmatrix} \text{譲渡した相続財産} \\ \text{の相続税評価額} \end{bmatrix} \times \frac{(\text{譲渡した相続財産の譲渡による収入金額}) - (\text{代替資産又は買換資産の取得価額})}{(\text{譲渡した相続財産の譲渡による収入金額})}$$

ハ 交換処分等による譲渡について租税特別措置法第33条の2第1項の規定の適用を受ける場合

$$\text{「Ⓐ」の金額} = \begin{bmatrix} \text{譲渡した相続財産} \\ \text{の相続税評価額} \end{bmatrix} \times \frac{(\text{取得した補償金等の額})}{(\text{取得した補償金等の額}) + (\text{交換取得資産の価額})}$$

ニ 特定資産の譲渡について租税特別措置法第37条又は第37条の4の規定の適用を受ける場合

$$\text{「Ⓐ」の金額} = \begin{bmatrix} \text{譲渡した相続財産} \\ \text{の相続税評価額} \end{bmatrix} \times \frac{(\text{特例適用後の譲渡した相続財産の収入金額})}{(\text{譲渡した相続財産の譲渡による収入金額})}$$

ホ 被相続人居住用家屋又はその敷地等の譲渡につき租税特別措置法第35条第3項の規定の適用を受ける場合

$$\text{「Ⓐ」の金額} = \begin{bmatrix} \text{譲渡した相続財産} \\ \text{の相続税評価額} \end{bmatrix} \times \frac{(\text{譲渡した相続財産のうち同項の規定の適用対象とならない部分に対応する収入金額})}{(\text{譲渡した相続財産の譲渡による収入金額})}$$

(5) 「Ⓐ」の「相続税評価額」は、代償分割により代償金を支払って取得した資産を譲渡した場合には、次の算式で計算した金額となります。

$$\text{「Ⓐ」の金額} = \begin{bmatrix} \text{譲渡した相続財産} \\ \text{の相続税評価額} \end{bmatrix} - (\text{支払代償金}) \times \frac{(\text{譲渡した相続財産の相続税評価額})}{(\text{相続税の課税価格(「Ⓑ」の金額)}) + (\text{支払代償金})}$$

※ 遺贈が遺留分を侵害するものとして行われた遺留分侵害額の支払の請求に基づき、遺留分侵害額に相当する金銭を支払った場合には、この算式に準じて「支払代償金」を「遺留分侵害額に相当する価額」として計算します。

2 その他

特例の適用を受けられる方にも相続が開始し、その方の財産を相続又は遺贈により取得した方がその取得した財産を譲渡した場合についても、一定の要件を満たすときは、最初の相続税額を基に計算した金額を取得費に加算することができます。詳しくは税務署にお尋ねください。

第3章 分離課税の譲渡所得に対する所得税の計算と特例　151

【J05-12】譲渡　相続取得費加算

R5　税務署整理欄

相続財産に係る譲渡所得の課税の特例適用チェック表

> このチェック表は、相続財産に係る譲渡所得の課税の特例の適用要件及び「相続財産の取得費に加算される相続税の計算明細書」における取得費に加算される相続税額の計算について、チェックしていただくためのものです。ご自分でチェックの上、確定申告書、譲渡所得の内訳書（確定申告書付表兼計算明細書）及び相続財産の取得費に加算される相続税の計算明細書とともに提出してください。

《特例の概要》
　この特例は、相続又は遺贈により取得した財産を、相続税の申告期限から3年以内に譲渡した場合に、相続税額のうち一定の金額を、譲渡所得の金額の計算上取得費に加算することができる特例です（措法39）。

氏名

		適用要件に関するチェック項目 (チェック項目の全てについて「該当」となった場合には、この特例を適用することができます。)	該当	非該当
特例適用要件	1	譲渡した資産は、相続又は遺贈により取得したものですか。 (注) 相続時精算課税の適用を受けた贈与により取得した資産又は相続若しくは遺贈により財産を取得した者が相続開始前3年以内に被相続人から贈与により取得した資産を含みます。	はい	いいえ
	2	その相続又は遺贈につき相続税法の規定による相続税額（納付税額に贈与税額控除額及び相次相続控除額を加算した金額です。）があり、納付すべき相続税額はありますか（納税猶予の特例の適用を受けた金額を含みます。）。	はい	いいえ
	3	譲渡した資産は、その相続税額に係る課税価格の計算の基礎に算入された資産ですか。	はい	いいえ
	4	この資産の譲渡は、相続開始日の翌日から相続税の申告期限の翌日以後3年を経過する日までの間に行われていますか。	はい	いいえ
	5	この資産の譲渡について、譲渡益は算出されますか。	はい	いいえ
	6	この譲渡について、被相続人の居住用財産を譲渡した場合の3,000万円の特別控除の特例（措法35③）の適用を受けますか。	いいえ	はい

		「相続財産の取得費に加算される相続税の計算明細書」の計算に関するチェック項目 (以下の項目は明細書の作成にあたって留意すべき主な項目です。「非該当」となる項目について記載誤り等がないか確認してください。)	該当	非該当
計算内容	1	「譲渡した相続財産」欄に記載された資産は、相続又は遺贈により取得した資産そのものですか（原則として、相続又は遺贈により取得した資産と交換した資産や買い替えした資産は、特例の対象になりません。）。	はい	いいえ
	2	譲渡した資産が代償分割により代償金を支払って取得した資産である場合、譲渡した資産の相続税評価額は、「相続財産の取得費に加算される相続税の計算明細書」の裏面の算式で計算されていますか。	はい	いいえ
	3	相続税の修正申告書を提出した場合など、当初の相続税額に異動があった場合、「相続税額」欄の金額は、異動後の相続税額が記載されていますか。	はい	いいえ

【添付書類】
　この特例の適用を受ける場合には、次の書類によって計算してください。

相続財産の取得費に加算される相続税の計算明細書

(注) 1　取得費に加算される相続税額の計算には、相続税の申告書の控えが必要です。
　　 2　同一年中に相続財産を2以上譲渡した場合、取得費に加算される相続税額は譲渡した資産ごとに計算します。

（出所：国税庁ホームページ）

⑮ 固定資産の交換の特例〔所法58〕

　個人が、土地や建物などを交換した場合には、原則として時価相当額による譲渡があったものと扱われます。しかし、土地建物などの固定資産を同じ種類の固定資産と交換したときなどは、譲渡がなかったものとされる特例があります。

(1) 適用要件

① 交換により譲渡する資産及び取得する資産は、いずれも固定資産であること

　不動産業者などが販売のために所有している土地などの資産（棚卸資産）は、特例の対象になりません。

② 交換により譲渡する資産及び取得する資産は、いずれも土地と土地、建物と建物のように互いに同じ種類の資産であること

　この場合、借地権は土地の種類に含まれ、建物に附属する設備及び構築物は建物の種類に含まれます。

③ 交換により譲渡する資産は、1年以上所有していたものであること

④ 交換により取得する資産は、交換の相手が1年以上所有していたものであり、かつ交換のために取得したものでないこと

⑤ 交換により取得する資産を、譲渡する資産の交換直前の用途と同じ用途に使用すること

　この用途については、次のように区分されます。

交換譲渡資産の種類	区分
土地	宅地、田畑、鉱泉地、池沼、山林、牧場又は原野、その他
建物	居住用、店舗又は事務所用、工場用、倉庫用、その他用

⑥ 交換により譲渡する資産の時価と取得する資産の時価との差額が、これらの時価のうちいずれか高いほうの価額の20%以内であること

⑦ 確定申告書に所定の事項を記載の上、「譲渡所得の内訳書(確定申告書付表兼計算明細書)[土地・建物用]」を添付して提出すること

参考 判決・裁決 事例31・260ページ、事例32・263ページ、事例33・265ページ、事例34・269ページ

実務のポイント

■ この特例が受けられる場合でも、交換に伴って相手方から金銭などの交換差金を受け取ったときは、その交換差金が譲渡所得として所得税の課税対象になります。その差金の金額が上記(1)適用要件の⑥の要件を超えた場合には、交換の特例を受けることができないため、交換の相手方と相互に時価相当額で譲渡があったものとなります。

■ 固定資産とは棚卸資産以外の土地、建物、機械及び装置、船舶、鉱業権をいいます。例えば、個人の所有する土地と不動産業者などが所有する分譲地とを交換することがあります。この場合、不動産業者などが販売のために所有している分譲地は固定資産でなく棚卸資産ですから、交換の特例が受けられないことになります。

このほか、固定資産に当てはまらない土地として次のようなものがあります。
① 　地方公共団体が分譲を目的として所有している土地
② 　土地区画整理事業で生じた保留地

■　同じ種類の固定資産の交換とは、例えば、土地と土地、建物と建物の交換のことです。この場合、借地権は土地と同じ種類に含まれます。
　したがって、地主が建物の敷地として貸している土地、いわゆる底地の一部とその土地を借りている人の借地権の一部との交換も、土地と土地との交換になり、その他の要件にも当てはまれば、固定資産の交換の特例を受けることができます。

■　例えばA、B、Cの三者でA⇒B、B⇒C、C⇒Aのように固定資産を譲渡し合うような三者間での交換は、交換の相手方から固定資産を取得していないため、固定資産の交換の特例には該当しません。

■　交換（譲渡）について、他の特例（措法31の3、33、33の4、34、34の2、34の3、35、35の2、35の3、36の2、36の5、37、37の4、37の5、37の6）を受ける場合には適用できません。

第3章 分離課税の譲渡所得に対する所得税の計算と特例 155

【J05-02】譲渡 固定交換

R5	税務署整理欄

固定資産の交換の場合の特例適用チェック表

このチェック表は、固定資産の交換の場合の特例の適用要件について、チェックしていただくためのものです。ご自分でチェックの上、確定申告書及び譲渡所得の内訳書(確定申告書付表兼計算明細書)とともに提出してください。

《特例の概要》
　この特例は、土地や建物などの固定資産を同じ種類の固定資産と交換した場合で一定の要件を満たすときに、確定申告することを条件として、譲渡がなかったものとみなされる特例です(所法58)。

氏名

	チェック項目 (チェック項目の全てについて「該当」となった場合には、この特例を適用することができます。)	該当	非該当
1	交換により相手方に譲渡した資産(交換譲渡資産)と交換により相手方から取得した資産(交換取得資産)は、いずれも固定資産ですか。 (注) 不動産業者等が販売目的で所有する土地や建物は棚卸資産に該当しますので、この特例の対象とはなりません。	はい	いいえ
2	交換譲渡資産と交換取得資産は、同種の資産ですか(例えば、土地と土地、建物と建物、借地権(底地)と底地(借地権)など。)。	はい	いいえ
3	交換譲渡資産は、あなたが1年以上所有していたものですか。 (注) 「1年以上所有」の判定に当たっては、相続又は贈与等によりその資産を取得している場合は、被相続人又は贈与者が資産を取得した日から起算して判定します。	はい	いいえ
4	交換取得資産は、交換の相手方が1年以上所有していたものですか。また、交換の相手方は交換のために取得していませんか。 (注) 「1年以上所有」の判定に当たっては、相続又は贈与等によりその資産を取得している場合は、被相続人又は贈与者が資産を取得した日から起算して判定します。	はい	いいえ
5	交換取得資産を、交換譲渡資産の交換直前の用途と同じ用途に使用していますか(例えば、交換譲渡資産の交換直前の用途が宅地の場合は、交換取得資産の交換後の用途を宅地として使用し、同様に農地であれば農地として使用するなど。)。	はい	いいえ
6	交換譲渡資産の時価と交換取得資産の時価との差額は、いずれか高い方の時価の20%以内ですか。 (注) 1 時価の差額が20%以内であっても、受け取った交換差金は課税対象となります。 　　 2 例えば、土地及び建物と土地及び建物とを交換した場合には、土地は土地と、建物は建物とそれぞれ交換したものとして判定します。	はい	いいえ
7	この譲渡について、次の特例の適用を受けますか。 ⑴ 居住用財産を譲渡した場合の長期譲渡所得の課税の特例(措法31の3①) ⑵ 居住用財産を譲渡した場合の3,000万円の特別控除の特例(措法35①) ⑶ 被相続人の居住用財産を譲渡した場合の3,000万円の特別控除の特例(措法35③) ⑷ 特定期間に取得をした土地等を譲渡した場合の1,000万円の特別控除の特例(措法35の2) ⑸ 低未利用土地等を譲渡した場合の100万円の特別控除の特例(措法35の3) ⑹ 特定の居住用財産の買換えの場合の長期譲渡所得の課税の特例(措法36の2) ⑺ 特定の居住用財産を交換した場合の長期譲渡所得の課税の特例(措法36の5) ⑻ 特定の事業用資産の買換えの場合の譲渡所得の課税の特例(措法37) ⑼ 特定の事業用資産を交換した場合の譲渡所得の課税の特例(措法37の4) ⑽ 既成市街地等内にある土地等の中高層耐火建築物等の建設のための買換え及び交換の場合の譲渡所得の課税の特例(措法37の5)	いいえ	はい

(出所:国税庁ホームページ)

⑯ 資産の譲渡代金が回収不能となった場合等及び保証債務を履行するために資産を譲渡した場合の譲渡所得の課税の特例〔所法64〕

1 譲渡代金が貸倒れとなった場合の課税の特例

譲渡代金が貸倒れとなり回収不能となった場合には、次に掲げるイ～ハの金額のうち最も低い金額は、資産を譲渡した年分の譲渡所得の金額の計算上収入がなかったものとみなされます（所基通64－2の2）。

イ	貸倒れとなった金額
ロ	貸倒れが生じた時の直前において確定している資産を譲渡した年分の総所得金額、上場株式等に係る配当所得等の金額、土地等に係る事業所得等の金額、分離長期譲渡所得の金額、分離短期譲渡所得の金額、一般株式等に係る譲渡所得等の金額、上場株式等に係る譲渡所得等の金額、先物取引に係る雑所得等の金額、退職所得金額及び山林所得金額の合計額
ハ	その貸倒れに係るロに掲げる金額の計算の基礎とされる譲渡所得の金額

(1) 譲渡代金の貸倒れの判定基準

譲渡代金が貸倒れになったかどうかは、資産の譲受者の支払い能力の有無によって判定しますが、譲受者が次に掲げる理由によってその譲渡代金を支払うことができなくなった場合には、原則として譲渡代金の貸倒れが生じたものとして取り扱われます（所基通64－1、51－11）。

イ	会社更生法等の規定による更生計画の認可の決定又は民事再生法の規定による再生計画の認可の決定があった場合でこれらの決定により切り捨てられることとなったとき

ロ	会社法の規定による特別清算に係る協定の認可の決定があった場合で、この決定により切り捨てられることとなったとき
ハ	法令の規定による整理手続によらない関係者の協議決定で、次により切り捨てられることとなった場合 (イ) 債権者集会の協議決定で合理的な基準により債権者の負債整理を定めているとき (ロ) 金融機関等のあっせんによる当事者間の協議により締結された契約でその内容が(イ)に準ずるとき
ニ	譲受者の債務超過の状態が相当期間継続し、その支払を受けることができないと認められる場合において、その譲受者に対し債務免除額を書面により通知したとき

参考 判決・裁決 事例36・277ページ

実務のポイント

■ 譲渡があった年分の譲渡所得の申告後に貸倒れが生じた場合には、貸倒れのあった日の翌日から2か月以内に「更正の請求書」を所轄税務署長に提出して、譲渡があった年分の所得税の減額（還付）を受けることができます。

2　保証債務を履行するために資産を譲渡した場合の譲渡所得の課税の特例〔所法64②〕

(1) 譲渡がなかったものとみなされる金額

　保証債務を履行するために資産を譲渡した場合で、保証債務の履行に伴う求償権の全部又は一部を行使することができないこととなったときには、次に掲げる金額のうち最も低い金額については、譲渡所得の金額の計算上、譲渡がなかったものとみなされます（所法64②）。

イ	求償権の行使不能額
ロ	求償権の行使不能ができないこととなった時の直前において確定している資産を譲渡した年分の総所得金額、上場株式等に係る配当所得等の金額、土地等に係る事業所得等の金額、分離長期譲渡所得の金額、分離短期譲渡所得の金額、一般株式等に係る譲渡所得等の金額、上場株式等に係る譲渡所得等の金額、先物取引に係る雑所得等の金額、退職所得金額及び山林所得金額の合計額
ハ	求償権の行使不能額に係るロに掲げる金額の計算の基礎とされる譲渡所得の金額

(2) 保証債務の範囲

保証債務の履行があった場合とは、次に掲げる場合をいいます（所基通64－4）。

イ	民法第446条（保証人の責任等）に規定する保証人の債務の履行があった場合
ロ	民法第454条（連帯保証の場合の特則）に規定する連帯保証人の債務の履行があった場合
ハ	不可分債務の債務者の債務の履行があった場合
ニ	連帯債務者の債務の履行があった場合
ホ	合名会社又は合資会社の無限責任社員による会社の債務の履行があった場合
ヘ	身元保証人の債務の履行があった場合
ト	他人の債務を担保するため質権若しくは抵当権を設定した者がその債務を弁済し又は質権若しくは抵当権を実行された場合
チ	法律の規定により連帯して損害賠償の責任がある場合において、その損害賠償金の支払があったとき

(3) 保証債務を履行するための資産の譲渡

保証債務を履行するために資産を譲渡した場合とは、主たる債務者の債務等（主たる債務に関する利息、違約金、損害賠償金その他主たる債務に従属するものは、特約がない限り含まれます。）を弁済するために自己の資産を譲渡した場合であれば足り、譲渡した資産が弁済する債務等の担保に供されている場合はもちろん、担保に供されていない場合であっても保証債務を履行するための資産の譲渡となります。

(4) 申告手続等

特例を受けるためには、「譲渡所得の内訳書（確定申告書付表兼計算明細書）［土地・建物用］」、「保証債務の履行のための資産の譲渡に関する計算明細書」の書類を添付し確定申告をすることが必要です（所法64③、所規38）。

参考 判決・裁決 事例37・281ページ

実務のポイント

- 債務保証をした時点で、既に主たる債務者に資力がなく、保証債務の履行が確実であり求償権の行使不能なものは、債務者に対する利益供与、債務引受け又は私財提供となるのでこの特例を受けることはできません。
- 債務保証であるか又は私財の提供であるかの判断は、債務保証した時点以前の主たる債務者の財産状況、財務内容及び営業成績から行います。
- 事業の遂行上保証した債務を履行するため資産を譲渡し、主たる債務者に対して求償権の行使不能の状況になった場合には、その行使不

能になった金額は事業所得などの金額の計算上必要経費に算入されますので、譲渡所得について重ねてこの特例を受けることはできません。

■ 求償権の全部又は一部を行使することができないこととなったかどうかの判定は、求償の相手である主たる債務者等について、前記1(1)「譲渡代金の貸倒れの判定基準」(156ページ) に該当するかどうかにより行います（所基通64－1、51－11）。

■ 主たる債務者に支払能力があると認められる場合には、たとえ求償権を放棄した場合であっても、この特例を受けることはできません。

第3章 分離課税の譲渡所得に対する所得税の計算と特例　161

【J05-03】譲渡　保証債務

R5　税務署整理欄

保証債務を履行するために資産を譲渡した場合の特例適用チェック表

　このチェック表は、保証債務を履行するために資産を譲渡した場合の特例の適用要件について、チェックしていただくためのものです。ご自分でチェックの上、確定申告書、譲渡所得の内訳書（確定申告書付表兼計算明細書）及び保証債務の履行のための資産の譲渡に関する計算明細書（確定申告書付表）とともに提出してください。

《特例の概要》
　この特例は、保証債務を履行するために資産を譲渡した場合で、保証債務の履行に伴う求償権の全部又は一部を行使することができないこととなったときに、所定の方法により計算した金額について、譲渡所得の金額の計算上、譲渡がなかったものとみなされる特例です（所法64②）。

氏名　

	チェック項目 （チェック項目の全てについて「該当」となった場合には、この特例を適用することができます。）	該当	非該当
1	あなたは金融機関等の債権者に対して、債務者（法人を含みます。）の債務を保証（平成17年4月1日以後に締結された保証契約については、書面によって締結された契約に限られます。）しましたか。 （注）例えば、以下のような債務の保証が該当します。 　⑴　保証人又は連帯保証人としての債務の保証 　⑵　不可分債務の債務者又は連帯債務者としての債務の保証 　⑶　合名会社又は合資会社の無限責任社員としての会社の債務の保証 　⑷　身元保証人としての債務の保証 　⑸　他人の債務を担保するための質権又は抵当権設定（物上保証） 　⑹　法律の規定による損害賠償の連帯責任	はい	いいえ
2	保証契約等の締結時において、主たる債務者に債務を弁済する能力はありましたか。	はい	いいえ
3	あなたは、保証債務を履行するために自己の資産（棚卸資産又はこれに準ずる資産を除きます。）を譲渡し、その収入を保証債務の履行に充てましたか。 （注）保証債務の履行を借入金で行い、その借入金（利息を除きます。）を返済するために資産を譲渡した場合でも、その資産の譲渡が保証債務を履行した日からおおむね1年以内に行われているなど、実質的に保証債務を履行するためのものと認められる場合を含みます。	はい	いいえ
4	保証債務を履行したことに伴って生じた求償権の全部又は一部を行使することができなくなりましたか。 （注）1　「求償権の全部又は一部を行使することができなくなった」とは、次のいずれかに該当する場合をいいます。 　　　⑴　更生計画認可の決定又は再生計画認可の決定により求償権が切り捨てられたこと 　　　⑵　特別清算に係る協定の認可の決定により求償権が切り捨てられたこと 　　　⑶　法令の規定による整理手続によらない関係者の協議決定で、次に掲げるものにより求償権が切り捨てられたこと 　　　　イ　債権者集会の協議決定で合理的な基準により債務者の負債整理を定めているもの 　　　　ロ　行政機関又は金融機関その他の第三者のあっせんによる当事者間の協議により締結された契約でその内容が上記イに準ずるもの 　　　⑷　債務者の債務超過の状態が相当期間継続し、その債務の弁済を受けることができないと認められる場合に、その債務者に対し債務免除額を書面により通知したこと 　　　⑸　求償権を取得した日以後の債務者の資産の状況、支払能力、事業再建の見通し、他の保証人との関係等を総合的に判断して、債務者に対する権利の全額が回収できないことが明らかになったこと 　　2　主たる債務者の資力等から見て求償権の行使が可能であるにもかかわらず、求償権を放棄した場合には、この特例の適用を受けることはできません。 　　3　連帯保証人が複数人いる場合、自己の負担する債務の全額についてこの特例を適用するためには、他の共同保証人に対しても求償権を行使できないことが要件となります。	はい	いいえ

第1部 不動産譲渡所得の概要

【添付書類】
　下表の該当する項目及び確認した資料の「□」欄にチェック（✓）を付すとともに、（ ）内には内容や資料の名称等を記載してください。また、資料添付の有無は、どちらかを○で囲んでください。

チェック項目				左の事項を確認できる資料の有無	資料添付の有無
A 保証債務の種類	□保証人　□連帯保証人　□連帯債務者		1	□金銭消費貸借契約書（借用証書） □保証契約書　□その他（　　）	有・無
	□物上保証人	他人の債務を担保するため、土地等の自己の財産に、質権や抵当権等を設定している者（担保提供者）	2	□担保提供した物件の登記事項証明書 □根抵当権設定契約書	有・無
	□合名会社等の無限責任社員　□身元保証人 □その他（　　）		3	□（　　）	有・無
B	保証時に、主たる債務者に弁済能力があった事実		4	□所得証明書　□固定資産税課税明細書 □決算書　□その他（　　）	有・無
C	保証債務の支払義務が確定した事実 （　　年　月　日確定）		5	□訴訟（調停）資料　□支払催告書 □その他（　　）	有・無
D	履行の事実		6	□代位弁済受領書 □その他（　　）	有・無
E 譲渡代金との関連	譲渡内容		7	□売買契約書　□競売関係資料 □その他（　　）	有・無
	譲渡代金の入金状況		8	□受領書（控）　□振込通知書、通帳等 □その他（　　）	有・無
	借入金で履行した場合には、借入の状況 （　　年　月　日借入）		9	□金銭消費貸借契約書（借用証書） □その他（　　）	有・無
	借入金で履行した場合には、返済の状況 （　　年　月　日返済）		10	□受領書　□返済予定表及び通帳等 □その他（　　）	有・無
F 主たる債務者の状況	□死亡　□破産　□被後見人等　□行方不明 □その他（　　）		11	□破産決定の通知書　□免責決定の通知書 □その他（　　）	有・無
	□清算結了　□銀行取引停止 □その他（　　）		12	□銀行取引停止通知書 □その他（　　）	有・無
G 求償権の行使ができない状況	主たる債務者の資力状況が分かるもの		13	□所得証明書　□固定資産税課税明細書 □決算書　□その他（　　）	有・無
	□債権者集会の協議 □債務免除　主たる債務者の債務超過が相当期間継続し、求償権の行使ができない状況の下で行われたものに限られます □その他（　　）		14	□債権者集会議事録 □債務免除通知書 □その他（　　）	有・無
H	保証人等が複数いる場合、自分の負担割合〔　％〕 （特約がなければ各自均等の割合になります）		15	□負担割合が記載されている契約書 □その他（　　）	有・無
I	その他参考となる事項		16	□（　　）	有・無

（出所：国税庁ホームページ）

⑰ 国等に対して財産を寄附した場合の譲渡所得等の非課税〔措法40〕

(1) 制度の概要

　個人が、土地、建物、株式などの財産（事業所得の基因となるものを除きます。）を法人に寄附した場合には、これらの財産は寄附時の時価により譲渡があったものとみなされ、これらの財産の取得時から寄附時までの値上がり益に対して所得税が課税されます（所法59①一）。

　ただし、これらの財産（国外の土地など一定のものを除きます。）を公益法人等に寄附した場合に、一定の承認要件を満たすものとして国税庁長官の承認（以下「非課税承認」といいます。）を受けたときは、この所得税を非課税とする制度が設けられています（措法40①後段）。この非課税制度には、「一般特例」と「承認特例」の2つの制度があり、それぞれ対象となる法人の種類や承認要件などが異なります。

制度の種類	一般特例	承認特例
対象となる法人	公益社団法人、公益財団法人、特定一般法人(※1)、その他の公益を目的とする事業を行う法人（例えば、社会福祉法人、学校法人、宗教法人やNPO法人など。以下「公益法人等」といいます。）	公益法人等のうち、国立大学法人等(※2)、公益社団法人、公益財団法人、学校法人(※3)、社会福祉法人及び認定NPO法人等(※4)（以下「承認特例対象法人」といいます。）
承認要件（概要）	次の要件をすべて満たすこと(※5) 1　寄附が公益の増進に著しく寄与すること 2　寄附財産が、寄附日から	次の要件をすべて満たすこと(※6) 1　寄附をした人が寄附を受けた法人の役員等及び社員並びにこれらの人の親族等

	2年を経過する日までの期間内に寄附を受けた公益法人等の公益目的事業の用に直接供され、又は供される見込みであること 3　寄附により、寄附をした人の所得税又は寄附をした人の親族等の相続税や贈与税の負担を不当に減少させる結果とならないと認められること	に該当しないこと 2　寄附財産について、一定の基金若しくは基本金に組み入れる方法により管理されていること又は不可欠特定財産に係る必要な事項が定款で定められていること 3　寄附を受けた法人の理事会等において、寄附の申出を受け入れること及び上記2の組み入れ又は不可欠特定財産とすることが決定されていること
自動承認	なし (※7)	あり

※1　「特定一般法人」とは、一般社団法人及び一般財団法人のうち法人税法に掲げる一定の要件を満たすものをいいます。

※2　「国立大学法人等」とは、国立大学法人、大学共同利用機関法人、公立大学法人、独立行政法人国立高等専門学校機構及び国立研究開発法人をいい、国立大学法人等のうち法人税法別表第一に掲げるものを「特定国立大学法人等」といいます。

※3　私立学校振興助成法第14条第1項に規定する学校法人で学校法人会計基準に従い会計処理を行うものに限ります。

※4　「認定NPO法人等」とは、特定非営利活動促進法第2条第3項に規定する認定特定非営利活動法人及び同条第4項に規定する特例認定特定非営利活動法人をいいます。

※5　法人税法別表第一に掲げる独立行政法人、国立大学法人などに対する寄附である場合の一般特例の承認要件は、要件2のみになります。

※6　特定国立大学法人等に対する寄附である場合の承認特例の承認要件は、要件2及び要件3となります。

※7　博物館等を運営する独立行政法人等（法人税法別表第一に掲げる独立行政法人並びに博物館等の設置及び管理の業務を主たる目的とする地方独立行政法人をいいます。）に対する寄附について、次の事項を証する文部科学大臣の書類を添付した承認申請書の提出があった場合において、その承認申請書の提出があった日から1か月以内にその申請につい

て非課税承認がなかったとき、又は非課税承認をしないことの決定がなかったときは、その申請について非課税承認があったものとみなされます（措令25の17⑧一）。
- その寄附財産が、一定の有形文化財（建造物等を除きます。）に該当すること
- その寄附財産が、その寄附があった日から2年を経過する日までの期間内に、その寄附を受けた独立行政法人等の公益目的事業（文化観光拠点施設を中核とした地域における文化観光の推進に関する法律に基づく認定を受けた一定の事業としてその認定を受けた独立行政法人等が有する文化観光拠点施設において行うものに限ります。）の用に直接供され、又は供される見込みであること

(2) 一般特例と承認特例

「一般特例」は、公益法人等に財産を寄附した場合において、その寄附が公益の増進に著しく寄与することなどの要件を満たすものとして非課税承認を受けたときに、その寄附に対する所得税を非課税とする制度です（措法40①後段、措令25の17⑤）。

一方、「承認特例」は、承認特例対象法人に財産を寄附した場合において、寄附をした人が寄附を受けた法人の役員等に該当しないことなどの要件を満たすものとして非課税承認を受けたときに、その寄附に対する所得税を非課税とする制度です（措法40①後段、措令25の17⑦）。

なお、「承認特例」には、承認申請書の提出があった日から1か月（又は3か月※）以内にその申請について非課税承認がなかったとき、又は非課税承認をしないことの決定がなかったときは、その申請について非課税承認があったものとみなされる自動承認の仕組みが設けられています（措令25の17⑧二）。

※ 特定国立大学法人等以外の承認特例対象法人に対する一定の株式等の寄附の場合には、3か月以内となります。

(3) 一般特例の承認要件

　一般特例に係る非課税承認を受けるには、公益法人等に対する財産の寄附について、次の「要件1」から「要件3」までに掲げるすべての要件（法人税法別表第一に掲げる独立行政法人、国立大学法人などに対する寄附である場合には、次の「要件2」に掲げる要件のみ）を満たすことが必要です（措令25の17⑤）。

要件1	寄附が、教育又は科学の振興、文化の向上、社会福祉への貢献その他公益の増進に著しく寄与すること（措令25の17⑤一） **【具体的な判定基準】** 　次の(1)から(4)までのすべてを満たしているときは、上記に該当するものとして取り扱われます（40条通達12）。 (1)　寄附を受けた公益法人等のその寄附に係る公益目的事業が、その事業の内容に応じ、その公益目的事業を行う地域又は分野において社会的存在として認識される程度の規模を有すること (2)　寄附を受けた公益法人等の事業の遂行により与えられる公益が、それを必要とする人の現在又は将来における勤務先、職業などにより制限されることなく、公益を必要とするすべての人に与えられるなど公益の分配が適正に行われること (3)　寄附を受けた公益法人等のその寄附に係る公益目的事業について、その公益の対価がその事業の遂行に直接必要な経費と比べて過大でないことその他その公益目的事業の運営が営利企業的に行われている事実がないこと (4)　寄附を受けた公益法人等の事業の運営について、法令に違反する事実その他公益に反する事実がないこと
要件2	寄附財産（代替資産を含みます。）が、その寄附があった日から2年を経過する日までの期間内に、寄附を受けた公益法人等のその寄附に係る公益を目的とする事業の用に直接供され、又は供される見込みであること（措令25の17⑤二） (注1)　「代替資産」とは、収用や災害など一定のやむを得ない理由により寄附財産を譲渡した場合に、その譲渡による収入金額の全部に相当する金額をもって取得した減価償却資産、土地、土地

第3章　分離課税の譲渡所得に対する所得税の計算と特例　167

要件2	の上に存する権利及び株式（株式にあっては、株式交換など一定のやむを得ない理由により寄附財産である株式を譲渡したことにより取得したものに限ります。）などをいいます。 （注2）　上記の「2年を経過する日までの期間」については、例えば、寄附を受けた土地の上に建物を建設し、その建物を公益目的事業の用に直接供する場合において、その建物の建設に要する期間が通常2年を超えるときなど、一定のやむを得ない事情があるため、寄附財産を寄附があった日から2年を経過する日までの期間内に寄附を受けた公益法人等の公益目的事業の用に直接供することが困難であると認められるときは、その期間については国税庁長官が認める日までの期間となります。
要件3	寄附をすることにより、寄附をした人の所得税の負担を不当に減少させ、又は寄附をした人の親族その他これらの人と特別の関係がある人の相続税や贈与税の負担を不当に減少させる結果とならないと認められること（措令25の17⑤三） 【具体的な判定基準】 　次の(1)から(5)までのすべてを満たしているときは、上記に該当するものと認められることとされています（措令25の17⑥）。 (1)　寄附を受けた公益法人等の運営組織が適正であるとともに、その寄附行為、定款又は規則（以下「定款等」といいます。）において、理事、監事及び評議員（以下「役員等」といいます。）のうち親族関係がある人及びこれらの人と特殊の関係がある人（以下「親族等」といいます。）の数がそれぞれの役員等の数のうちに占める割合は、いずれも3分の1以下とする旨の定めがあること （注1）　「理事、監事及び評議員」には、名称のいかんを問わず実質的にみてこれらと同様の役職（例えば、宗教法人の「責任役員」など）も含まれます。 （注2）　運営組織が適正であるかどうかの判定は、次に掲げる事実が認められるかどうかにより行います。 　　①　定款等において、一定の事項が定められていること 　　②　寄附を受けた公益法人等の事業の運営及び役員等の選任などが、法令及び定款等に基づき適正に行われていること 　　③　寄附を受けた公益法人等の経理については、その公益法人等の事業の種類及び規模に応じて、その内容を適正に表

示するに必要な帳簿書類を備えて、収入及び支出並びに資産及び負債の明細が適正に記帳されていると認められること
　(注3)　特殊の関係がある人とは、次に掲げる一定の関係を有する人をいいます。
　　①　その人と婚姻の届出をしていないが事実上婚姻関係と同様の事情にある人
　　②　その人の使用人及び使用人以外の人でその人から受ける金銭その他の財産によって生計を維持している人
　　③　①又は②に掲げる人の親族でこれらの人と生計を一にしている人
　　④　以下に掲げる法人の法人税法2条15号に規定する役員（イにおいて「会社役員」といいます。）又は使用人
　　　イ　その人が会社役員となっている他の法人
　　　ロ　その人及び①から③までに掲げる人並びにこれらの人と法人税法2条10号に規定する政令で定める特殊の関係のある法人を判定の基礎にした場合に同号に規定する同族会社に該当する他の法人

要件3

(2)　寄附をした人、寄附を受けた公益法人等の役員等若しくは社員又はこれらの人の親族等に対し、施設の利用、金銭の貸付け、資産の譲渡、給与の支給、役員等の選任その他財産の運用及び事業の運営に関して特別の利益を与えないこと
(3)　寄附を受けた公益法人等の定款等において、その公益法人等が解散した場合の残余財産が国若しくは地方公共団体又は他の公益法人等に帰属する旨の定めがあること
(4)　寄附を受けた公益法人等につき公益に反する事実がないこと
(5)　寄附により公益法人等が株式の取得をした場合には、その取得によりその公益法人等の保有することとなるその株式の発行法人の株式（寄附前から保有する株式を含みます。）が、その発行済株式の総数の2分の1を超えることとならないこと

(4)　承認特例の承認要件

　承認特例に係る非課税承認を受けるには、承認特例対象法人に対する

第3章　分離課税の譲渡所得に対する所得税の計算と特例　169

財産の寄附について、次の「要件１」から「要件３」までに掲げるすべての要件（特定国立大学法人等に対する寄附である場合には、次の「要件２」及び「要件３」に掲げる要件）を満たすことが必要です（措令25の17⑦）。

要件１	寄附をした人が寄附を受けた法人の役員等及び社員並びにこれらの人の親族及び特殊の関係がある者に該当しないこと（措令25の17⑦一）。 （注１）　特定国立大学法人等については、承認要件ではありません。 （注２）　「社員」とは、公益社団法人などにおける社員総会を構成する人をいい、いわゆる従業員とは異なります。
要件２	寄附財産について、次のとおり、寄附を受けた法人の区分に応じ、一定の基金若しくは基本金に組み入れる方法により管理されていること又は不可欠特定財産に係る必要な事項が定款で定められていること（措令25の17⑦二） (1)　国立大学法人等の場合 　　寄附財産が、研究開発の実施等の公益目的事業に充てるための基金に組み入れる方法（基金が公益目的事業に充てられることが確実であることなどの一定の要件を満たすことについて、寄附を受けた法人が所轄庁の証明を受けたものに限ります。）により管理されていること。 (2)　公益社団法人・公益財団法人の場合 　　次の①又は②のいずれかの方法によります。 　　①　寄附財産が、寄附を受けた法人の不可欠特定財産であるものとして、その旨並びにその維持及び処分の制限について、必要な事項が定款で定められていること 　　（注）「不可欠特定財産」とは、公益目的事業を行うために不可欠な特定の財産をいい、法人の目的、事業と密接不可分な関係にあり、その法人が保有、使用することに意義がある特定の財産をいいます。例えば、一定の目的の下に収集、展示され、再収集が困難な美術館の美術品や、歴史的文化的価値があり、再生不可能な建造物等が該当します（公益社団法人及び公益財団法人の認定等に関する法律５十六、公益認定等に関する運用について（公益認定等ガイドライ

要件2	ン）Ｉ）。 　②　寄附財産が、一定の公益目的事業に充てるための基金に組み入れる方法（基金が公益目的事業に充てられることが確実であることなどの一定の要件を満たすことについて、寄附を受けた法人が所轄庁の証明を受けたものに限ります。）により管理されていること (3)　学校法人の場合 　　寄附財産が、寄附を受けた法人の財政基盤の強化を図るために、学校法人会計基準第30条第１項第１号から第３号までに掲げる金額に相当する金額を同項に規定する基本金に組み入れる方法により管理されていること (4)　社会福祉法人の場合 　　寄附財産が、寄附を受けた法人の経営基盤の強化を図るために、社会福祉法人会計基準第６条第１項に規定する金額を同項に規定する基本金に組み入れる方法により管理されていること (5)　認定NPO法人等の場合 　　寄附財産が、一定の特定非営利活動に係る事業に充てるための基金（基金が公益目的事業に充てられることが確実であることなどの一定の要件を満たすことについて、寄附を受けた法人が所轄庁の証明を受けたものに限ります。）に組み入れる方法により管理されていること
要件3	寄附を受けた法人の理事会等において、寄附の申出を受け入れること及び寄附財産について基金若しくは基本金に組み入れる方法により管理すること又は不可欠特定財産とすることが決定されていること（措令25の17⑦三）

(5)　非課税承認を受けるための手続等

　非課税承認を受けようとする人は、「租税特別措置法第40条の規定による承認申請書」及び必要な添付書類を提出する必要があります（措令25の17①⑦）。

　①　承認申請書の提出期限

　　　原則として、寄附の日から４か月以内（その期間を経過する日前

に、寄附した日の属する年分の所得税の確定申告書の提出期限が到来する場合には、その提出期限まで）です。

② **承認申請書を提出する人**

原則として、寄附をした人（遺贈の場合は、遺贈をした人の相続人及び包括受遺者）です。

③ **承認申請書の提出先**

寄附をした人の所得税の納税地を所轄する税務署に提出します。

④ **通知の相手方**

非課税承認がされた場合、寄附をした人及び寄附を受けた公益法人等に対し、その旨が通知されます。

⑤ **寄附財産に関する確認書類の提出**

承認特例に係る非課税承認を受けた人（寄附をした人）は、寄附財産に関する一定の確認書類を、原則として、寄附を受けた法人における寄附の日の属する事業年度終了の日から３か月以内に、寄附をした人の所得税の納税地を所轄する税務署に提出する必要があります。

⑥ **寄附をした人が共同で申請する場合の手続**

同一の公益法人等に対して財産の寄附をした人が複数いる場合において、それらの人が非課税承認を受けようとするときは、共同で非課税承認の申請をすることができます。

⑦ **寄附をした人の相続人等が申請する場合の手続**

公益法人等に対する遺贈について非課税承認を受けようとする場合や公益法人等に財産の寄附をした人が非課税承認を受けるための承認申請書を提出する前に死亡した場合には、原則として、寄附をした人の相続人及び包括受遺者全員の連名により申請をすることが

できます。

⑧ 承認申請書を提出した後に寄附をした人が死亡した場合の手続

　公益法人等に財産の寄附をした人が承認申請書を提出した後に死亡した場合には、その死亡した人の相続人及び包括受遺者全員の連名で「租税特別措置法第40条の規定による承認申請書を提出した者が死亡した旨の届出書」を作成し、添付書類とともに提出先税務署へ提出する必要があります。

(6) 一般特例の場合の承認申請書等

　一般特例の適用を受けようとする場合には、承認申請書及び承認申請書各表における必要な添付書類を提出期限までに提出先税務署へ提出する必要があります（措令25の17①）。

　なお、承認申請書第11表から第16表までについては、寄附を受けた公益法人等が行っている公益目的事業ごとにそれぞれ該当する様式を使用します。

(7) 承認特例の場合の承認申請書等

　承認特例の適用を受けるためには、以下の添付書類を添付した申請書等を承認申請書の提出期限までに提出する必要があります（措令25の17⑦）。

■承認特例に必要な添付書類

申請書等	承認申請書「第1表」、「第2表」、「第3表（承認特例用）」（「第3表－付2」を含みます。）、「第5表」及び「第6表」
	承認申請書各表における必要な書類
	承認申請書及び添付書類の記載事項が事実に相違ない旨の確認書
	贈与又は遺贈をした者が法人の役員等及び社員並びにこれらの者の親族等に該当しない旨の誓約書、贈与又は遺贈をした者が法人の役員等及び社員並びにこれらの者の親族等に該当しないことを確認した旨の証明書 ※ 特定国立大学法人等に対する寄附の場合には、提出不要です。
添付書類	次の事項の記載のある寄附を受けた法人の理事会等の議事録の写し ① 寄附の申出を受け入れることを決定した旨 ② 寄附財産について基金若しくは基本金に組み入れること又は不可欠特定財産とすることを決定した旨 ③ その決定に係る財産の種類、所在地、数量などの事項 ※ 議事録に③の事項が記載されていない場合は、①及び②の事項の記載のある理事会等の議事録の写しと③の事項が記載された書類を提出してください。
	国立大学法人等、公益社団法人若しくは公益財団法人又は認定NPO法人等に対する寄附の場合…基金に組み入れる方法により管理されることを証する所轄庁の証明書の写し ※ 寄附財産を基金に組み入れる方法により管理している公益社団法人又は公益財団法人に限ります。

(8) 承認特例に係る非課税承認を受けた場合の提出書類

　承認特例に係る非課税承認を受けた人（寄附をした人）は、寄附を受けた承認特例対象法人の区分に応じ、その寄附をした日の属する事業年度において、寄附財産について、基金若しくは基本金に組み入れる方法により管理されたこと又は不可欠特定財産とされたことが確認できる次表に掲げる書類の写しを、その事業年度終了の日から3か月以内（その

期間の経過する日後に承認申請書の提出期限が到来する場合には、その提出期限まで）に提出先税務署（所得税の納税地を所轄する税務署）へ提出する必要があります。

■非課税承認を受けた場合の提出書類

寄附を受けた承認特例対象法人	書　類
国立大学法人等	基金明細書の写し
公益社団法人	（寄附財産を不可欠特定財産とした場合）定款及び財産目録の写し
	（寄附財産を基金に組み入れた場合）基金明細書の写し
学校法人	基本金明細表などの写し
社会福祉法人	基本金明細書などの写し
認定NPO法人等	基金明細書の写し

(9) 非課税承認が取り消される場合

　国税庁長官は、寄附財産が寄附を受けた公益法人等の公益目的事業の用に直接供されなくなった場合など一定の事実が生じた場合（公益法人等が寄附財産（その寄附財産の譲渡をした場合には、その譲渡による収入金額の全部に相当する額の金銭）を国又は地方公共団体に贈与した場合などを除きます。）には、非課税承認を取り消すことができることとされています。

　非課税承認が取り消された場合には、その取り消されることとなった事実の内容に応じ、寄附をした人又は寄附を受けた公益法人等に対して、原則として、その取り消された日の属する年分の譲渡所得等として所得税が課されます（措法40②③、措令25の17⑩～⑬⑮～⑱）。

　非課税承認が取り消された場合における所得税の課税及び非課税承認

第3章　分離課税の譲渡所得に対する所得税の計算と特例　175

が取り消されることとなる事実の具体的内容は、次のとおりです。
① **寄附をした人に対し、所得税が課税される場合**
　　次に掲げる事実が生じたことにより非課税承認が取り消された場合には、寄附をした人に対して、所得税が課税されます（措法40②、措令25の17⑩〜⑫）。
　イ　寄附があった日から2年を経過する日までの期間内に、寄附財産（特定管理方法により管理されているものを除きます。）が寄附を受けた公益法人等の公益目的事業の用に直接供されなかったこと
　　（注1）　一定のやむを得ない事情がある場合には、国税庁長官が認める日までの期間となります。
　　（注2）　「特定管理方法」とは、上記「(4)　承認特例の承認要件」の「要件2」の(1)、(2)②、(3)、(4)、(5)に掲げる方法（169ページ参照）をいいます。

　ロ　寄附財産が寄附を受けた公益法人等の公益目的事業の用に直接供される前に、不当減少要件に該当しないこととなったこと
　　（注）　「不当減少要件に該当しないこととなったこと」とは、例えば、寄附を受けた公益法人等が寄附をした人又はその親族などに対して、次の行為をし、又は行為をすると認められる場合をいいます。
　　　(a)　公益法人等が、他の従業員に比し正当な理由もなく過大な給与等を支払っている場合
　　　(b)　公益法人等が、その所有する施設を私事のために利用させている場合
　　　(C)　公益法人等が、その所有する財産を無償又は著しく低い価額の対価で譲渡した場合

　ハ　承認特例に係る申請書を提出した人が、上記「(8)　承認特例に係る非課税承認を受けた場合の提出書類」に掲げる書類の写しを、提出すべき期限までに提出しなかったこと

② 寄附を受けた公益法人等に対し、所得税が課税される場合

次に掲げる事実（上記①に掲げる事実を除きます。）が生じたことにより非課税承認が取り消された場合には、寄附を受けた公益法人等に対して、所得税が課税されます（措法40③、措令25の17⑬、⑮～⑱）。

イ　寄附財産（特定管理方法により管理されているものを除きます。）が、寄附を受けた公益法人等の公益目的事業の用に直接供されなくなったこと

（注）「公益目的事業の用に直接供されなくなったこと」とは、例えば、次の場合をいいます。
(a)　公益法人等が、寄附財産を譲渡し、その譲渡代金の全額を事業費として費消した場合
(b)　公益法人等が、寄附財産（土地）を有料駐車場用地として使用した場合
(c)　公益法人等が、寄附財産を職員のための宿舎や保養所などの福利厚生施設として使用した場合

> 【参考】　公益法人等が、非課税承認に係る寄附財産を譲渡した場合には、当該寄附財産を当該公益法人等の公益事業の用に直接供することができないこととなることから、原則として、非課税承認が取り消されることとなります。ただし、公益法人等が、当該譲渡による収入金額の全部に相当する金額をもって新たな資産を取得し、かつ、一定の要件を満たすことにより、非課税承認を継続することができる特例等が設けられています。

ロ　不当減少要件に該当しないこととなったこと

ハ　承認特例に係る申請書の提出時において、上記「(4)　承認特例の承認要件」の「要件1」（169ページ参照）に掲げる要件に該当していなかったこと（寄附を受けた承認特例対象法人が特定国立

第3章　分離課税の譲渡所得に対する所得税の計算と特例　177

大学法人等である場合を除きます。)

ニ　承認特例に係る申請書の提出時において、上記「(4)　承認特例の承認要件」の「要件1」(169ページ参照)に掲げる要件に該当しなくなることが明らかであると認められ、かつ、その提出の後にその要件に該当しないこととなったこと（寄附を受けた承認特例対象法人が特定国立大学法人等である場合を除きます。)

⑱ 譲渡所得のチェックシート

【J05-01】譲渡 チェックシート

譲渡所得のチェックシート（令和5年分）

このチェックシートは、正しく譲渡所得の金額の計算ができるよう、一般に誤りやすい事項についてまとめたものです。「譲渡所得の内訳書（確定申告書付表兼計算明細書）【土地・建物用】」・「譲渡所得の内訳書（確定申告書付表）【総合譲渡用】」を作成する際に、次の事項を確認した上、これらの内訳書に添付して提出してください。

「確認事項」欄の書類のうち確認した書類及び「確認」欄の該当するものを○で囲んでください。

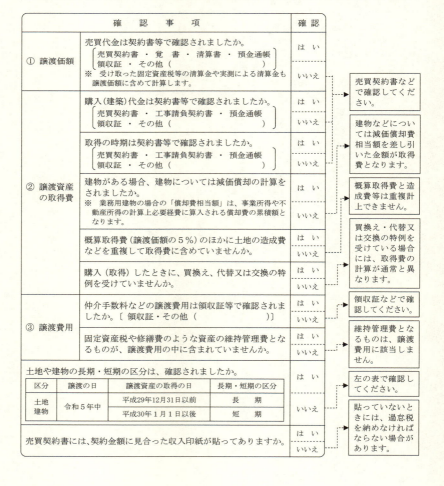

第3章　分離課税の譲渡所得に対する所得税の計算と特例

【譲渡所得の主な特例】（※印はチェック表番号）

	主　な　特　例　の　概　要
1	◎固定資産の交換の場合の特例　※【J05-02】 土地や建物などの固定資産を同じ種類の固定資産と交換した場合で一定の要件を満たすときに、譲渡がなかったものとみなされる特例です（所法58）。
2	◎保証債務を履行するために資産を譲渡した場合の特例　※【J05-03】 保証債務を履行するために資産を譲渡した場合で、保証債務の履行に伴う求償権の全部又は一部を行使することができないこととなったときに、所定の方法により計算した金額について、譲渡所得の金額の計算上、譲渡がなかったものとみなされる特例です（所法64②）。
3	◎優良住宅地の造成等のために土地等を譲渡した場合の税率の軽減の特例 優良住宅地の造成等のために土地等を譲渡した場合で一定の要件を満たすときに、税率を軽減する特例です（措法31の2）。
4	◎居住用財産を譲渡した場合の長期譲渡所得の課税の特例　※【J05-07（参考）】 長期保有の居住用財産の譲渡による長期譲渡所得について、居住用財産を譲渡した場合の特別控除額を控除した残額に軽減税率を適用して税金を計算する特例です（措法31の3）。
5	◎収用等に伴い代替資産を取得した場合の課税の特例　※【J05-04】 収用等により資産を譲渡した場合において、補償金等の全部で代替資産を取得したときは譲渡がなかったものとされ、補償金等の一部で代替資産を取得したときは残りの補償金等について譲渡所得が課税される特例です（措法33）。
6	◎収用交換等の場合の5,000万円の特別控除の特例　※【J05-05】 収用等により資産を譲渡した場合で一定の要件を満たすときに、譲渡所得（又は山林所得）の金額の計算上5,000万円までの特別控除額を控除することができる特例です（措法33の4）。
7	◎特定住宅地造成事業等のために土地等を譲渡した場合の1,500万円の特別控除の特例　※【J05-06】 特定の住宅地造成事業等のために土地等を譲渡した場合で一定の要件を満たすときに、譲渡所得の金額の計算上1,500万円までの特別控除額を控除することができる特例です（措法34の2）。
8	◎居住用財産を譲渡した場合の3,000万円の特別控除の特例　※【J05-07】 居住用財産を譲渡した場合で一定の要件を満たすときに、譲渡所得の金額の計算上3,000万円までの特別控除額を控除することができる特例です（措法35①）。
9	◎被相続人の居住用財産を譲渡した場合の3,000万円の特別控除の特例　※【J05-08】 被相続人の居住用財産を譲渡した場合で一定の要件を満たすときに、譲渡所得の金額の計算上3,000万円までの特別控除額を控除することができる特例です（措法35③）。
10	◎特定期間に取得をした土地等を譲渡した場合の1,000万円の特別控除の特例　※【J05-09】 平成21年1月1日から平成22年12月31日までの間に取得をした国内の土地等で、その年の1月1日において所有期間が5年を超えるものを譲渡した場合に、譲渡所得の金額の計算上1,000万円までの特別控除額を控除することができる特例です（措法35の2）。
11	◎低未利用土地等を譲渡した場合の100万円の特別控除の特例　※【J05-10】 都市計画区域内にある一定の低未利用土地等を500万円（一定の場合は800万円）以下で譲渡した場合に、譲渡所得の金額の計算上100万円までの特別控除額を控除することができる特例です（措法35の3）。
12	◎特定の居住用財産の買換えの場合の特例　※【J05-11】 一定の要件を満たす居住用財産を譲渡し、一定の期間内に居住用財産を取得して居住した場合に、譲渡価額が買換資産の取得価額以下のときには譲渡がなかったものとし、譲渡価額と買換資産の取得価額を超える場合にはその超える部分に譲渡所得が課税される特例です（措法36の2）。
13	◎特定の事業用資産の買換えの場合の特例 特定の地域内にある事業用の土地建物等を譲渡し、一定期間内に特定地域内にある土地や減価償却資産など特定の資産を取得し、その取得の日から1年以内に買換資産を事業の用に供した場合に、譲渡所得の一部について課税を繰り延べる特例です（措法37①）。
14	◎既成市街地等内にある土地等の中高層耐火建築物等の建設のための買換え及び交換の場合の特例 特定の地域内にある土地等、建物又は構築物を譲渡し、それらの敷地の用に供されている土地等の上に建築される中高層の耐火建築物その他の特定の資産を取得した場合に、譲渡価額と特定の資産の取得価額との差額に譲渡所得を課税し、残りの部分については課税を繰り延べる特例です（措法37の5）。
15	◎相続財産に係る譲渡所得の課税の特例　※【J05-12】 相続又は遺贈により取得した財産を、相続税の申告期限から3年以内に譲渡した場合に、相続税額のうち一定の金額を、譲渡所得の金額の計算上取得費に加算することができる特例です（措法39）。
16	◎居住用財産の買換え等の場合の譲渡損失の損益通算及び繰越控除の特例　※【J05-13】 特定の居住用財産を買い換えた場合で一定の要件を満たすときに、その譲渡損失の金額について、土地・建物等の譲渡による所得以外の一定の所得との損益通算及び翌年以後3年内の各年分の総所得金額等から繰越控除をすることができる特例です（措法41の5）。
17	◎特定居住用財産の譲渡損失の損益通算及び繰越控除の特例　※【J05-14】 特定の居住用財産を譲渡した際に一定の譲渡損失の金額（住宅借入金等の残高から譲渡価額を控除した金額が限度となります。）がある場合には、土地・建物等の譲渡による所得以外の一定の所得との損益通算及び翌年以後3年内の各年分の総所得金額等から繰越控除をすることができる特例です（措法41の5の2）。

（注）上記の表は、譲渡所得の全ての特例を記載しているものではありません。

（出所：国税庁ホームページ）

■主な特例制度の重複適用の可否一覧表　　○⇒重複適用可　　×⇒重複適用不可

	所法58	所法64②	措法31の2	措法31の3	措法33	措法33の4	措法34	措法34の2	措法34の3	措法35②	措法35③
所法58 (152ページ)		○	○	×	×	×	×	×	×	×	×
所法64② (157ページ)	○		○	○	○	○	○	○	○	○	○
措法31の2 (37、99ページ)	○	○		×	×	×	×	×	×	×	×
措法31の3 (38、43ページ)	×	○	×		×	○	×	×	×	×	×
措法33 (88ページ)	×	○	×	×		×	×	×	×	×	×
措法33の4 (94ページ)	×	○	×	○	×		×	×	×	×	×
措法34 (107ページ)	×	○	×	○	×	×		×	×	×	×
措法34の2 (108ページ)	×	○	×	×	×	×	×		×	×	×
措法34の3 (111ページ)	×	○	×	×	×	×	×	×		×	×
措法35② (39ページ)	×	○	×	○	×	×	×	×	×		○
措法35③ (47ページ)	×	○	×	×	×	×	×	×	×	○	
措法35の2 (112ページ)	×	○	×	○	×	×	×	×	×	×	×
措法35の3 (116ページ)	×	○	×	×	×	×	×	×	×	×	×
措法36の2 (61ページ)	×	○	×	×	×	×	×	×	×	×	－
措法36の5 (67ページ)	×	○	×	×	×	×	×	×	×	×	－
措法37 (121ページ)	×	○	×	×	×	×	×	×	×	×	×
措法37の4 (130ページ)	×	○	×	×	×	×	×	×	×	×	×
措法37の5 (132ページ)	×	○	×	× (※1)	×	×	×	×	×	×	×
措法37の6 (143ページ)	×	○	×	×	×	×	×	×	×	×	×
措法37の8 (145ページ)	○	○	×	×	×	×	×	×	×	×	×
措法39 (147ページ)	○	○	○	○	○	○	○	○	○	○	×
措法40 (163ページ)	－	－	－	－	－	－	－	－	－	－	－
措法41の5 (71ページ)	－	－	－	－	－	－	－	－	－	－	○
措法41の5の2 (81ページ)	－	－	－	－	－	－	－	－	－	－	○

第3章 分離課税の譲渡所得に対する所得税の計算と特例

−⇒重複適用が想定されていない（譲渡損の特例と譲渡益の特例の重複適用）

措法35の2	措法35の3	措法36の2	措法36の5	措法37	措法37の4	措法37の5	措法37の6	措法37の8	措法39	措法40	措法41の5	措法41の5の2
×	×	×	×	×	×	×	×	○	○	−	−	−
○	○	○	○	○	○	○	○	○	○	−	−	−
×	×	×	×	×	×	×	×	×	○	−	−	−
○	×	×	×	×	×	×(※1)	×	×	○	−	−	−
×	×	×	×	×	×	×	×	×	○	−	−	−
×	×	×	×	×	×	×	×	×	○	−	−	−
×	×	×	×	×	×	×	×	×	○	−	−	−
×	×	×	×	×	×	×	×	×	○	−	−	−
×	×	×	×	×	×	×	×	×	○	−	−	−
×	×	−	−	×	×	×	×	×	×	−	○	○
	×	×	×	×	×	×	×	×	−	−	−	−
	×	×	×	×	×	×	×	×	○	−	−	−
	×	×	×	×	×	×	×	×	○	−	−	−
		×	×	×	×(※2)	×	×	×	○	−	−	−
		×	×	×	×	×	×	×	○	−	−	−
			×(※2)	×	×	×	×	×	○	−	−	−
				×	×	×	×	×	○	−	−	−
					×	×	×	×	○	−	−	−
						−	○	○	○	○	○	○
							−	−	−	−	−	−
								−	−	−	×	−
									−	−	×	

※1　租税特別措置法37の5第6項を除く
※2　租税特別措置法37の5第5項のみ

(注)　この表は、譲渡所得の特例を適用する際、重複適用ができるか否かをまとめたものです。適用する土地建物等の利用区分が単一の場合を想定しており、店舗併用住宅などのように居住部分と事業用部分からなる土地建物等については、それぞれ判断することになります。
　なお、この重複適用の可否一覧表は、各法令上の条文等から、必ずしも重複適用の可否が明確でないものもあり、あくまで著者の私見であることにご留意ください。

第2部

不動産譲渡所得に係る裁判例・裁決事例

第1章　譲渡所得の原則

① 譲渡所得

　譲渡所得をめぐっては、まず資産の譲渡が譲渡所得として課税の対象となるかが課税庁と争いになることがあります。ここでは、納税者が債務超過の状態にあるときに資産を譲渡した場合の課税関係、名義不動産の譲渡、リゾートホテルの共有持ち分は譲渡所得となるか等の判例裁決を検討します。

1　「資力を喪失して債務を弁済することが著しく困難である場合」の意義

　　負債額が不動産売却額を下回っており、「債務超過の状態が著しく、その者の信用、才能等を活用しても、債務の全部を弁済するための資金を調達することができないのみならず、近い将来に調達することができないとは認められない」として、譲渡代金のうち債務の弁済に充てられた部分は、所得税法9条1項10号の「資力を喪失して債務を弁済することが著しく困難である場合」に該当しないとされた事例。
　　同法の適用には、「譲渡者の資産が負債に比し単に下回っているだけでは足りず、譲渡者において、強制換価手続の執行が避けられない程度に著しく資力を喪失している状況にあることが必要」としている。

| 平成22年9月15日　さいたま地裁判決　TAINS番号：Z260-11514 |
| 平成23年2月23日　東京高裁判決　　TAINS番号：Z260-11620 |

【事案の概要】

納税者は、被相続人の妻である。

被相続人は、平成16年10月当時、Ａ社に対して債務を負っており、（負債額は、平成17年5月30日の時点で3億9,735万7,535円）被相続人所有の土地建物には、Ａ社を根抵当権者とする根抵当権が設定されていた。平成16年10月29日、Ａ社の申立てにより、裁判所は上記各土地建物について競売開始決定をし、同年11月1日付けで差押登記がなされた。

被相続人は平成17年4月17日、土地建物をＢ社に2億2,000万円で任意売却し、別の土地建物をＣ社に3億円で任意売却した。被相続人はＡ社に3億5,000万円を返済し、本件譲渡により取得した譲渡代金のうち、上記債務の弁済等に充てた額は所得税法9条1項10号の非課税所得に該当するとの見解に基づき、分離長期譲渡所得金額が1,122万2,344円として、平成17年分の所得税の確定申告（本件当初申告）を行った。

課税庁は、分離長期譲渡所得金額が4億230万2,325円であるとして更正処分等を行ったことから、納税者は本件訴訟を提起した。

【争点】

本件譲渡における譲渡代金のうち、債務の弁済に充てられた部分は所得税法9条1項10号の非課税所得に該当するか。

【納税者の主張】

所得税法施行令26条によれば、次の3つの要件が具備された場合には、強制換価手続による資産の譲渡に類するものに当たるとされている。

①　資力を喪失して債務を弁済することが著しく困難であること

② 強制換価手続の執行が避けられないと認められる場合であること
③ その譲渡による対価が当該債務の弁済に充てられたこと

　本件は、強制換価手続が開始された後に、そのまま手続を進めると債権者にも債務者にも不利となることから同手続を中止した上で任意売却がなされた事案であり、本件譲渡代金のうち、弁済に充てられた部分については上記3つの要件を満たすものとして非課税とするべきである。本件更正処分等は所得税基本通達に従ってなされているところ、同通達には違法があり、本件更正処分等も違法である。

【課税庁の主張】

　被相続人の負債額は、4億3,485万3,670円（借入金元本及び未払利息、申告所得税及び住民税等）であり、不動産売却額の合計額である5億2,000万円さえも大きく下回っているのであるから、被相続人が本件譲渡時点において、「資力を喪失して債務を弁済することが著しく困難」な状況にあったとは到底認められない。本件譲渡にかかる所得は、所得税法9条1項10号に規定する非課税所得には該当しない。

【判決】

　本件非課税規定は、資産が強制換価手続等によって譲渡された場合でも、資産に潜在的に生じている値上がり益が譲渡所得として実現していることは通常の売買と変わりがないため、一般の資産譲渡と同様に課税の対象とされるのが原則であるところ、例外的に非課税としたものであるから、譲渡代金の一部を債務の弁済に充てたからといって、直ちにその部分を非課税としなければならない理由はない。少なくとも本件において債務弁済に充てられた対価の部分を非課税としない取扱いが租税法律主義に違反するものとはいえない。

【ポイント】

　本件では、譲渡資産の譲渡価額が合計で5億2,000万円に対して、債務の合計額4億3,485万3,670円と、譲渡価額より債務が下回っている状態でした。これに対して、地裁判決では、「債務超過の状態が著しく、その信用、才能等を活用しても、現にその債務の全部を弁済するための資金を調達することができないのみならず、近い将来において調達することができないと認められる場合には到底該当しない。」と判断しています。

　さらに、所得税法9条1項10号の適用について「譲渡者の資産が負債に比し単に下回っているだけでは足りず、譲渡者において、強制換価手続の執行が避けられない程度に著しく資力を喪失している状況にあることが必要」と判断しています。

　債務超過の状態について、一つの判断基準を示している判例といえます。

2　名義不動産の意義

> 　納税者は、本件不動産を長男名義で取得したと主張するが、本件不動産に係る売買契約書、消費貸借契約書等のいずれも長男の実印が押印され、本件不動産に係る不動産所得は長男の所得として確定申告されており、本件不動産の譲渡に係る損失額は、納税者ではなく長男に帰属するとされた事例。
>
> 　　　　　　　　　平成15年1月15日裁決　TAINS番号：J65-2-06

【事案の概要】

納税者の長男は、H病院の勤務医である。

平成2年8月13日付で作成された不動産売買契約書には、買主を長男、売主をⅠ社として、本件物件を142,000,000円で売買する旨の記載がある。同日作成の金銭消費貸借契約書には、次のとおりの記載がある。

① 契約者…貸主　J銀行　借主　長男
② 借入金額…150,000,000円
③ 利率…7.6％

本件物件の賃貸料収入は、すべて本件賃料受入口座に入金され、平成2年分から平成11年分までの長男の所得税の確定申告において、本件物件に係る不動産所得の申告がある。

平成11年10月1日の売買を原因として、所有権が、長男から、納税者が代表取締役となっているR社に移転した旨の記載がある。

平成11年8月1日から平成12年7月31日までの事業年度に係る法人税の確定申告書に添付されたR社の決算報告書の「固定資産の内訳書」には、平成11年10月1日に本件物件の土地部分を31,500,000円、建物部分を56,500,000円で、それぞれ長男から購入した旨の記載がある。

長男は、納税者を相手として、簡易裁判所に対して、平成12年11月29日に即決和解を申立て、平成13年1月19日に納税者と長男との間で和解が成立した。

和解調書の要旨は次のとおり。

(イ) 請求の原因及び争いの実情

納税者は、本件物件及び本件借入金の名義が長男である以上、納税者が、長男名義の当該借入金を返済したことは、長男に対する貸付けに当たるとして、金銭消費貸借契約の締結を要求する。

しかしながら、納税者が、長男の名義で本件物件の購入から譲渡に至るまでの一切の行為を行ったものであるから、実質的な本件物件の取得者及び本件借入金の借入者は納税者である。
　したがって、納税者が長男名義の本件借入金を返済したとしても、納税者に対する長男の債務は存在しない。
㋺　和解条項
　納税者及び長男は、納税者が平成11年10月1日にJ銀行から借り入れた62,000,000円の消費貸借契約上の債務に関し、長男と納税者との間には何らの債権債務がないことを相互に確認する。
　納税者は、本件物件を長男名義で購入したことにより生ずる租税負担義務を負う。

【争点】
　本件は、平成11年のR社への売買について、納税者の長男名義の土地建物を譲渡したことにより生じた損失が納税者に帰属するか否か。

【納税者の主張】
　本件物件は、納税者が長男名義で購入したものである。売買契約の締結に至る一連の行為は、すべて納税者が一人で行っており、本件売買契約書の買主欄に署名したのも納税者である。

【課税庁の主張】
　納税者は本件物件の実質所有者であることを主張するが、①本件物件が長男名義であったこと、②本件物件の取得資金は、長男がJ銀行K支店から借り入れ、また、本件賃料受入口座に入金された金員で本件借入金を弁済していたこと及び③長男は、本件物件から生じる不動産所得を自己の所得であると自認した上で確定申告していたと認められることを併せ考えると、長男は、本件物件の法律的な権利者であるとともに、経

済的・実質的な収益の享受者であることが明らかであり、その主張に理由がない。

なお、納税者は、本件物件に係る不動産所得について、長男には自己の所得であるという認識はない旨主張するが、当該不動産所得を計上した自らの確定申告書に署名、押印して、所轄の税務署に提出している以上、長男は確定申告の内容を自認していたと認めるのが相当である。

納税者は、本件和解によって本件物件の所有権が納税者に帰属確定したものである旨主張するが、本件和解によって合意された事項は、①納税者と長男の間には債権債務がないこと及び②納税者が本件物件の租税負担義務を負うことのみであり、本件物件の所有者が長男であるとした和解ではない。

【裁決】

本件物件については、その登記、本件売買契約書、本件消費貸借契約書の名義がいずれも納税者の長男となっている上、本件売買契約書には長男の実印が押印されていること、本件消費貸借契約書は、E市に居住していた長男がわざわざJ銀行K支店に赴いて作成したこと、長男が送付した源泉徴収票に基づいて本件物件から生じる不動産所得が確定申告されていることからすると、長男が本件物件の実質所有者であることが基本的に推認できる。

本件物件は長男の所有と認められることから、本件損失額は長男に帰属することとなる。

【ポイント】

課税庁は、更正すべき理由がない理由として、この譲渡損失は、納税者の長男の所得であり、納税者には帰属しないと判断しています。

所得の帰属の問題については、実質課税の原則で「資産又は事業から

生ずる収益の法律上帰属するとみられる者が単なる名義人であって、その収益を享受せず、その者以外の者がその収益を享受する場合には、その収益は、これを享受する者に帰属するものとして」課税することとされています（所法12）。

　譲渡損失の基因となった土地建物は、平成２年８月に取得した際の不動産売買契約書、取得に際して締結された金銭消費貸借契約書、登記事項の所有権移転や根抵当権設定等はすべて長男名義でなされており、取得後の賃貸収入も長男が不動産所得として所得税の確定申告を行っています。本件不動産の所有権が、実質的に納税者にあって、長男の所有権は名義上のものであるという主張であれば、不動産所得は長男ではなく、納税者自身が申告し納税すべきところです。

　にもかかわらず、納税者は、これらすべては長男の名義によるもので、実質的な所有者は長男ではなく、その譲渡損失は長男に帰属せず、納税者自身に帰属する旨を主張しています。

　異議審理庁は、独自の調査により資料集や分析を行い、納税者の主張は採用できないと判断しています。

　本件のように家族名義の資産は、不動産に限らず、有価証券や預貯金等にも共通し、譲渡所得に限らず、相続税や贈与税でも散見されます。課税庁や異議審理庁では、契約書やその関係資料により、家族名義財産であるかを判定してきますので、なぜ、一連の取引を自身ではなく家族名義で行ったのかなどの理由を説明できるか否かが是否認のポイントになります。

3 夫婦が婚姻期間中に得た財産の帰属

> 民法は、夫婦の財産関係についていわゆる別産制を前提とする。夫婦の一方が婚姻前から有する財産及び婚姻中自己の名で得た財産は、その特有財産とし、夫婦のいずれに属するか明らかでない財産は、その共有に属するものと推定する旨が規定されている（民法762）。夫婦が婚姻期間中に取得した財産は、必ずしも夫婦共有とはならず、本件においては夫の所有であると判断された事例。
>
> 　　　　　　　　　平成11年7月23日裁決　TAINS番号：J58-2-05

【事実関係】

元夫Ｇと元妻Ｈ（ＧとＨはともに医師）は、昭和28年に婚姻し、婚姻期間中に土地と建物（本件不動産）を取得し、Ｇの単独名義で所有していた。その後、Ｇは、離婚に伴いその全部を平成7年4月25日にＨに財産分与したとして、所得税の期限内確定申告書を提出した。

その後、Ｇは、本件不動産の取得の経緯から、本件不動産は、ＧとＨとの共有財産であり譲渡所得が半減するとして、更正の請求書を提出した。

課税庁は、この更正の請求に対して、更正すべき旨がない通知処分をした。

この通知処分を不服として、Ｇは審査請求をしたが、裁決前の平成11年4月28日に亡くなり、相続人が審査請求人の地位を承継した。

【納税者の主張】

Ｇの単独所有譲渡資産について、当該譲渡資産は夫婦が婚姻中に相互に協力、寄与によって得た資産であるから、その全部若しくは1／2が

第1章　譲渡所得の原則　193

Hに帰属する。

【課税庁の主張】

離婚前においてその全部若しくは2分の1がHに帰属していたとは認められないから、本件更正の請求には更正をすべき理由がない。

【裁決】

夫婦が婚姻中に相互の協力、寄与によって得た資産であっても、いずれか一方の名義となっている場合には、その取得資金の拠出等の事実に基づき、他方の特有財産であることが明らかであるとき若しくは夫婦の共有財産であることが明らかであるときなど、当該名義が単なる名義借りであることが明らかである場合を除き、その名義人を当該資産の所有者として取り扱うのが相当である。

本件不動産は、被相続人（元夫G、以下同じです。）が婚姻中に自己の名義で取得しているのであるから、民法第762条の規定により、これは被相続人の特有財産であり、被相続人らの共有となるものではない。本件不動産が被相続人らの婚姻中に相互の協力、寄与によって得た資産であっても、その名義が被相続人名義となっていることについて、その取得資金の拠出の詳細が不明であり、単なる名義借りであることが明らかであるとは認定できず、また、被相続人の名義で取得した後Hに所有権が移転したとする事実も認められないことから、被相続人をその所有者として取り扱うのが相当である。

【ポイント】

納税者は、開業医として所得税の確定申告書を提出しており、青色申告決算書の貸借対照表には、本件不動産の金額が含まれている等の主張をし、一応の説得力はあります。

民法では「夫婦の一方が婚姻前から有する財産及び婚姻中自己の名で

得た財産は、その特有財産（夫婦の一方が単独で有する財産をいう。）とする。」（民法762①）と定めており、さらに「夫婦のいずれに属するか明らかでない財産は、その共有に属するものと推定する。」（民法762②）とも定めています。

ただし、民法の規定を持ち出しても、譲渡資産を取得したのが誰か、というのを確定的に説明できなければ、公示力を有する不動産登記の所有権者が優先してしまうのもやむを得ない判断かと考えられます。

4　譲渡所得に該当する借地権の更新料

> 建物若しくは構築物の所有を目的とする地上権若しくは賃借権（借地権）等の更新料が土地の時価の10分の5以下である場合には、たとえ当該更新料が地代の年額の20倍に相当する金額を超えるとしても、譲渡所得には該当せず不動産所得に該当するとされた事例。
>
> 　　　　　　　　　平成11年3月23日裁決　TAINS番号：J57-2-07

【事案の概要】

納税者は、不動産の賃貸を行っている者であり、平成4年中に各賃借人から次の「本件契約料」を受領した。

賃借人	貸付面積	更地価額	本件金員
W社	66.0㎡	92,400,000円	7,500,000円
H	79.2㎡	110,880,000円	3,100,000円
J	54.77㎡	76,678,000円	1,920,000円
K	99.0㎡	138,600,000円	10,000,000円

| L | 102.0㎡ | 142,800,000円 | 12,400,000円 |
| M | 92.0㎡ | 128,800,000円 | 618,000円 |

　なお、納税者は、本件金員以外にも平成3年5月20日にNから3,375,000円を受領し、このうち3,300,000円を平成3年分の不動産所得の総収入金額に算入して確定申告を行っている。

【争点】

　本件金員は、譲渡所得あるいは不動産所得のいずれの所得区分となるか。

【納税者の主張】

　本件金員は、地代の年額20倍を超える借地権の更新料を受領しているため譲渡所得である。

【課税庁の主張】

　本件金員は、土地の更地価額の10分の5以下であるから不動産所得である。

【裁決】

　納税者は、本件金員は本件賃借人らが支払っている地代の年額の20倍に相当する金額を超えるから、所得税法施行令79条3項の規定により、譲渡所得の収入金額に該当する旨主張するが、借地権又は地役権の設定の対価がその設定された土地の更地価額の10分の5以下である場合には、同項の規定を適用する余地はない。

　したがって、本件契約金は、いずれも不動産所得の総収入金額に算入されるべきものである。

【ポイント】

　建物若しくは構築物の所有を目的とする借地権の設定の対価として支

払われる金額が、その借地権の時価相当の価額の10分の5を超える場合には、その借地権を譲渡したとみなされます（所令79①）。

一方で、借地権の設定の対価として支払を受ける金額が、地代の年額20倍に相当する金額以下であれば、借地権を譲渡したとみなされる行為には該当しないものと推定されます（所令79③）。

不動産所得と譲渡所得とでは、税率が異なりますので、借地権に関する契約で受領した金員の多寡によっては税負担がかなり異なります。

ここでは、条文の読み方を検討する必要があります。年額地代の20倍以下か否かの規定は、あくまで「推定する」にとどまります。一方で、時価の10分の5を超えるか否かの規定は「みなされる」ということになり、「推定」より「みなす」のほうが立ち位置は上となります。

結果として、課税庁側の「みなす」主張が、納税者の「推定」を上回ったということになります。

借地権の契約は、通常、長期間に及びますので、地代の改定がなされずに、数十年前の地代でそのまま賃貸されていることもあります。例えば、借地権価格は6,000万円で、年額地代は12万円というような場合、年額地代の20倍である240万円を更新料として支払ったとしても、借地権を譲渡したとは言い難いのではないでしょうか。

5　会員制リゾートホテルの所得区分と損益通算

　不動産共有持分権の買取り及び施設利用権は、不動産共有持分権、施設利用権及び保証金返還請求権の三つの権利が渾然一体となった施設利用権である。

　本件では、不動産共有持分権のみ譲渡所得となるが、当該持分

は生活に必要でない資産の譲渡であるため、その損失は損益通算の対象にはならないとされた事例。

平成18年6月16日裁決　TAINS番号：J71-2-11

【事案の概要】

　納税者とW社は、平成9年3月に「Xホテル」（リゾートホテル）の土地及び建物の共有持分の売買及び施設利用に関し、本件不動産売買契約及び本件施設相互利用契約をそれぞれ締結するとともに、同物件及び諸施設に関する管理運営並びに利用について本件管理規約及び本件利用規程の定めを遵守することを承諾した。

　納税者とW社は、平成15年12月に、本件不動産売買契約及び本件施設利用契約を解約することを合意した。

【争点】

争点1
　納税者が、本件各契約によって取得した権利を解約した場合において、それぞれの権利につき、資産の譲渡が生じていると認められるか。

争点2
　仮に本件共有持分権の譲渡が資産の譲渡と認められる場合において、本件共有持分権は、生活に通常必要でない資産に該当するか。

争点3
　仮に本件共有持分権の譲渡が資産の譲渡と認められる場合において、本件施設利用契約の解約により生じた資産の損失の金額は、事業所得の金額の計算上必要経費に算入できるか。

【納税者の主張】
　争点1
　　共有持分権・施設利用権・預託金返還請求権は渾然一体の権利であり、すべてが譲渡所得に該当する。
　争点2
　　本件共有持分権、本件施設利用権及びその他の権利は、納税者が社員に対する福利のために購入したものであり、配下の社員の報奨旅行、お客様のご利用、社員の会議用である。「生活に通常必要でない資産」に該当しない。
　争点3
　　本件共有持分権、本件施設利用権及びその他の権利を、事業の用に供する目的で所有していたのであり、その利用状況からみても本件共有持分権、本件施設利用権及びその他の権利は、事業用資産である。

【課税庁の主張】
　争点1
　　本件共有持分権の買取代金は、譲渡所得に該当するが、本件施設利用契約の解約は、本件施設利用権を自ら放棄して、単に保証金債権の回収をする資本取引であり、資産の譲渡には当たらない。
　争点2
　　本件共有持分権及び本件施設利用権を含むその他の権利は、所得税青色申告決算書の貸借対照表の資産の部及び減価償却資産（繰延資産を含む。）のいずれにも計上がない。本件不動産の外形的及び客観的並びに利用形態から総合判断すると、当該不動産は、通常、納税者及びこれと生計を一にする親族が居住の用に供していない家屋であり、主として趣味、娯楽、保養の目的で所有する不動産であると認められ

る。したがって、本件共有持分権は、生活に通常必要でない資産に該当する。

争点3

本件共有持分権及び本件施設利用権を含むその他の権利は、納税者が課税庁へ提出した決算書の貸借対照表の資産の部及び減価償却費の計算の資産（繰延資産を含む。）に計上がないことから、事業用資産とは認められない。

【裁決】

争点1

本件解約合意に関し、所得税法33条1項にいう資産の譲渡があったと認められるのは、本件共有持分権のみである。

争点2

本件共有持分権は生活に通常必要でない資産に該当するから、これを譲渡したことに伴う譲渡所得の金額の計算上生じた損失が損益通算の対象とならないとした原処分は、適法である。

争点3

本件施設利用権は事業の用に供される固定資産等に該当するとは認められないから、本件施設利用契約の解約により生じた損失は、事業所得の金額の計算上必要経費に算入することはできない。

【ポイント】

本件は、譲渡損失を他の所得と損益通算できるか否かに関する事例です。

結果として、本件会員制リゾートホテルの売買で生じた損失は、所得税の損益通算の対象とならず、事業所得の必要経費にも算入できず、その損失は税金とは関係ないものとして処理されています。

特に、事業用資産として主張するのであれば、過去の所得税確定申告書で決算書の貸借対照表に資産計上しておくことが必須と考えられます。

② 譲渡収入

譲渡収入をめぐっては、譲渡の時期をどのように判断するか、あるいは、どこからどこまでが譲渡収入に含まれるかについて、課税庁と争いになることがあります。ここでは、離婚時の慰謝料として譲渡したマンションの譲渡時期や固定資産税の精算金等について争われた判例裁決を検討します。

6 覚書による譲渡収入の帰属時期

> 　二つの譲渡資産に関して、一つは売買契約を締結し、所得税の確定申告書を提出し、もう一方は翌年に売買契約する覚書を作成し、当該覚書により所有権移転登記を行ったうえで、所得税の確定申告書を提出した。
> 　いずれの契約も、譲受人が売買代金の全額を納税者に支払った日において、譲渡があったものと認定するのが相当であるとされた事例。
>
> 　　　　　　昭和55年7月17日裁決　　TAINS番号：J20-2-05

【事案の概要】

納税者は、甲土地及び本件土地を含む一団の土地の譲渡に際し、その代金を一時に入手する必要がなかったこと及び税負担等を考慮し、毎年

2区画ずつ譲渡することを予定していた。

年月日	事実関係
昭和51年3月16日	甲土地の所有権移転登記、本件土地の仮登記
昭和51年3月19日	甲土地に係る売買契約書、手付金として6,890,000円の授受
昭和51年3月26日	本件土地に係る売買予約の覚書（なお、本件土地に係る売買契約書は作成されていない。）
昭和51年3月27日	甲土地の残代金として、16,040,000円を一括受領、この他に5,220,000円の領収証を発行
昭和51年3月29日	本件土地の売買予約預り金10,820,000円の領収証を発行
昭和52年4月4日	本件土地の所有権移転登記

【争点】

本件土地の譲渡所得が帰属する年分は、昭和51年か、あるいは昭和52年か。

【納税者の主張】

本件土地の譲渡所得は昭和52年分に帰属する。

【課税庁の主張】

本件土地の譲渡所得は昭和51年分に帰属する。

【裁決】

本件土地の所有権移転の時期は、昭和51年3月27日であると認められるから、本件土地の譲渡に係る所得を昭和51年分であるとした原処分は相当である。

【ポイント】

譲渡の収入すべき時期を、どのようにとらえるかという問題です。本件では、2つの土地について、一つは売買契約書により所有権を移転し、

もう一方は覚書により売買予約の仮登記をしています。また、売買代金は覚書作成の翌日に全額が支払われています。

　例えば、優良住宅地の造成等のために土地等を譲渡した場合の課税特例（措法31の2）等、課税譲渡所得金額の多寡により税率が異なるため、本件のように課税時期をずらすことにより税負担を軽減することは可能ですが、その際に、契約の経緯等にも注意する必要があります。

　所得税基本通達では、譲渡所得の収入すべき時期について「引渡しがあった日」と定めており、「契約の効力発生の日」により申告があった場合もこれを認めるとしています（所基通36-12）。

　売買契約書なのか覚書なのかといった書類上の違いや、仮登記なのか本登記なのかの違い、売買代金の授受の時期等により、譲渡の収入すべき時期を総合的に判断する必要があり、本件では売買代金が全額支払われていることから、「譲渡があったもの」として認定されています。

　同一年中に複数回の不動産譲渡がある場合には、参考とすべき裁決事例です。

7　農地の譲渡における収入の帰属時期

> 　農地の譲渡における譲渡収入の帰属時期は、農地法に定める知事の許可とは別に、譲渡代金が収受され、所得の実現があったとみることができる状態が生じた時とされた事例。
>
> 　　　昭和54年1月29日　名古屋地裁判決　TAINS番号：Z104-4317
> 　　　昭和56年2月27日　名古屋高裁判決　TAINS番号：Z116-4755

【事案の概要】

本件各土地はいずれも現況農地であった。本件各土地の譲渡に対する農地法第5条による知事の許可は昭和44年以降になされている。譲渡代金の収受状況は次のとおり。

本件各土地	譲渡代金収受年月日（昭和）	収受金額(円)
A	手附金　43年12月12日 残金　　44年1月10日頃	2,000,000 21,740,200
B	手附金　43年11月5日 中間金　43年11月30日 残金　　43年12月15日頃	300,000 1,500,000 1,182,600
C	手附金　43年10月24日 残金　　44年1月31日頃	600,000 2,222,765
D	手附金　43年4月21日頃 中間金　43年4月25日頃 残金　　43年5月20日頃	150,000 350,000 3,250,000

【争点】

本件各土地の譲渡所得が帰属するのは昭和43年分か、あるいは昭和44年であるか。

【納税者の主張】

農地の譲渡については、農地法所定の知事の許可を要し、許可を得て、譲渡契約の効力（農地の所有権移転の効力）が生じるのであるから、昭和43年中に譲渡による所有権移転の効力が生じていない。

【課税庁の主張】

農地の譲渡につき農地法所定の許可前でも当該農地の譲渡契約が締結された日をもって、その譲渡所得を総収入金額に算入して申告がなされればこれを認めるという取扱い（所基通36-12）をしていたものであり、

当該所得が昭和43年分に帰属することを前提としてなされた本件課税処分は適法である。

【判決】

B土地及びD土地については、昭和44年以降に農地法所定の知事の許可がなされてはいるが、昭和43年中に各譲渡代金全額が収受されているのであるから、課税庁が、収入金額を昭和43年分の譲渡収入金額に算入したことは適法というべきである。しかしながら、AとCの各土地については、昭和44年以降に農地法所定の知事の許可がなされ、かつ昭和44年に各譲渡代金総額が収受されたものであるから、昭和43年分の譲渡収入金額に算入することは許されない。

【ポイント】

農地は、自由に貸したり売ったりすることができません。農地や採草放牧地の所有権を移転する場合や、賃借権等の権利を設定するときには、農業委員会の許可を受けなければならないこととされています。（農地法3①）

また、農地を農地以外のもの（例えば宅地）にして、所有権を移転する場合等は、都道府県知事の許可を受けなければなりません（農地法5）。

ここで重要なのは、農業委員会や都道府県知事の許可です。これらの許可を受けずに農地を譲渡しても、売買そのものの効力が生じません（農地法3⑥、5③）。さらに、この許可を受けずに売買すると3年以下の懲役又は300万円以下の罰金に処せられます（農地法64）。

なお、農地を農地として売買するときの所有権移転登記申請は、相続等の一定の場合を除き、農業委員会の許可書を法務局に提出することになっています。したがって、この許可書がないと、民法上の第三者への対抗要件を備えることはできません（民法177）。

同年中に売買契約が成立し、農業委員会や都道府県知事の許可を得て所有権移転登記も済ませて、売買代金も受領して、引き渡しが完了してれば課税年分としての問題は生じませんが、農業委員会や都道府県知事の手続が遅れてしまい、許可が翌年になってしまうと、どのように対応すべきか慎重に検討しなければなりません。

　この判決は、売買契約や代金の支払後に許可された場合の事例です。総収入金額に算入すべき金額は「その収入の基因となった行為が適法であるかどうかを問わない」（所基通36－1）とありますので、農地法に限らず、関係諸法令で売買が制限されている不動産の譲渡においても参考となる事例です。

8　離婚の慰謝料として譲渡した資産の収入帰属時期

> 　離婚調停に基づき、先妻に慰謝料としてマンションを譲渡した場合、その譲渡の収入の帰属時期は、所有権移転登記の日ではなく、当該マンションを相手方に引き渡したときであるとされた事例。
>
> 　　　　　　　　平成8年6月14日裁決　TAINS番号：J51-2-06

【事案の概要】

　昭和62年5月29日、先妻と離婚調停し、納税者は先妻と同居していた本件マンションを慰謝料として先妻に譲渡することとなった。

　昭和62年6月中旬ごろ、納税者は本件マンションから荷物を搬出し先妻に引き渡しが完了した。しかし、長女が成人するまでは本件移転登記を納税者のままとすることで、先妻と合意した。

　長女が大学を卒業したことを契機に、平成5年4月16日、所有権移転

登記を行い、令和5年分の所得税の確定申告書を課税庁に提出した。

【争点】

本件マンションの譲渡時期は平成5年であるか否か。

【納税者の主張】

本件マンションの譲渡の日が、平成5年4月16日とするならば、長女の成長を確認するために、本件調停以後も週に2、3回は本件マンションを訪れていた事実をもって、納税者は、平成5年4月まで当該マンションに居住していたものと認め、租税特別措置法35条の適用を認めるべきである。

【課税庁の主張】

本件マンションの譲渡は平成5年中に行われたものと認めるのが相当であり、かつ、租税特別措置法35条の適用要件である「居住の用に供されなくなった日から3年を経過する日の属する年の12月31日までの間に譲渡した場合」に該当しない。

【裁決】

本件マンションの譲渡の時期は、納税者が本件マンションから自己の資産を搬出した昭和62年6月中旬と認めるのが相当であり、租税特別措置法35条の適用の適否を判断するまでもなく、本件マンションの譲渡の時期は平成5年4月16日であると認定して行った本件更正処分は、その全部を取り消すべきである。

【ポイント】

本事例は、課税の時期もさることながら、居住用財産を譲渡した場合の特別控除（措法35）が適用できるか否かで、税負担が大きく異なってしまうため、同特例の適用可否をめぐって、譲渡所得の収入すべき時期が争点となっています。

親族間の譲渡では、居住用財産を譲渡した場合の特別控除は適用できませんが、先妻といえども離婚すれば他人ですから、適用可になります。

納税者は、昭和62年の離婚調停に伴い居住していたマンションを慰謝料として先妻に譲渡し、同年中に譲渡人は転居して引渡しも済んでいる、所有権移転登記は納税者と先妻の長女が成人するまで遅らせることで、納税者と先妻との間で合意している、したがって、本件譲渡を平成5年とした課税庁の処分は違法であると主張しています。

一方で、課税庁は、離婚調停で昭和62年末までに所有権移転登記する旨の合意があるのに履行していない、納税者の申告書等には、平成5年に本件マンションを譲渡した旨の記載がある、納税者の住所の移転状況から、昭和60年頃から本件マンションは譲渡人の生活の拠点とは認められない等により処分は適法である旨を主張しています。

これに対して、審判所は、離婚調停以降、本件マンションに係る水道電気ガス、固定資産税、維持管理費等の一切を先妻が負担しており、実質的な支配は昭和62年に先妻にあって、その譲渡の時期は昭和62年中と判断し、納税者の主張を認めています。

収入すべき時期は、その資産に係る支配の移転の事実（例えば、所有権移転登記に必要な書類等の交付）に基づいて判定した引渡日により、原則として譲渡代金の決済を了した日の後にはなりません（所基通36－12（注）1）。

所有権移転登記という側面からとらえれば、課税庁側の主張にも一理ありますが、一方で、支配の移転の事実という意味では納税者側の主張にも一理あります。審判所は、諸事情を総合勘案して納税者の主張を認容したという点で参考になる事例です。

9　固定資産税の精算金は譲渡収入になるか

> 不動産の譲渡に際して、1月1日から譲渡までの固定資産税等相当額を精算するため、譲渡人が譲受人から受領した未経過部固定資産税等は、当該譲渡所得の金額の総収入金額に算入するとされた事例。
>
> 平成14年8月29日裁決　TAINS番号：J64-2-16

【事案の概要】

納税者は、平成12年分の所得税の確定申告書（分離課税用）を、法定申告期限までに課税庁に提出したところ、課税庁は、未経過固定資産税等相当額を譲渡所得の金額の計算上、総収入金額に含めるべきとして、更正等の処分をした。

【争点】

未経過固定資産税等相当額を、譲渡所得の金額の計算上、総収入金額に含めるべきか。

【納税者の主張】

譲渡費用の範囲は、「譲渡資産の修繕費、固定資産税その他その資産の維持又は管理に要した費用は、譲渡費用に含まれない。」（所基通33-7）とされ、固定資産税は資産の維持管理に要する費用と定義付けられているところ、資産の維持管理に要する費用ということは、期間コストと認められる。

未経過固定資産税等相当額は、経済的実質、実態に即して観察するならば、正に固定資産税等の精算金であり、立替金の回収にほかならず、経済的利得は発生せず、担税力のある所得とはなりえない。

【課税庁の主張】

　資産を譲渡することによって取得する反対給付は、その名目いかんにかかわらず、その譲渡した資産に蓄積し内在していた値上がりによる増加益が具体化したものについては、資産の譲渡による所得に係る総収入金額に算入すべき金額であって、譲渡所得課税の対象になる。

　未経過固定資産税等相当額は、土地を譲渡したことによって取得した反対給付にほかならず、その名目いかんにかかわらず、土地の値上がりにより具体化した増加益の一部を構成するものというべきであり、譲渡所得の金額の計算上総収入金額に含まれることは明らかである。

【裁決】

　未経過固定資産税等相当額を、譲渡所得の金額の計算上、総収入金額に含めることは相当である。

【ポイント】

　固定資産税等は、1月1日現在で所有している人に課税されますので、年の中途で、不動産を譲渡して自分の所有でなくなっても、譲渡した年の固定資産税は譲渡人が全て負担しなければなりません。

　譲渡後の固定資産税は、譲受人が負担すべきという考え方から、不動産の売買取引では固定資産税を譲渡人と譲受人で精算することが一般的に行われています。

　本件は、この固定資産税の精算金を、譲渡人が譲受人から受け取った場合、これを譲渡収入に計上しなければならないと判断された事例です。

　譲渡人が譲受人から受け取った固定資産税の精算金は、そのまま納税しなければなりませんので、譲渡人を通り抜けて精算金は手元には残らないことになります。

　ただし、譲受人には譲渡後の固定資産税の納税義務はなく、また、譲

渡人には、譲渡後の固定資産税を譲受人に請求する権利がないとして、譲渡収入に含める旨を審判所は判断しています。

　自分の手元を通り抜けていってしまうため、譲渡収入に計上するのに違和感を覚えますが、実務上、固定資産税の精算金は申告漏れが散見されます。

10　店舗用不動産を譲渡した場合に営業権も譲渡したことになるか

> 　店舗（飲食店）として使用していた不動産を譲渡した際に、当該譲渡の収入金額に営業権等の対価はなく、全額が不動産の譲渡所得とされた事例。
>
> 　　　　　　　　　平成7年2月27日裁決　　TAINS番号：J49-2-09

【事案の概要】

　納税者は、本件土地建物を店舗（飲食店）として使用していたが、平成2年に譲渡した。

　納税者は、所得税の確定申告に当たって、本件土地建物の譲渡価額については、その16分の5に相当する金額を分離短期譲渡所得に係るものとし、16分の11に相当する金額を分離長期譲渡所得に係るものとし、それぞれにつき租税特別措置法37条《特定の事業用資産の買換えの場合の譲渡所得の課税の特例》の規定を適用して所得金額等を算出し、また、営業権等として70,000,000円を総合長期譲渡所得に係るものとして所得金額等を算出して申告した。

第1章　譲渡所得の原則　211

【争点】

　営業権等の譲渡価額70,000,000円は、総合長期譲渡所得の収入金額とすべきか。

【納税者の主張】

　本件土地建物の所在地域においては、飲食店等を譲渡する場合、その土地建物のほかに営業権の存在を認め、付随して譲渡する慣習がある。

【課税庁の主張】

　調査担当者が、納税者に対し営業権等の譲渡価額についての具体的な計算根拠を示した書類の提出を求めたところ、納税者は「契約時に、具体的な計算根拠を示す文書を譲受人からもらっていない。」として提出しなかった。

　売買物件の表示欄に営業権の表示がなく、本件土地建物の売買価額を250,000,000円と記載した平成元年8月26日付の不動産売買契約書が存在し、その全額が本件土地建物の対価と認められる。

【裁決】

　当審判所の調査によっても、本件土地建物の所在地において納税者が主張するような高額な営業権の取引事例を認めることはできず、譲渡代金250,000,000円は、その全額が本件土地建物の譲渡対価である。

【ポイント】

　納税者は、譲渡代金の一部を営業権と什器備品として総合長期譲渡所得として申告していますが、課税庁側はすべて分離課税の譲渡所得として認定しているため、税負担が異なり争いとなった事例です。

　納税者が営業権の存在やその対価の算定に関する資料を一切提示しないのに対し、課税庁は、譲受人への反面調査や納税者の過去の事業所得に係る青色申告決算書等を検討しており、両者に技量の差が伺えます。

譲受人への反面調査では、譲受人が本件不動産を転売目的で取得し、取得後はそのまま放置して一切使用していないこと、譲受人の帳簿では土地原価勘定で経理処理されていること、契約書には納税者から営業権50,000,000円としてほしい旨の申し立てがあったこと等を把握しています。

　事業所得に係る青色申告決算書の譲渡直前5年間の平均所得金額は439,890円であり、必ずしも営業成績が良好であったとはいえませんので、営業権があったという主張は、やや難があります。

　本件で争われた営業権を財産評価基本通達に基づき評価してみたら評価額は50,000,000円になった、ということであれば結果は変わっていたかもしれません。

11　中間省略登記における譲渡所得の帰属

> 　本件不動産譲渡に、中間譲渡人は存在せず、納税者から譲受人へ直接譲渡されたものと認められる。したがって、支払金額のすべてが本件譲渡に係る譲渡価額とすべきであるとされた事例。
>
> 　　　　　　　　　平成6年12月19日裁決　TAINS番号：J48-2-07

【事案の概要】

　納税者は、本件土地を平成元年8月31日に、Hに総額155,073,600円で譲渡し、平成元年分所得税の確定申告書を法定申告期限までに提出した。

【争点】

　本件土地は、納税者からHに譲渡され、その後、HがK社へ譲渡したものであるか。

【納税者の主張】

課税庁は、納税者が本件土地を平成元年9月15日にK社に総額242,658,000円で譲渡したものであると事実を誤認している。

【課税庁の主張】

Hは、住所地であるP市S町2丁目24番の2に居住せず、その所在が不明である。本件土地は、平成元年11月16日付で納税者からK社に所有権移転登記されている。納税者は、本件土地をK社に242,658,000円で譲渡したものである。

【裁決】

当審判所が納税者に対し、主張の確認や質問のため平成6年2月16日以降3回にわたり、納税者へ「面談のお知らせ」と題する書面を送付したがこれに応じず、また、面談日の設定のため計9回の電話連絡をしたが、このうち納税者からは電話による回答が2回あったものの、面談日の設定に至らず、具体的な納税者の主張を確認することができなかった。また、納税者は、納税者の主張を裏付ける何らの証拠資料の提出もしなかった。

K社の決済状況のほかK社の取引担当者がHと面識がない旨述べていることやHの所在が不明であることによれば、本件土地の取引にHが関与したとは認められず、本件土地の譲渡は、Hを中間譲受人と仮装して作成された虚偽の不動産売買契約書であるといわざるを得ない。

原処分について、当審判所の調査の結果によっても、これを違法、不当とする理由は認められない。

【ポイント】

不動産の譲渡所得に関与する際に、税理士としては、売買契約書だけでなく、登記も確認すべきことを示唆する事例です。

本件では、仮装に基づく申告として、重加算税も賦課されており、課税庁の処分が適法と判断されています。

12 代償分割による譲渡の収入金額

> 相続財産の取得に際して、代償分割により共同相続人の所有する土地を他の共同相続人に交付したことによる譲渡所得の収入金額は、代償金の額ではなく、その土地の時価によるとされた事例。
> 　　　　　　　平成16年12月8日裁決　TAINS番号：J68-2-09

【事案の概要】

納税者は、平成12年3月24日に死亡した被相続人の共同相続人の一人であるが、本件相続に係る遺産分割について、他の共同相続人（H、J、K及びLの4名）とともに、同年8月13日付で「遺産協議分割書」を作成した。当該遺産分割協議書には、Jに対し、納税者が所有する「本件土地」を、無償にて平成13年中に交付する旨の記載がある。

納税者は、本件譲渡に係る分離長期譲渡所得の収入すべき金額を12,000,000円として、平成13年分の所得税の確定申告書を法定申告期限までに提出した。

【争点】

遺産分割に係る代償分割により、共同相続人の一人が所有する土地を他の相続人に無償で交付したことによる譲渡所得の収入すべき金額の多寡

【納税者の主張】

納税者は、Jに対し12,000,000円の金銭を支払う債務を負うこととな

ったが、納税者にはJに現金を支払う余裕がなかったことから、本件金銭債務の額と同等の価値のある本件土地を交付することとなった。本件譲渡所得の収入すべき金額は本件金銭債務の額によるべきであり、その金額は12,000,000円である。

【課税庁の主張】

本件分割協議書には、納税者がJに対して本件土地を交付すると記載されており、12,000,000円を支払うとは記載されていない。

本件譲渡は、具体的な金額の定めがない代償分割債務の履行として行われたものであると認められるから、本件譲渡所得の収入すべき金額は、本件譲渡の時における本件土地の価額によることとなる（所基通33－1の5）。

譲渡所得の収入とすべき金額は、公示価格及び基準地価格並びに平成13年分の相続税評価額とを比較することにより適正な倍率を求め、これを本件土地の同年分の相続税評価額に乗じた20,942,446円とすべきである。

【裁決】

本件分割協議書によれば、H及びKにはそれぞれ具体的に金銭を支払うと記載されているのに対し、Jには、納税者が所有する本件土地を無償にて交付するとのみ記載されており、本件代償分割は本件分割協議書に記載されたとおり、具体的な代償債務の金額の定めのない代償分割であると認められ、納税者が本件金銭債務を負担したものと認めることはできない。

当審判所が、不動産鑑定評価基準及び土地価格比準表等を参考として、不動産鑑定評価における取引事例比較法と同様の手法により価格を試算し、これらを平均した金額は本件土地の譲渡時における価額と認められ

るところ、当該価額を基に本件譲渡所得の金額を計算する。

【ポイント】

　相続財産が土地のみの場合、例えば、相続人A・Bの2人がいたとして、Aが土地を全て相続し、Bに対しては、Aが保有する不動産や金銭を交付するということが考えられます。これを代償分割といいます。

　代償分割でA所有の土地がAからBに移転すると、それは譲渡所得になり、移転した時の時価で譲渡したことになります（所基通33－1の5）。

　本件は、このときの時価について争われた事例です。代償分割に限らず、著しく低い価額で財産の譲渡を受けた場合に、その財産の時価と譲渡価額との差額に相当する金額を贈与により取得したものとみなされて課税されてしまいます（相法7）。

　したがって、この時価をどのように算定すべきかが問題となります。

　納税者は「一般に相続税の申告に用いられる路線価は、公示価格及び基準地価格のおおむね20％引きで定められており、評価の安全性が担保されているので、土地の時価を認定する場合には、税法上評価の安全性を考慮した価格である路線価を基準とした価額によるべきである」と主張しています。

　一方で、課税庁は「公示価格及び基準地価格は、いずれも土地について自由な取引が行われたとした場合において通常成立すると認められる価格とされていることから、これらと同水準の価格をもって本件譲渡の時における本件土地の価額を求めることが合理的であると認められる」と主張し20％引きを否定しています。

　本件で、課税庁の主張する時価は、路線価を基礎に算定した価格を公示・基準地の価格ベースに割り返して課税処分を行っています。

　両者の主張に対して、審判所は独自に不動産鑑定評価における取引事

例比較法を適用して譲渡時の価格を試算したところ、課税庁の主張する価格は、審判所判断の価格を下回り、課税庁の主張する価格は時価を超えておらず、課税庁の処分は適法であると判断しています。

相続税や贈与税は、路線価による評価額を時価として課税される一方で、所得税においては、路線価を公示・基準地の価格ベースに割り戻した価格を時価として課税されるのには違和感を覚えるところです。しかしながら、課税庁では、相続税と所得税は税目が異なるという理由から路線価を0.8で割り戻した価格を時価として課税処理することもあります。

③ 取得費

譲渡所得の計算においては、資産の取得から譲渡までに期間が長期にわたることも多く、その間に取得時の資料を紛失してしまい取得費が算定できないことがあります。また、譲渡収入と同様に、どこからどこまでを取得費と判断すべきかについても課税庁と争いになることがあります。ここでは、概算取得費や代物弁済により取得した資産の取得費等に関する判例裁決を検討します。

13 建物等の残存価格、撤去・整地費用の取得費性

借地権と底地の交換に際して、納税者の有していた借地権上の建物等残存価格及び当該建物等の撤去・整地費用について、当該建物等が存していたことが明らかでなく、これらの費用等を具体的に立証する証拠もないことから、取得費は概算取得費によることとされ

た事例。

平成9年2月28日　大阪地裁判決　TAINS：Z222-7869
平成10年5月26日　大阪高裁判決　TAINS：Z232-8167

【事案の概要】

納税者は、昭和60年3月7日ころ、本件土地の共有持分を、その余の共有持分を有していたNとともに、D公社に対し、当該D公社が施行する事業用地として代金6,520万円で売却し、同月13日にD公社から本件譲渡収入を得た。

【争点】

本件土地上の建物等の残存価格及び建物等の撤去・整地費用は、資産の取得に要した費用といえるか。

【納税者の主張】

昭和57年3月ごろの本件契約当時、本件土地上には納税者所有に係る軽量鉄骨造亜鉛メッキ鋼板葺平家建の事務所兼倉庫用建物1棟、鉄柱6本、鉄製門扉及び金網フェンス並びにラン栽培用温室1棟（本件建物等）が存在しており、本件契約を履行するため、これらを昭和57年4月ごろから5月中旬にかけて撤去し、本件土地を整地した。本件建物等の残存価格は合計437万8,000円である。この他に、本件建物等の撤去及び整地費用として687万円を支出した。

【課税庁の主張】

本件契約がされた昭和57年3月ころ、本件土地上には納税者が主張する本件建物等の物件は存在しなかった。また、仮に、納税者主張のように、当時本件土地上に本件建物等が存在していたとしても、納税者が、本件契約の際、その撤去費用や整地の費用を支出したこともない。した

第1章　譲渡所得の原則　219

がって、取得費は譲渡収入の5％相当である326万円となる。

【判決】

　本件土地付近の空中写真によっても、本件契約締結以前の昭和50年3月4日、昭和54年9月11日当時、納税者主張の鉄柱、門柱及びフェンスが本件土地上にあったことを確認することができず、また、昭和50年3月4日当時、確かに本件土地の南側部分に建物が存在していたものの、それは昭和54年9月11日当時少なくともその形状が変えられていたか又は別の建物に建て替えられていた可能性があり、また、昭和50年3月4日当時、温室が確認できるが、本件契約締結以前の昭和54年9月11日時点ではそれがすでに存在せず、納税者主張の温室は本件契約の2年以上前にすでに撤去されていたことが明らかである。A作成名義のS（納税者の通称）宛の687万円の領収証には、「解体及び整地」と記載されているが、工事場所、工事内容等の具体的明細の記載はなく、日付の記載もない。そして、納税者主張の事務所及び温室は、いずれも未登記であって、その他本件建物等の設置時期、設置費用、構造、撤去時期を具体的に立証するに足りる証拠はない。

　このように、本件当時、本件土地上に納税者主張の本件建物等が存在していたこと自体が判然としないし、その撤去費用といっても、工事の時期、場所及び内容も明らかでなく、むしろ、本件契約以前にも本件土地及びその付近において建物等の撤去や移動等が行われていることがうかがわれる。その上、納税者は、本件口頭弁論期日において、当初、撤去及び整地の時期は昭和60年1月ごろであると主張し（しかも、納税者は、当初、撤去・整地費用はD公社への本件持分の譲渡に要した譲渡費用である、と主張していた。）、その後主張を変更している。

　これらの点に照らすと、建物等の撤去・整地に係る取得費についての

納税者の主張する事実を認めるには足りない。

【ポイント】

　本件は、納税者の主張する取得価額を課税庁が認容せず、概算取得費5％を取得価額として更正した事例です。

　納税者は昭和57年3月ごろに、本件土地上に建物が存していた旨を主張していますが、課税庁は、これを存しなかったものと認定しています。現存しない建物が、この当時、本当に存したか否かを立証するには、客観的な証票書類等を提示する必要があります。

　例えば、建物登記があれば、閉鎖謄本等により確認できます。建物を取り壊すと、取り壊した日から1か月以内に法務局へ建物の滅失登記申請をしなければなりません（不動産登記法57）。

　建物の滅失登記が申請されると、その建物の登記は閉鎖されますが、閉鎖謄本の情報は、閉鎖した日から30年間保存法務局に保存されています（不動産登記規則28四）。

　本件では、この建物閉鎖謄本が確認できれば、その存否の判定資料となるでしょう。

　また、判示では、空中写真の確認についても検討しています。固定資産税が1月1日現在の現況で賦課決定されるため、各市町村は例年、航空写真を撮影し、その参考資料としています。納税者は、各市町村が保管する航空写真を閲覧することはできないかもしれませんが、課税庁は、反面調査により確認することが可能です。

　昨今では、ウェブサイト上のストリートビュー等で、街並みを画像で確認できますので、これらの画像を保存しておくと、建物が存在したことの一つの確認資料となります。

　納税者自身が作成した資料のみならず、第三者的な資料の確認も必要

14　代物弁済により取得した土地の取得費

> 代物弁済により取得した土地を譲渡した際に計上できる取得費は、当該代物弁済により消滅した債権金額ではなく、当該土地の取得時における時価相当額であるとされた事例。
>
> 昭和61年8月13日裁決　TAINS番号：J32-2-05

【事案の概要】

納税者は、昭和57年6月2日、Dに対して有していた貸付金債権について、その物上保証人であったEから債務者に代わってその弁済を受けることとなった。貸付金債権のうち51,500,000円に対する代物弁済としてEから本件土地等を取得した。

【争点】

代物弁済により取得した本件土地等の取得費は、51,500,000円となるか。

【納税者の主張】

貸付金債権に相当する金額は、本件宅地の譲渡に係る譲渡所得の金額の計算上取得費に算入すべきである。

【課税庁の主張】

代物弁済により取得した資産を譲渡した場合における取得費は、その資産の取得時における時価をもって資産の取得に要した金額とし、これに設備費及び改良費の額を加算して算定するのが相当である。本件宅地の時価を評価すると、その価額は33,098,496円となる。

【裁決】

　代物弁済により消滅した貸付金債権の額が、その代物弁済により取得した資産の価額を大幅に超えることとなる場合において、その超える部分の金額について債権者がその弁済を求めないこととしたときは、当事者の認識又は契約にかかわらず、その超える部分の金額について、債務を免除し又は債務の弁済が不能であると判断したものと解すべきであるから、これに当たる部分の金額には資産の取得費性はなく、したがって、代物弁済により取得した資産の取得に要した金額とはならない。

　本件貸付金債権51,500,000円は本件宅地の価額を大幅に上回ることが認められるので、本件貸付金債権の全額を本件宅地の譲渡に係る譲渡所得の金額の計算上控除すべき取得費に算入すべきであるとする納税者の主張には理由がない。

【ポイント】

　他人にお金を貸して、返してもらえなくなった場合に、その人の持っている不動産で返してもらうことがあります。この場合、返してもらった人が受け取った不動産は、返してもらえなくなったお金の代わりに取得するので、その取得価額は、原則として、返してもらえなくなったお金ということになります。

　しかしながら、貸したお金と不動産の時価に、かなりの開差があるような場合には、この原則どおりにはなりません。

　例えば、借金400万円の代わりに、100万円の土地を取得した場合（差額の300万円は仕方がないので借金を免除）、この土地は400万円で取得したことにはならず、100万円で取得したということになります（注）。

（注）　詳しくは、国税庁ホームページ質疑応答事例「代物弁済により取得した土地の取得費」参照。

15 取得費に計上できる借入金利息

> 不動産を取得する際に、取得資金として金融機関から借り入れた借入金の利息は、「当該不動産の「使用開始日」までの借入金利息を取得費に算入できるとされた事例。
>
> 平成25年7月10日裁決　TAINS番号：J92-2-09

【事案の概要】

納税者は、平成16年6月25日に、牧場として売りに出されている本件土地と、本件各土地上に存する酪農舎や事務所等の建物を、3億円で取得した。取得時に2億円を借り入れているが本件借入金利息と併せて返済済みである。

納税者は、平成19年4月6日付で、本件各土地及びその定着物を譲渡した。

【争点】

本件借入金利息は、その全額を取得費に計上できるか。

【納税者側の主張】

納税者は、本件各土地において、①平成17年の夏頃からK社が所有する牛を放牧させたり、②L社に材料置場として使用させたことはあるが、本件各建物を事業の用等に供したことはなく、所得税基本通達38－8の2の(1)のロの定めによる本件各土地の使用開始はなかった。よって、本件借入金利子の全額が、本件各土地の取得に要した金額に当たる。

【課税庁側の主張】

本件において、納税者は、本件借入金の借入れの日である平成16年7月22日より前の同年7月16日付で、G社との間で、牛を取得する旨の売

買契約を締結し、同月30日に本件各土地において当該牛の引渡しを受け、本件各土地に放牧したと認められるから、本件借入金の借入れの日において、既に本件各土地の使用を開始していたと認められる。

【裁決】

本件各土地の使用開始の日は、平成16年12月20日とするのが相当であるから、本件借入金利子のうち、本件借入金の借入れの日である平成16年7月22日及び同年8月6日から本件各土地の使用開始の日である同年12月20日までの期間に対応する部分の金額は、本件各土地の取得に要した金額に当たり、分離長期譲渡所得の金額の計算上控除する取得費に該当する。

【ポイント】

不動産を取得するために、その取得資金を金融機関等から借り入れた場合、当該借入により生じる利息をどのように取り扱うべきかが争われた事例です。

これについては、所得税法基本通達で「使用開始日」までの借入金利息を取得費に算入すると定められています。さらに、土地や建物、書画骨董といった資産の種類ごとに、その使用開始日の判定基準を定めています（所基通38－8の2）。一方で、使用開始後の借入金利息は、取得費には算入しません（所基通38－8の3）。

課税庁側は、本件土地を取得した段階で既に使用を開始しており、借入金の利息は土地の取得費に計上できないという主張に対して、納税者は、本件土地上の建物等を使用していないのであるから、借入金利子の全額が、土地の取得費に該当すると主張しています。

両者の主張に対して、審判所は、本件土地について、放牧、牧草栽培を主として、一体として牛の飼育の用に供される土地と認められ、本件

各建物の使用が主な用途であるとは認められないと判断して、使用開始日を、納税者自らが代表取締役を務めるＦ社の牛の放牧のために使用されていたと認められる日と認定しています。

本件土地上には、酪農舎等の建物や倉庫等の構築物が存しますが、土地の面積に占める建物面積が僅少（課税庁の主張では0.3％）であり、また、土地の主たる使用目的が放牧にあることから、このような判断がなされたものと考えられます。

16　住宅取得資金の借入金利息

> 親子で共同取得した本件土地上に、親の居住用家屋を建設し親が居住していた。本件土地建物を譲渡した際、取得時に借り入れた借入金利息について、親が当該居住用家屋を居住の用に供した日までの部分は、譲渡所得の金額の計算上、取得費に算入できるとされた事例。
>
> 　　　　　　　　　　平成17月7月4日裁決　TAINS番号：J70-2-08

【事案の概要】

父と子で土地を共同取得し、共有者として所有権を取得している。取得に際して、子は住宅ローン資金で融資を受け、後に借入金は元本と利息とともに完済されている。本件土地上には父を所有者とする家屋が建築され所有権の保存登記がなされている。

その後、本件土地建物は譲渡された。

【争点】

土地を取得するために支払った借入金の利子の全額が譲渡所得の金額

の計算上、取得費に算入されるか否か。

【納税者の主張】
　本件譲渡物件は、両親の居住用建物を建築するために取得しており、家屋は父が建築し、自分は居住してないのであるから、借入金の利息全額を取得費に算入すべきである。

【課税庁の主張】
　本件譲渡物件の取得目的は、取得後、父に貸し付けることが目的であるから、土地を取得した時点でその目的は達成されたといえるため、土地を取得した日に、本件土地の使用開始とみるべきである。したがって、借入金の利息のうち、取得費に算入できる金額はない。

【裁決】
　課税庁は、親子間の貸付であると認定しているが、賃貸借あるいは使用貸借の契約が締結された事実は認められない。土地取得から家屋の建築着手までの期間は更地であり使用の事実があったと認めることはできない。

　よって、「建物を居住の用に供した日」をもって使用開始の日と認めるのが相当である。

【ポイント】
　子の立場からすると、子は建物の建築資金を負担しているわけでもなく、居住していたものでもないから、「自分は使用開始していない」といえます。そうであるならば、借入金の利息は全額取得費に計上してもよさそうです。しかしながら、本件土地の取得の目的は、両親の居住用家屋の取得にありますから、この目的に沿った使用が開始されているため、使用開始日は、所得税基本通達38－8の2(1)イに定める使用開始日であると審判所に認定されています。

居住用家屋を共有で取得することは、実務でも散見されます。借入金の利息をどこまで計上するかは、譲渡の経緯等により一概には決められませんが、参考になる裁決です。

17　開発負担金の譲渡費用性

> 　宅地を取得する際に、市町村の宅地開発指導要綱に基づいて支出した開発負担金は、当該宅地を譲渡した際の譲渡所得の金額の算定において、譲渡費用ではなく取得費に計上するとされた事例。
>
> 　　　　　　　昭和53年3月22日裁決　　TAINS番号：J15-2-03

【事案の概要】

　納税者は、昭和51年中に「本件宅地」を譲渡し所得税の確定申告書を期限内に提出した。

【争点】

　納税者が本件宅地を取得する際に支出した本件開発負担金は、当該譲渡所得の金額の計算上、取得費あるいは譲渡費用のいずれに該当するか。

【納税者の主張】

　A市宅地開発指導要綱に基づき、事業者がA市に納入する本件開発負担金は、その性格が寄附金であって、宅地開発の事前協議の成立した時に確定するものではなく、その納入の時期が宅地の売買契約の成立した時であることから、これを譲渡費用とすべきである。

【課税庁の主張】

　開発負担金が、寄附金として任意に納入されるものであれば、それは、取得費及び譲渡費用のいずれにも該当しない。

宅地開発指導要綱によれば、一定面積以上の宅地開発等を行う者が開発負担金を納入しない場合には、A市長は、その事業主に対して、市の施設の利用その他についての便宜供与を拒むことができる旨定めており、間接的にその納入を強制していることから、開発負担金は、取得費に含まれるものである。

【裁決】

取得費について、所得税法38条１項（譲渡所得の金額の計算上控除する取得費）は、別段の定めがあるものを除き、その資産の取得に要した金額並びに設備費及び改良費の額の合計額とする旨規定しており、課税庁がこれを本件宅地の開発に付随する改良費に当るものとしてその取得費に含めたことは相当である。

【ポイント】

開発負担金とは、地方公共団体が、一定規模以上の建築物の建築や宅地造成を行う者に対して、公共公益施設（緑地設備費用、水道整備費用等）を整備するための費用を負担してもらう制度です。

法人税では、宅地開発等に際して支出する開発負担金等について、その負担金の性質に応じて、取得価額あるいは繰延資産として処理する方法が定められています（法基通７－３－11－の２）が、所得税、特に譲渡所得において、取得費に加算すべきか譲渡費用とすべきかについて特に定めがありません。

一見、取得費でも譲渡費用でも、譲渡収入から差し引けるのであれば、どちらでもよいように思われがちです。しかしながら、取得費が不明であって、概算取得費として譲渡収入の５％で取得費を計算する場合、この開発負担金を取得費とするか譲渡費用とするかで、譲渡所得の金額に差が生じます。

概算取得費として取得費を計算する場合、譲渡収入×5％のみが計上可能です。これ以外に、実額で例えば土地改良費等が判明していたとしても、譲渡収入×5％に加算することができません。

土地の取得費が不明で、取得後の造成工事費は判明している場合、概算取得費に造成工事費を加算して取得費を算定することはできないので注意が必要です（措法31の4）。

18 宅地分譲の際に要した公衆用道路の取得費性

> 農地の一部を宅地化し分譲した際に要した公衆用道路の取得費（道路用地の取得費及び工事費）は、譲渡所得の金額の計算上、分譲部分と残地部分との面積に応じて按分するのではなく、全額を取得費に配賦するのが合理的であるとされた事例。
> 　　　　　　　平成2年4月10日裁決　TAINS番号：J39-2-03

【事案の概要】

納税者は、農地として使用していた土地（2,491.7㎡）に隣接する宅地（456.19㎡）を取得し、これらの土地のうち769.7㎡を宅地造成し、昭和61年及び昭和62年に分譲した。譲渡所得の申告に際して、本件分譲に際して、道路の造成等のために要した費用及び追加舗装費の合計額を、本件分譲宅地の譲渡に係る昭和61年分及び昭和62年分の譲渡所得の金額の計算上取得費として控除した。

【争点】

宅地分譲に際しては、公衆用道路を要するため、その公衆用道路に対応する部分を全額取得費とすべきか。

【納税者の主張】

　本件道路取得費は、本件分譲宅地を譲渡するために要した費用であるから、その全額を本件分譲宅地の原価に配分すべきである。

【課税庁の主張】

　本件通達（所基通36・37共－7）が、道路部分の原価を全額工事原価の額に算入することを認めている趣旨は、道路部分の経済的な価値がすべて分譲された土地の効用に吸収されて、道路部分が価値のない、いわゆる無収益財産となるという考え方に基づくものである。しかしながら、本件道路は、本件分譲宅地の価値を高めている以外に、本件残地と公道を結ぶ道路として、本件残地の価値をも高めているから、無収益財産となっているとは認められない。したがつて、本件道路取得費を本件分譲宅地及び本件残地の面積比に応じて按分し配賦した原処分は、適正な原価配分である。

【裁決】

　本件残地は、いまだ宅地転用の予定すら立っていない農地であること、納税者は、本件残地を現に農業の用に供していること、及び本件残地と公道の間には本件道路以外に利用可能な農道が存在していること等を考慮すると、本件道路の設置によって本件残地の資産価値が高められていることは認められるとしても、それは、本件分譲宅地を造成した結果として付随的にもたらされたものというべきであって、本件道路取得費を本件残地に配賦すべき理由としては薄弱といわざるを得ず、むしろ、本件道路の経済的価値が本件分譲宅地の効用に吸収されたとみることができるから、本件道路の取得費の全額を本件分譲宅地の取得費に配賦することの方により合理性があるといえる。

　したがって、この点に関する課税庁の主張は採用できない。

【ポイント】

　一団地の宅地を造成して分譲する場合において、当該団地に必要とされる道路等の施設（その敷地に係る土地を含みます。）については、たとえその者が将来にわたってこれらの施設を名目的に所有し、又はこれらの施設を公共団体等に帰属させることとしているときであっても、これらの施設の取得に要した費用の額は、その工事原価の額に算入することとされています（所基通36・37共－7）。

　審判所の判断の一つに、「本件残地は、いまだ転用の予定すら立っていない農地である」と認定していますが、隣接地が宅地分譲された場合、近い将来、残地も宅地化する可能性が考えられます。

　残地部分（農地部分）が、近い将来、宅地分譲される蓋然性が高いと考えられるのであれば、宅地分譲の状況に応じた取得費の配分という課税庁側の主張にも、説得力が見い出せるのではないでしょうか。

19　一括取得のため譲渡した部分の取得費が不明な場合

　本件土地は、他の土地と併せて一括取得したため譲渡所得の金額の計算上、譲渡した部分の取得費が明らかでない。本件土地の取得費は、本件土地の売買代金のほか、埋立て等の造成費、建物撤去費、仲介手数料等を含めて総額を一括で支払っており、これらは納税者の青色申告の帳簿にも計上されていた。本件取得費のうち内容が不明な部分は取得費として認めないとした課税庁の処分が取り消された事例。

平成4年4月22日裁決　TAINS番号：J43-2-07

【事案の概要】

納税者は、昭和48年5月4日課税庁に対して所得税の青色申告承認書を提出して承認され、以降青色申告を継続している。平成元年3月17日に本件土地を145,000,000円で譲渡した。その際、総勘定元帳に記帳されていた94,280,000円の他、合計で145,363,000円を取得費とした。

【争点】

内訳が不明な支出を、譲渡所得の取得費に算入することができるか否か。

【納税者の主張】

本件土地の取得には、埋土等の造成が必要であったこと及び当時、本件土地には小屋があり、その代償を必要としていた。昭和52年7月25日にB信用組合から130,000,000円を借り入れ、同日、94,280,000円を取得費として売主であるDに支払った。

【課税庁の主張】

納税者は、本件土地の取得費について支払金額が確認できる売買契約書及び領収書等の書類を保有しておらず、納税者から提示を受けた伝票及び帳簿等も支払総額が記載されているだけであり、Dに対する支払の事実を確認することができない。

【裁決】

本件土地取引においては、事務所の撤去費用、仲介手数料、実費補てん費を支出したことが推認されるが、これらの費用が本件土地の取得費に計上されていない。納税者の資金手当ての状況、元帳の記載状況等から、これらの支払に相当する部分の取得費がないとすることは、早計といわざるを得ない。

本件土地を利用するためには、埋土等の造成工事の必要があったと認

められ、納税者はその費用を支出していたと推認される。

また、納税者は、当該事務所の撤去費用、実費補てん等のための費用等を支出したものと推認される。

納税者の主張を否定するだけの資料はなく、本件土地の取得費は結局、本件土地の売買代金のほか、造成費、建物撤去費、仲介手数料等を含めて認めざるを得ない。

【ポイント】

納税者は個人事業主として、例年、青色申告で所得税の確定申告書を提出しており、本件譲渡資産は、その取得時に総勘定元帳にも記帳しています。

課税庁及び審判所は、本件土地の取得費について支払が確認できる売買契約書や領収証等の書類が保存されておらず、帳簿等に支払総額が記載されているにとどまり、売買代金、建物撤去費、仲介手数料等の内訳は明らかでないと認定しています。

課税庁は、支払の不明な取得費を一部否認していますが、納税者は全額取得費であると主張しています。

しかしながら、売買契約の関係者からのヒアリングや、当該関係者が保有していた契約書等の資料から、審判所は、その「費用を支出していたと推認される」と判断して、納税者の主張を認容しています。

実務において、本件のように、契約書や領収証等の保存がなくとも、当時の状況判断から認容されるケースもありますが、必ずしも認容されるとは限りません。

特に、取得費や譲渡費用に関しては、納税者側に立証責任あり、と判断されることが多いため、注意する必要があります。

20 相場の230倍で取得した土地を譲渡した際の取得費

> 納税者は自身の借入金を担保するために母所有の本件土地に根抵当権を設定した。本件土地を納税者が自ら競売の申立てを行い、最低落札価格を大幅に上回る貸付債権相当額で落札した。本件土地を譲渡した場合における譲渡所得の金額の計算において計上できる取得費は、当該落札価額ではなく客観的価額であるとされた事例。
>
> 平成11年2月25日裁決　TAINS番号：J57-2-13

【事案の概要】

納税者は、自己の借金を担保するために、母親所有の土地に根抵当権を設定し、その後、この土地を競売にかけ、裁判所が決定した最低落札価格の230倍の価格で、納税者自身が落札した。

【争点】

最低落札価格230倍で取得した土地の取得費はいくらか。

【納税者の主張】

譲渡所得の取得費は、その資産の取得に要した金額であるから、課税庁は所得税法33条、同38条の解釈、運用を誤っている。

【課税庁の主張】

資産の取得に要した金額として譲渡による収入金額から控除される取得費は、資産の取得に関して支出した費用のうち取得時における当該資産の客観的価額を構成する費用に限られ、資産の取得に関連して何らかの費用を要した場合であっても、それが当該資産の取得時における客観的価額を構成する費用とは認められないものであるときは、これを資産の取得に要した金額として、譲渡による収入金額から控除することはで

きないものと解される。

【裁決】

　本件土地の譲渡所得の金額の計算上、収入金額から控除される取得価額は、納税者が主張する落札価額ではなく、取得時の客観的価額とするのが相当である。

【ポイント】

　納税者のスキームだと、母親の土地を贈与税も所得税も支払わずに自己の所有にすることができます。この点、競売を利用した租税回避行為と考えることもできます。しかし、このようなスキームが認められてしまうと、著しく課税の公平が損なわれるともいえます。

　課税の公平性を確保するという意味では、審判所の判断は妥当とも考えられますが、一方で、資産の取得に要した費用とはどういうものなのか、という部分には疑問が残ります。

　審判所の判断の中には、「売買価額が時価を上回る場合で、売買価額と客観的価額（市場性を有する不動産について、合理的な自由市場において形成されるであろう市場価値を表示する適正な価額をいう。）との間に著しく開差があるとき又は売買価額が経済的合理性のない異常な価額であるときなど、正常な取引とは認められないときは、当該取引における売買価額を当該資産の対価とみることは相当でない。」という部分があります。

　ここで、「客観的価額」については、合理的な市場で形成されるであろう市場価値を表示する適正な価格であるとして、不動産鑑定評価基準における正常価格の概念を提示しています。

　また、最低落札価格の230倍は、審判所の判断というより、一般的に「合理性のない異常な価額」に該当すると考えられますが、例えば、1.5倍、

あるいは2倍等で取引された場合、どの程度までが認容されるのか疑問の残るところです。

21 宅建業者が保存していた土地台帳

> 納税者が相続により取得した本件土地を譲渡した際に、譲渡所得の金額の計算上、取得費に計上できるのは、概算取得費ではなく、宅建業者が保存していた土地台帳に記載された金額によるとされた事例。
>
> 平成29年12月13日裁決　TAINS番号：J109-2-02

【事案の概要】

本件は、納税者が、相続により取得した土地の譲渡に係る分離長期譲渡所得の金額の計算上、当該譲渡に係る収入金額の100分の5に相当する金額を当該土地の取得費として、平成25年分の所得税及び復興特別所得税の確定申告をした後、地価公示価格を基に推計した金額を当該土地の取得費とすべきであるなどとして更正の請求をしたところ、課税庁が、上記の推計した金額は当該土地の実額の取得費ではないなどとして更正処分をした。

【争点】

本件譲渡所得の金額の計算上控除すべき取得費の金額はいくらとなるか。

【納税者の主張】

本件土地に係る取得費の金額は、本件土地周辺の土地価格に関する情報を使って合理的に算定すべきであるから、地価公示価格を基に推計し

た20,000,000円とすべきである。

【課税庁の主張】

納税者が取得費であると主張する金額は、あくまで納税者が推計した本件土地の取得費であって、実際の取得費ではないことから、これを認めることはできない。

本件土地の取得費は、租税特別措置法31条の4第1項の規定に準じて算定した概算取得費である。

【裁決】

当審判所の調査によれば、本件土地に関し、その売主であるＦ社が作成した「土地台帳」と題する書面の存在が認められ、その記載内容は本件土地と一致していることから、本件土地台帳に記載の土地が本件土地であることに疑いの余地はない。

本件土地台帳は、その記載どおりの事実があったことが推認でき、本件土地の譲渡所得に係る取得費は、本件土地台帳によるのが相当である。

そうすると、これらの金額は、本件更正処分の金額を下回るから、本件更正処分はその一部を取り消すべきである。

【ポイント】

納税者は、当初、譲渡資産の取得費が不明であったために、公示価格等から推計した金額を取得費であると主張したのに対し、課税庁側は取得費の実額が不明なため概算取得費（譲渡収入の5％）によるべきであると主張しています。

これに対して、審判所は、納税者及び課税庁のいずれの主張も退け、独自の調査により把握した実額を取得費と判断しています。

本件のように課税庁側で更正処分を実施する場合、調査担当者は、売主・買主・仲介業者・金融機関等への反面調査は可能な限り実施すると

ころですが、それを尽くしていなかったというのが垣間見えます。

　これについては、関与税理士にも同様のことがいえます。取得費が不明な場合に、地価公示の時点修正率等を安易に用いることなく、可能な限り実額の把握に努めるべきです。

　宅建業者の帳簿は、各事業年度の末日に閉鎖し、5年間は保存する義務があります。宅建業者が自ら売主となる新築住宅の取引についての帳簿は、閉鎖後10年間保存しなければならないことになっています（宅地建物取引業法施行規則第18条第3項）。

　本件において、審判所は、次の土地台帳を把握しました。所在地番、日付、面積、金額等が記載されており、その信憑性は極めて高いといえます。

　本件は、平成25年分の所得税に係る譲渡所得ですが、土地台帳には41年11月10日に手付金が支払われた旨が記載されています。41年が昭和であるとすれば、譲渡所得からさかのぼって、約50年前の書類ということになります。

　著者も、課税庁在職中に、不動産業者への反面調査で、譲渡から20年以上前の売買契約書を確認したことがあります。適正な申告のためであり、お客さんのためにもなる旨を説明したところ、倉庫の奥で埃だらけになって探してくれた不動産業者さんがいました。

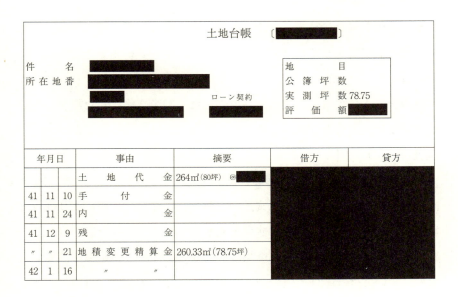

22 代償財産として取得した不動産の取得費

> 相続財産の取得に際して、他の共同相続人に代償金を支払って取得した不動産を譲渡した場合、譲渡所得の金額の計算上、取得費に計上できるのは、当該代償金ではなく、被相続人が取得した取得価額及び取得時期が引き継がれるとされた事例。
>
> 　　平成5年9月7日　鳥取地裁判決　TAINS番号：Z198-7188
> 　　平成6年2月25日　広島高裁判決　TAINS番号：Z200-7292

【事案の概要】

　共同相続した不動産をいわゆる代償分割により単独取得した納税者が、右相続不動産の一部を売却し、その際、他の相続人に支払った代償金及びその支払のために銀行から借り入れた借入金の利息相当額を右売

却不動産の取得費に算入して譲渡所得の申告を行った。課税庁は、右代償金等は取得費としては認められないとして本件課税処分を行った。

【争点】

他の相続人に代償金を支払って取得した不動産を譲渡した場合、当該代償金及び代償金を支払うための借入金利息は取得費となるか。

【納税者側の主張】

遺産を代償分割の方法で分配するという遺産分割協議は、共同相続人間における相続分の一種の売買契約であり、本件代償分割により納税者は他の相続人に対して本件代償金を支払って、本件物件を買い取ったことになる。納税者が本件物件を譲渡した際の譲渡所得の金額を計算する場合においては、本件代償分割による本件物件の取得は、所得税法60条1項1号にいう「相続」には該当せず、本件代償金を取得費として控除すべきである。他の共同相続人らに本件代償金を支払うために銀行から借入をして本件利息を支払ったのであるから、本件物件の譲渡所得の金額を計算する際には、本件利息についても、取得費として控除すべきである。

【課税庁側の主張】

譲渡所得の課税は、資産の値上がりによる増加益を当該資産が他に移転するのを機会に課税しようとするものであり、資産譲渡による総収入金額から資産の取得費（資産の取得に要した金額並びに設備費及び改良費の合計額）を控除して右増加益を算出するものであるところ、右取得費とは、被相続人が当該資産を取得するのに要した金額をいうものと解すべきであって、代償分割という遺産分割のために納税者が負担した本件代償金債務はこれに該当しないというべきである。

また、本件代償金が取得費に当たらない以上、本件利息も、取得費に

該当しない。

【判決】

　遺産分割により現物資産を取得した相続人は、資産の取得それ自体によってその資産に含まれる譲渡益をそのまま承継し、その後、資産を処分するか否か、処分するとしてその態様や時期を自由に決することができ、当然、被相続人の資産の取得価額及び取得時期を引き継ぐものというべきである。

　納税者は、本件土地建物を、相続承継し、相続前から引き続き所有していたものとして譲渡所得の増加益が算出されることになるから、本件代償金は、本件土地建物の取得費とはいえない。

　本件代償金が取得費に算入されない以上、本件利息も取得費には該当せず、本件物件の譲渡所得の金額の計算上、取得費に算入することはできない。

【ポイント】

　代償分割により支払った代償金は、譲渡資産の取得費に算入できないこととされています（所基通38－7）。

　ところで、被相続人の財産が甲不動産のみで、これを相続人ＡとＢの2人で相続する場合、2つに分割できればよいですが、不動産の利用状況等から必ずしも単純に1/2で分割できない場合もあります。このとき、例えばＡがＢに対して、金銭を交付することによりに甲不動産をＡが単独で取得するとすれば、納税者が主張するように、「一種の売買契約」ととらえることができます。

　これに対して、課税庁側は、譲渡所得は、譲渡収入から取得費を控除した、資産の値上がりによる増加益への課税であり、遺産分割のために支出した代償金債務は、取得費に該当しない、と主張しています。

判決では、代償金について、相続人相互の「内部的配分方法」であり、物件を買い取るための代金債務的なものではないとして、取得費に算入することを認めませんでした。

納税者側の主張する「一種の売買契約」には、一定の説得力がありますが、一方で、代償金を取得費として認めてしまうと、相続人相互で恣意的な代償金の支払がなされた場合に、これが租税回避行為へと転じる可能性があります。代償金には上限も下限も定められていませんので、当事者間で自由に決めることができることを考慮すると、裁判所が「内部的配分方法」と認定したことは、やむを得ないと考えられます。

④ 譲渡費用

譲渡費用の範囲は、所得税基本通達33-7で「譲渡に直接要した費用」と定められています。では、どこまでが「直接」と判断できるのか。この「直接」について課税庁と争いになることがあります。ここでは、借入金の利息や立退料、和解金等に関する判例裁決を検討します。

23　違約金を支払うための借入金利子

> 売買契約を締結した後、他に有利な条件の譲渡先が見つかったため、当初の売買契約を解除するために違約金を支払うことになった。当該違約金を支払うための借入金の利息は譲渡費用に該当するとされた事例。
>
> 昭和56年6月17日裁決　TAINS番号：J22-2-03

【事案の概要】

被相続人（昭和54年3月10日相続開始）は、本件土地等を、昭和49年8月7日付でFとの不動産売買契約に基づき285,000,000円で譲渡し、譲渡所得の金額の計算に際しては、譲渡費用に違約金を支払うための本件借入金利子17,758,970円を算入した。

本件借入金利子は、被相続人が本件土地等を売買価額452,200,000円で譲渡するとした昭和48年2月24日付のGとの売買契約を解約したことにより支出することとなった手付金100,000,000円の倍額に相当する違約金200,000,000円の支払に充てた借入資金に係る利子である。

【争点】

違約金を支払うための借入金利子は譲渡費用になりうるか。

【納税者の主張】

当該借入資金がなければ、本件譲渡は成立しなかったのであるから、当該借入資金は本件譲渡と相当因果関係があり、その借入資金に係る本件利子は、当然に譲渡費用となるべきものである。

【課税庁の主張】

当該違約金を支払うために借入れた資金に係る利子は、間接的には当該資産の譲渡に関連して支出するものであるとしても、資産の譲渡に直接要した費用に該当しない。本件借入金利子を本件譲渡のために直接要した費用として、譲渡費用の額に算入することはできない。

【裁決】

被相続人が本件土地等を他に有利な条件で譲渡するためにGとの売買契約を解約し、その解約に伴って支出した違約金の額から、受領した手付金の返還金に当る部分の金額を控除した残額（支出違約金）が譲渡費用となる。当該違約金支払のための銀行から借入金には、利子の支払を

伴うのであるから、支出違約金に係る借入金利子は、その元本に当る支出違約金と同様に本件譲渡との関連において費用性を有する。

したがって、支出違約金100,000,000円に係る借入金利子の額は、本件譲渡に係る譲渡所得の金額の計算上、譲渡費用の額に算入すべきである。

【ポイント】

譲渡に際しては、通常、より高く購入してもらえる相手を探すのが一般的です。契約締結後に、より高価で購入したい譲受人が現れた場合には、当初の契約を解除するため違約金を支払う必要があります。

違約金には民法に定めがあり「買主が売主に手付を交付したるときは当事者の一方が契約の履行に着手するまでは買主はその手付を放棄し売主はその倍額を償還して契約の解除を為すことを得」と定めています(民法557①)。手付放棄又は手付倍返しといったりします。

譲渡資産の価値にもよりますが、手付倍返しで契約を解除する場合には、その資金を借入金により用意しなければならない場合も生じます。借入金には利息が生じますが、本件では、この利息を譲渡に直接要した費用として、譲渡の費用性を認めています。

なお、本件土地等は、当初、Gに452,000,000円で譲渡する契約がありましたが、これを解除して、Fに285,000,000円で譲渡しています。譲渡価額が減額していますが、「有利な売買価額で売却するため」と納税者が主張していますので、何らかの事情があったものと考えられます。

24 店舗併用住宅を譲渡した際に支払った立退料

> 貸店舗併用住宅を譲渡した際の譲渡所得の金額の計算上、貸店舗の賃借人に支払った立退料は、貸店舗に対応する部分は譲渡費用に該当するものの、自己の居住用部分の譲渡費用には該当しないとされた事例。
>
> 昭和61年12月25日裁決　TAINS番号：J32-2-02

【事案の概要】

本件建物は、鉄筋コンクリート造5階建で、4階以上を納税者自身が自己の居住用として、3階以下を事業用（貸店舗）として使用していた。

本件建物及びその土地（本件譲渡資産）を譲渡する際に、「かし」のない状態にして引き渡すことが売買条件とされていた。このため、納税者は、本件建物の借家人に総額18,050,000円の立退料を支払い、借家人を立ち退かせたうえで本件譲渡資産を買主に引き渡した。

【争点】

事業用部分の借家人を立退かせるために支払った立退料は、居住用部分の譲渡所得の金額の計算上、譲渡費用に算入できるか。

【納税者の主張】

本件立退料は、居住用及び事業用として共用していた本件譲渡資産の全体を一括して譲渡するための前提条件として支払ったものであるから、その他の譲渡費用と同様に、納税者の計算のように各資産の譲渡費用として配分計算するのが合理的であり、課税庁の認定は不当である。

【課税庁の主張】

本件立退料は、その利用者に支払われたものであるから、事業用部分

の費用として事業用の資産の譲渡価額に対応させるべきものである。自己の居住用の資産について借家人が存在することがあり得ず、立退料も生じ得ない。

【裁決】

立退料が不動産貸付業の用に供されている資産について支払われたものであることについては、争いのないところである。したがって、本件立退料は、全額を事業用資産に係る譲渡所得の金額の計算上控除するのが正当であり、これと異なる納税者の主張は採用することができない。

【ポイント】

納税者は、本件譲渡に係る所得税の申告において、居住用部分は租税特別措置法35条（居住用財産を譲渡した場合の特別控除）を適用し、事業用部分については同法37条（特定の事業用資産を譲渡した場合の買換特例）を適用しています。

この申告の際に、納税者は、上記立退料を事業用部分と居住用部分に按分（譲渡収入金額の比）して譲渡費用に計上しています。

事業用資産の部分は、買換特例を適用したことにより譲渡所得の金額は０円、居住用資産の部分は、立退料を一部譲渡費用に計上したことにより譲渡所得の金額が０円となりました。

課税庁は、この申告に対して、立退料は全額、賃貸に供されている事業用資産の譲渡に係る譲渡費用であり、居住用資産への配分はないとして更正処分しています。

譲渡資産全体で考えると、立退料を事業用と居住用に按分するのも一考かもしれませんが、立退料の支払目的は、事業用資産を譲渡するために支出していることからすると、課税庁の主張に説得力があると考えられます。

25 農地転用決済金・協力金等の譲渡費用性

> 土地改良区内の農地（本件土地）を転用する目的で譲渡した際に、土地改良法の規定に基づき支払った決済金と協力金等は、本件土地の譲渡を実現するために必要な費用であり、譲渡費用に当たるとされた事例。
>
> 平成18年4月20日　最高裁（第一小法廷）　TAINS番号：Z256-10373

【事案の概要】

納税者は、本件農地について、平成9年8月11日に農業委員会に対し、転用のための農地の権利を移転したいとして、農地法第5条の規定による許可を受けた。

本件農地は、土地改良区内に存在することから、納税者は、同日、土地改良法第42条2項の規定による決済金等として、1,136,171円を支払った。

納税者は、平成10年3月22日付けで、本件農地について、売買価額を46,540,000円とし、B社と売買契約を締結した。

【争点】

本件譲渡所得の計算上本件決済金等が譲渡費用に当たるか否か。

【納税者の主張】

農地法第5条の規定による許可申請に当たって添付を求められる土地改良区の意見書は、決済金の支払と引き換えに交付される仕組みとなっているのであるから、本件決済金等は本件譲渡と直接関係のある費用として譲渡費用に該当するというべきである。

【課税庁の主張】

　本件協力金等は、土地改良施設を将来にわたって使用するための使用料を一時的に負担する費用であるから、資産の譲渡と直接対応関係がない期間対応費用であって、本件譲渡とは関係がない。

　したがって、本件協力金等は、本件農地を譲渡するために直接かつ通常必要な費用には該当しない。

【判決】

　本件売買契約は、本件農地を農地以外の用途に使用することができる土地として売り渡すことが契約の内容となっていたところ、納税者が本件土地を転用目的で譲渡する場合には土地改良法第42条2項及びこれを受けて制定された処理規程により土地改良区に対して決済金の支払をしなければならなかったのであるから、同決済金は、客観的に見て本件売買契約に基づく本件土地の譲渡を実現するために必要であった費用に当たり、本件土地の譲渡費用に当たる。

【ポイント】

　譲渡費用が、どこまで認容されるか判断の迷うところです。この事例は、最高裁の判断ですので、実務の参考になります。

　この最高裁判決に先立って、審判所や下級審では、農地転用決済金を、土地を譲渡するために直接要した費用ではないと判断しています。

　そもそも、農地転用決済金とは何かがわからないと、費用性の有無を判断できませんので、少し検討してみます。

　農地に関する法律に、土地改良法という法律があります。この法律は、「農用地の改良、開発、保全及び集団化に関する事業を適正かつ円滑に実施するために必要な事項を定めて、農業生産の基盤の整備及び開発を図り、もって農業の生産性の向上、農業総生産の増大、農業生産の選択

的拡大及び農業構造の改善に資することを目的」として定められています（土地改良法1）。

　この法律の目的を実行するために「土地改良事業」に関する定めがあり、この事業には、例えば、農業用排水施設、農業用道路その他農用地の保全又は利用上必要な施設の新設、管理、廃止又は変更等があります（土地改良法2）。

　この土地改良事業は、誰でも参加することができるというわけではなく、土地改良区域内に農地の所有権を有する者等、一定の参加資格が必要となり、この資格を有する者は、その土地改良区の組合員となります。（土地改良法3、同11）。

　こういった事業を行うためには、必然的に費用がかかりますので、組合員に費用負担が生じます。

　そこで、農地を宅地化することにより、土地改良区の組合員の資格を喪失した場合には、その土地改良区の事業に関する権利義務について必要な決済をしなければならないこととされています（土地改良法42）。つまり、土地改良区内の農地を宅地化する場合には、土地改良区の組合員として、農地転用決済金を支払い、組合員でなくなるということが必要となります。

　審判所では、この農地転用決済金は農業所得の必要経費であると判断していますが、最高裁では、上述のとおり譲渡所得の譲渡費用に当たると判断しています。

　課税庁は、農地転用決済金について、土地改良法に基づく組合員の資格喪失の問題であって、譲渡とは直接の対応関係にないと認定しています。この考え方も一理あります。というのも、固定資産である土地に、区画形質の変更等を加えて譲渡した場合の所得は、譲渡所得ではなく事

業所得か雑所得になり得るからです(所基通33-4)。譲渡所得の課税は、「資産の値上りによりその資産の所得者に帰属する増加益を所得として、その資産が所有者の支配を離れて他に移転するのを機会にこれを清算して課税（注1）」することを目的としています。この「増加益」は、外的条件の変化に起因する要因、つまり物価の上昇等により資産価値が増価した部分を課税対象としています。一方で、農地転用決済金を支払い、農地を宅地化することは、このような外的条件の変化に起因することではないため、事業所得又は雑所得の所得区分の問題になってきます。

ただし、実務上、個人が土地を造成して譲渡した場合、事業所得又は雑所得、譲渡所得に収入金額を区別することは困難であり、ケースバイケースということになります。

なお、この最高裁判決の翌年に、農地転用決済金等について国税庁が法令解釈通達を定めています（注2）。

(注) 1　昭和54年6月21日　最高裁第一小法廷判決
　　　2　平成19年6月22日　「土地改良区内の農地の転用目的での譲渡に際して土地改良区に支払われた農地転用決済金等がある場合における譲渡費用の取扱いについて」（法令解釈通達）

26　移築費用の譲渡費用性

　納税者は、自己の居住用マンションを譲渡する際に、当該マンション内に造作した茶室を解体し転居先に移築した。当該移築工事費用は、譲渡のために直接要した費用に当たらないとされた事例。

平成16年6月3日裁決　TAINS番号：J67-2-15

第1章 譲渡所得の原則

【事案の概要】

納税者は、平成13年1月26日に、本件マンションをD社に106,986,463円で売却した。

納税者は、本件マンション内に造った茶室設備を移築するため、平成13年12月6日に移築工事費用としてE社へ6,700,00円（領収証は7,700,000円）を支払い、現在の納税者住所地に移設した。

【争点】

本件移築工事費用は、譲渡所得の金額の計算上、譲渡費用となるか。

【納税者の主張】

本件移築費用は、本件譲渡の際に支払った費用であるから、「譲渡費用」に該当し、譲渡所得の金額の計算上控除すべきである。

【課税庁の主張】

本件移築費用は、納税者が取得した本件マンションに係る支出であると認められ、納税者が譲渡した本件マンションの譲渡のための支出とは認められない。

【裁決】

本件移築工事費用は、「譲渡のために直接要した費用」及び「資産の譲渡価額を増加させるため譲渡に際して支出した費用」のいずれにも該当しないから、本件移築工事費用を本件譲渡に際して支払ったとしても、このことをもって譲渡費用となるものではない。

【ポイント】

不動産の譲渡に際して、老朽化した建物が存するとなかなか買い手が見つからないため、建物を取り壊して更地化のうえ売却する、ということは実務上よくある話です。

このときの建物取壊費用と、その建物損失額は、譲渡に直接要した費

用として、譲渡費用になります（注）。

本件譲渡資産は、マンションの1室であり、当該マンションの専有部分内に造った茶室設備を、譲渡に際して移設した費用です。

納税者は譲渡の際に支払った費用であると主張していますが、課税庁側の主張と審判所の判断は、本件茶室について譲渡の対象資産ではない等の理由により費用性を否認しています。

解体費用であれば、すべて譲渡費用になるというわけではないので、参考となる裁決事例です。

(注)　国税庁ホームページ　タックスアンサー№3255「譲渡費用となるもの」。

27　抵当権抹消費用の譲渡費用性

> 抵当権の設定された不動産を譲渡する際に、当該抵当権を抹消するために支払った借入金利息、遅延損害金等は譲渡費用に該当しないとされた事例。
>
> 　　　　　　　　　　平成2年6月21日裁決　TAINS番号：J39-2-04

【事案の概要】

納税者は、本件土地を譲渡する際に、本件土地に設定された抵当権を抹消するために、元本のほか利息、遅延損害金等の合計180,000,000円を支払い、当該抵当権を抹消のうえ譲渡した。

【争点】

抵当権を抹消するために支払った借入金利息等は、譲渡費用に該当するか。

第1章　譲渡所得の原則

【納税者の主張】

支払金額180,000,000円から元金24,310,000円を控除した金額155,690,000円は、本件譲渡契約を成立させるために納税者がやむを得ず支出したものであり、譲渡費用に当たる。

【課税庁の主張】

「資産の譲渡に要した費用」とは、譲渡を実現するため直接必要な経費（測量費、仲介手数料等）を指すものであり、譲渡資産に設定された抵当権を抹消するため被担保債権を弁済し、また、被担保債権に係る利息等を支払ったとしても、これには当らない。

【裁決】

支払利息及び延滞損害金部分については、本件譲渡の有無にかかわりなく、借入れの際の約定に基づいて納税者が支払の義務を負うものであり、その支払が本件譲渡を機になされたとしても、これを本件譲渡に係る譲渡費用とみる余地はない。

【ポイント】

抵当権付きの不動産を売買することは可能ですが、不動産の売買の現場において、抵当権が設定されていると、これを抹消して取引するのが一般的です。抵当権が設定されたままでは取引対象にされないこともあります。

抵当権は、借入金等の返済を担保するために設定されることが多く、その借入金返済を実行したことにより生じる費用であるため、その抹消のための費用は、譲渡とは直接関係ない支出、いわば家事関連費であり「譲渡に直接要した費用」とはいえないというのが審判所の判断です。

一方で、事業資金を確保するため、所有する不動産に抵当権を設定して借入金を起こした場合、あるいは借入金返済後に抵当権を抹消した場

合に、事業遂行上必要な支出であれば、損金や必要経費に算入できます。

なお、本裁決のみならず、過去の裁判例（注）でも抵当権抹消登記費用は、譲渡に直接要した費用ではないと判断されています。
(注) 平成2年5月28日 京都地裁判決ほか。

28 弁護士費用の譲渡費用性

> 境界確認等請求訴訟において、本件土地を裁判上の和解に基づき譲渡した場合には、本件境界確認等訴訟費用及び弁護士費用は、譲渡のために直接要した費用に該当しないとされた事例。
>
> 昭和62年6月18日裁決　TAINS番号：J33-2-01

【事案の概要】

納税者は、本件土地をBに譲渡しようとしたところ、本件土地の一部がCのゴルフ場コースとして造成されていたことが判明した。納税者はCに対して侵入部分の明渡しを求めたところ、Cは納税者を被告として占有妨害禁止等請求訴訟を提起してきた。これに対し納税者は、Cを反訴被告として境界確認等請求訴訟を提起した。その後、裁判上の和解が成立したため、納税者はCへ本件和解に基づき本件土地を125,000,000円（和解金）で譲渡した。

【争点】

本件和解において要した弁護士費用及び訴訟関連費用の合計19,800,860円（本件訴訟費用等）は譲渡費用であるか否か。

【納税者の主張】

本件訴訟費用等は譲渡費用である。

第1章　譲渡所得の原則

【課税庁の主張】

　本件訴訟費用等は、境界確認請求訴訟に係るもので、譲渡契約の効力に関する訴訟又は取得に際して所有権を確保するための訴訟のいずれにも該当しない。したがって、訴訟費用等は、譲渡のために直接要した費用とは認められない。

【裁決】

　弁護士費用は、本件和解により終結したことにより支払われたものであるところ、本件物件の譲渡契約、即ち本件和解の効力に関する紛争とは認められないのであるから、この訴訟における紛争解決のために要した弁護士費用は、譲渡のため直接要した費用に該当しないことが明らかである。

　納税者が本件物件を取得する際に、本件物件の所有権の帰属及び境界について争いが認められないので、本件訴訟費用等（鑑定料を除く。）は、本件物件の取得費に該当しない。

【ポイント】

　裁判上、和解するために支出した弁護士費用は、あくまで和解のための費用であり、譲渡費用には該当しないと判断されていますが、鑑定料については、譲渡価額算定のためであるとして、譲渡費用に該当すると判断されています。

　弁護士費用については、国税庁のホームページでも譲渡費用に該当しない例（注）が示されていますので参考になります。

　なお、余談ですが、この裁決書を読むと、課税庁は、本件分離長期譲渡所得の金額を108,340,000円としています。ところが、譲渡収入125,000,000円から取得費15,660,000円と、譲渡費用の鑑定料125,000円を控除すると、分離長期譲渡所得の金額は109,340,000円のはずです。

1,000,000円足りません。この当時は、分離長期譲渡所得に100万円の特別控除がありましたのでこのような計算になります。

なお、平成16年の税制改正で、この100万円控除は廃止されています。

(注) 国税庁ホームページ　質疑応答事例「譲渡代金の取立てに要した弁護士費用等と譲渡費用」、「譲渡費用の範囲（訴訟費用）」参照。

29　贈与契約解除のために支払った和解金の譲渡費用性

> 本件土地を譲渡する際に、すでに本件土地に締結されていた贈与契約を解除するために支払った和解金は、本件土地の譲渡所得の金額の計算上、譲渡費用には該当しないとされた事例。
> 　　　　　　　　平成4年6月2日裁決　　TAINS番号：J43-2-09

【事案の概要】

納税者は、昭和61年4月25日本件土地を宗教法人B（納税者は宗教法人Bの前住職の長女）に寄附する旨の本件贈与契約を締結した。

その後、納税者は昭和62年12月24日に本件土地をCに157,900,000円で売却し、所得税の確定申告をした。

宗教法人Bから本件贈与契約の履行請求があったため、本件贈与契約を解除するため、昭和63年7月26日、宗教法人Bとの間で起訴前の和解を成立させ、違約金として50,000,000円を支払った。

【争点】

本件和解金は、本件譲渡所得の金額の計算上、譲渡費用となるか。

【納税者の主張】

本件和解金は、本件譲渡を実現するため既に締結した贈与契約を解除

するためのものであり、しかも、この金員を支払っても本件譲渡をしたほうが有利となるものであるから本件和解金は、譲渡費用に該当する。

【課税庁の主張】

本件和解金は、宗教法人Bに対する本件贈与契約の履行不能を原因とする損害賠償金と認められ、本件譲渡を実現するために直接かつ通常要した費用ではなく、譲渡費用に該当しない。

【裁決】

納税者は、本件土地につき昭和61年4月25日付で本件贈与契約を締結する一方で、その後、昭和62年12月24日に本件譲渡契約を締結していることからすれば、本件贈与契約は履行不能となっていたのであるから、本件和解金は、いわゆる二重譲渡による本件贈与契約の履行不能を原因とする損害賠償金であると認められる。

本件贈与契約に基づく土地の贈与を損害賠償という形で金銭の贈与として履行したにすぎず、その支払の有無によって、実現した本件譲渡及びその譲渡価額が左右されるものではないことから、本件和解金は、本件譲渡との関係において何ら費用性はない。

【ポイント】

和解のための弁護士費用は、前述のとおり譲渡に要した費用とはならないとされていますが、和解金そのものは譲渡費用になるのか、という論点です。

納税者は譲渡を実現するために支払ったのだから、譲渡費用に該当すると主張していますが、弁護士費用と同様に和解のための費用であって、譲渡とは関連性がないと判断されています。

30 コンサルタント料の譲渡費用性

> 納税者らが本件土地の譲渡に際して支払ったコンサルタント料等は、親族が主宰する不動産仲介業等を営む法人への支払であり、譲渡所得の計算上取得費又は譲渡費用のいずれにも該当しないとされた事例
>
> 平成26年6月4日裁決　TAINS番号：J95-2-07

【事案の概要】

納税者は、共同住宅（本件建物）の敷地の用に供していた土地（本件土地）を譲渡した際に、親族が主宰する不動産仲介業等を営む法人にコンサルタント料として支払った金員を、土地の譲渡に係る分離長期譲渡所得の金額の計算上、譲渡費用に算入して所得税の確定申告をしたところ、課税庁が、当該金員は譲渡費用に当たらないとして更正処分等をした。

【争点】

本件金員は本件土地の取得費又は譲渡費用に該当するか否か。

【納税者の主張】

本件金員は支払の合意があり、本件土地の取得の説得、本件各建物の改良行為、賃借人の立退きに関する業務、譲渡先探しに関する助言等のコンサルティング業務等の対価とした本件金員は、本件土地の取得費又は譲渡費用に該当する。

【課税庁の主張】

本件金員の合意について、契約書等の証拠がなく業務内容を明確にした合意があったとは認められない。本件土地の取得を説得したことは、

本件土地を取得するために通常要するものとは認められない。本件各建物の改良行為は、いずれも本件各建物の経年劣化等により行われる通常の維持管理に該当するものである。賃借人の立退きに関する助言は、内容証明郵便の送付の提案にとどまり、当該助言は、親族関係に基づくものであって、日常的な会話にすぎない。本件土地の譲渡先探しに関する助言は、大手のハウスメーカーや住宅ディベロッパーを交渉相手とするほうがよいなどの内容にとどまるものであり、本件土地の特性を分析して具体的な提案をしたり本件土地を売却した過程において、その価格決定等に具体的に関与したりした事実は認められない。

【裁決】

本件土地の取得の説得、本件各建物の維持管理等、並びに本件各建物の賃借人の対応及び立退き並びに本件土地の譲渡先探しに関するコンサルティング業務等を行い、また、本件金員がこれらに関する対価であったとしても、そのために要した費用は取得費又は譲渡費用に該当しないのであるから、本件金員は、本件土地の取得費又は譲渡費用に該当しない。

【ポイント】

不動産の譲渡では、コンサルタント料を授受するケースが多くあります。顧問先の不動産売買のため業者を紹介して、その業者から謝礼を受領することもあります。

このような謝礼は、通常、顧客を紹介してもらった業者から紹介料として受領するのが一般的ですが、その内容によっては、顧問先から通常の顧問料とは別に、コンサルタント料を受領することもあります。

本件では、納税者がコンサルタント料として支払った金員は、譲渡を実現するための費用とは認められないと判断されています。

第2章 譲渡所得の特例

① 交換特例

　交換特例は、交換のために取得した資産であるか否か、交換前と同一の用途に供したか否か等をめぐって、課税庁と争いになることがあります。ここでは、これら交換特例の適用可否について争われた判例裁決を検討します。

31　同一不動産に係る同日の売買契約と交換契約の有効性

> 　甲土地の借地権と甲土地の底地を交換するに際して、同一の当事者間で、同日に甲土地と地続きの乙土地の売買契約も行われた。甲土地の借地権と底地の交換は、固定資産の交換特例の適用が認容された事例。
>
> 　　　　　　　　昭和57年2月15日裁決　TAINZ番号：J23-2-05

【事案の概要】

　納税者は、Cらが共有する甲土地（A土地とB土地）及び乙土地をCらから賃借していたが、昭和53年9月19日付で、納税者が有していたA土地の借地権とCらが有するB土地の所有権（底地権）を交換した。

　さらに同日付で、甲土地と地続きにあった乙土地の底地部分を売買金額11,356,800円で取得した。

【争点】

　A土地の借地権とB土地の所有権（底地権）の交換契約は、固定資産の交換特例（所法58）の適用が認められるか。

【納税者の主張】

　本件売買は本件交換の成立を図るためにしたものではなく、本件交換と本件売買との各目的物はそれぞれ独立した効用を持ち、本件交換は本件売買とは切り離して成立し、これらの物件を一体とした交換ではない。

【課税庁の主張】

　本件交換と本件売買は、交換と売買の形式をとってはいるものの、一体となって一つの効用を有する土地を、その一部について交換し、他の部分については売買としたものと認められるから、実質は納税者が甲土地のうちA土地の借地権と金員（以下「交換差金」という。）11,356,800円を地主に渡し、地主から甲土地のうち161.44㎡のB土地及び乙土地の各底地を取得したことになる。

　したがって、交換差金11,356,800円は当該交換差金とA土地の借地権譲渡に係る収入金額14,529,600円との合計額25,886,400円の100分の20を超えるから、本件交換に対し交換の特例の適用は認められない。

【裁決】

　本件土地は一体となって一つの効用を有する土地とは認めることはできないものというべきであり、また、交換の当事者のいずれにも、本件土地を一体として交換をする意図も、本件売買に係る代金を交換差金とする認識もなく、交換の当事者が交換の特例の適用を受けるために事実を歪曲して殊更に交換と売買とに作為した事実も認められない。交換の特例の適用を認めるのが相当であるから、原処分はその全部を取り消すべきである。

【ポイント】

　納税者及び課税庁の主張に対して、審判所は、「甲土地及び乙土地の間には効用その他経済的に顕著な差異がなく一体として扱われ、将来にわたって賃貸借契約が締結されていたとしても、その後における街区の発展等本件土地周辺の情況の変化等をつぶさにみれば、両土地はそれぞれ土地利用の方法や、それに伴う地価や地代、借地権割合の評価等に懸隔を生ずるなど、売買、交換などこれを処分する上で、交渉当事者間に主観的にも経済的にも効用を異にする物件として認識され、その対象としていたことが認められる。たまたま、乙土地が地続きであったことは前記認定の障害とならず、また、両土地についての処分が同日付の契約及び登記によって行われたことについて、納税者は、本件交渉相手のＣが会社員であることから、契約書の作成や登記手続などに休暇を取ることがはばかれ、両土地について同日に済ませたかった旨答述するところ、その答述はその経緯や事情に照らして格別不自然、不合理なものとは認められない」として固定資産の交換特例を認容しています。

　本件では、納税者側の譲渡資産の状況や譲渡の経緯について検討し、納税者の主張が認められていますが、「資産の一部分を交換とし他の部分を売買とした場合」（所基通58－9）では、「一の資産につき、その一部分については交換とし、他の部分については売買としているときは、所得税法58条の規定の適用については、当該他の部分を含めて交換があったものとし、売買代金は交換差金等とする」とされていますので、譲渡の経緯によっては、課税庁側の主張が認められた可能性もあります。

32 販売目的で所有していた土地を交換した場合の交換特例の適用可否

> 交換資産の所有者が、土地開発公社であったとしても、当該公社が販売目的で所有していた土地は、交換契約当時、棚卸資産に該当するため、固定資産の交換特例の適用要件に該当しないとされた事例。
>
> 　　平成26年4月16日　札幌地裁判決　TAINS番号：Z264-12450
> 　　平成26年12月19日　札幌高裁判決　TAINS番号：Z264-12577

【事案の概況】

　C町は、D事業に係る公園用地のため、納税者が所有する甲土地を取得するにあたり、本件公社に甲土地の一部（乙土地）の先行取得を委託した。本件公社は、平成20年12月12日付けで、乙土地と本件公社の所有する本件土地を交換することを内容とする契約を締結した。

　納税者は本件交換を固定資産の交換特例（所法58）を適用し課税庁に確定申告をしたところ、課税庁は当該特例の適用はないとして更正処分をした。

【争点】

　本件交換契約の固定資産の交換特例（所法58）適用可否。

【納税者の主張】

　本件土地と乙土地は、共に固定資産であるから、本件特例の適用があり、譲渡所得課税は繰り延べられるから、本件交換契約に本件特例の適用がないとした本件更正処分は違法である。

【課税庁の主張】

　本件公社は本件土地を代替地として譲渡することを目的として取得していること、本件公社は本件土地を本件要綱に則り流動資産として経理処理していたこと、本件公社が本件土地を固定資産として経理処理したことがないことからすれば、本件公社が、本件土地を代替地として取り扱っていたことが認められるから、本件土地は、本件要綱上、流動資産に該当する。したがって、本件交換契約は、本件特例の適用要件を満たさない。

【判決】

　本件土地についてみると、本件公社が、販売の目的で本件土地を所有していることについて、当事者間に争いはないから、本件交換契約当時、本件公社は販売目的で本件土地を保有していたことが認められる。したがって、本件土地は、本件交換契約当時、棚卸資産に該当し、本件特例の適用を受ける固定資産には該当しなかったものと認められる。

【ポイント】

　固定資産の交換特例対象となる資産は、あくまで固定資産であって、棚卸資産は含まれないことになります（所法58、所令5）。本件取得資産は、土地開発公社の保有していた資産のうち、販売目的の棚卸資産に該当するとして、本特例が否認されています。

　ところで、土地開発公社は、公有地の拡大の推進に関する法律に基づいて、地方公共団体の出資により設立されます。土地開発公社の業務は、公共施設又は公用施設の用に供する土地（道路、公園、緑地等）の取得、造成、その管理処分等を行うこととされています（公有地の拡大の推進に関する法律17）。

　つまり、土地開発公社は、地方公共団体が公共の目的のために設立し

た公社ということになりますので、固定資産を交換した場合、公的機関と交換したような錯覚を覚えることにもなりえます。

本件では、交換資産の取得先が土地開発公社ですが、地方公共団体と直接交換した場合にはどのようになるのでしょうか。

仮に、交換の相手方が地方公共団体の場合には、次のような裁決事例があります（昭和54年11月7日裁決）。

「交換により納税者が取得した土地は、交換の相手方である地方公共団体が公共的施設の建設用地に充てることを予定していたもので、他に売却することを目的とすることなく所有していた固定資産であり、かつ、納税者は当該取得土地を譲渡資産の直前の用途と同一の用途に供していることから、当該取得土地が棚卸資産に該当するとして、所得税法58条1項の交換の特例の適用がないとした原処分の認定は失当である。」として、交換特例を認容しています。

不動産という意味では、固定資産であろうと棚卸資産であろうと外見は同じですが、その所有目的等により本特例の適用可否が異なるため留意する必要があります。

したがって、単に固定資産を相手方と交換するだけでなく、交換により取得する資産の交換前の状況も確認する必要があります。

33 「同一の用途に供した場合」の意義

　納税者が、交換により取得した土地は、特別養護老人ホームに譲渡（寄附）することを予定していたものであり、交換のために取得した土地とも考えられるが、交換前の交換土地と同様に、例外的に「同一の用途に供した場合」に該当するとされた事例

> 平成14年10月10日　大阪地裁判決　TAINS番号：Z252-9210
> 平成15年6月27日　大阪高裁判決　TAINZ番号：Z253-9381

【事案の概要】

　納税者は、平成10年8月10日、乙らとの間で、納税者が所有する本件A宅地と、乙らが所有する本件甲宅地とを等価交換する旨の契約を締結した（本件交換A）。

　また、納税者は、同日、A社との間で、納税者が所有する本件B宅地と、A社が所有する本件乙宅地を等価交換する旨の契約を締結した（本件交換B）。

　本件A宅地及び本件B宅地を併せて「本件譲渡土地」、本件甲宅地及び本件乙宅地を併せて「本件取得土地」とし、本件交換A及び本件交換Bを併せて本件交換とする。

　平成10年9月24日に、特別養護老人ホームの設置運営等を目的とする社会福祉法人Bが、S市から設立認可を受け、納税者は社会福祉法人Bの理事に就任した。

　納税者は、平成11年1月23日、社会福祉法人Bに対し、本件取得土地を寄附し、固定資産の交換特例（所法58）を適用し確定申告をしたところ、課税庁から、本件特例の適用要件が充足されていないとして更正処分された。

【争点】

　本件特例の適用可否。

【納税者の主張】

　納税者は、いずれ特養老人ホームの敷地とする意思で所有していた本件譲渡土地を、本件取得土地と交換し、本件取得土地を特養老人ホーム

第2章　譲渡所得の特例　267

の敷地としたのであるから、その意味でも、「同一の用途に供した」ということができる。また、社会福祉法人B設立当時、納税者がS市議会事務局職員であったため、社会福祉法人B設立時に納税者が理事に就任することはなかったが、現在は、社会福祉法人Bの理事に就任しており、納税者と社会福祉法人Bが実質的に同一の存在であると評価できる。そのように解すれば、納税者から社会福祉法人Bに対する本件取得土地の寄附という事実があるとしても、実質的には交換取得者としての納税者がそのまま本件取得土地を交換直前と同一の用途に供していたと評価しうることは明らかである。

　課税庁の主張の根底には、納税者の本件取得土地の寄附行為については、租税特別措置法40条の規定によって課税することができないため、本件特例の適用を否定し、譲渡所得に対する課税ができなくなることを防止するという政策的な思惑が潜んでいるとしかいえない。

【課税庁の主張】
　本件取得土地上での特別養護老人ホームの建設工事は、本件取得土地の寄附のかなり以前から開始されていたのであるから、納税者が本件取得土地を何らかの目的に使用したこともない。したがって、納税者の本件取得土地の保有は、暫定的、一時的なものにすぎず、本件譲渡土地と同一の用途に供したとは認められない。本件交換に本件特例の適用はないというべきである。

【判決】
　本件における納税者の本件取得土地の保有は、社会福祉法人Bへの譲渡（寄付）を予定したものではあるけれども、実質的には、本件交換前の本件交換土地と同様に、特別養護老人ホーム敷地として利用したものとみることができるというべきであり、例外的に所得税法58条の「同一

の用途に供した場合」に該当するものと解するのが相当である。

【ポイント】

　所得税法58条では、交換に供する固定資産については1年以上所有していたことが適用要件とされていますが、交換によって取得した固定資産を何年以上所有していなければならいという明文規定はありません。さらに、交換のために取得した固定資産については、同様に明文規定で適用除外としていますが、交換により取得した固定資産は譲渡直前の用途と同一の用途に供していればよく、交換により取得した固定資産を本件のように寄附、あるいは譲渡した場合に、適用除外とする明文規定がありません。つまり、「交換のための取得」は明文で適用除外としていますが、「譲渡のための交換」を適用除外とする明文はありません。

　これについて、課税庁は「明文で規定するまでもなく、交換取得資産を交換譲渡資産の交換直前の用途と同一の用途に供することの解釈適用上、譲渡のための交換が当然に除外されていることに基づく」と主張しています。

　一方で、納税者は、課税庁の主張は「解釈によって新たな要件を付加するもので、税法の厳格解釈の原則に反する」と主張しています。

　「同一の用途」については、その資産の種類に応じて判定することとされています（所基通58－6）。建物に関しては、居住用、事業用の区分に応じて判定することになりますが、土地は、宅地、田畑という区分により判定し、居住用の土地であるか事業用の土地であるかは問いません。

　判決では、納税者が本件取得土地を社会福祉法人へ寄附する目的で交換しており、本件交換から寄附するまでの約5か月間は、本件取得土地を、本件譲渡資産の交換直前の用途と同一の用途である宅地として使用

34　特例適用条文の申告書への記載

> 所得税法58条1項の規定の適用を受けるためには、特例適用条文を所得税の確定申告書に記載しなければならない。本件においては、当該特例適用条文が、当該所得税の確定申告書に記載がなかったことについて、同条4項に規定するやむを得ない事情があるとされた事例。
>
> 昭和54年11月7日裁決　TAINS番号：J19-2-05

【事案の概要】

納税者は、昭和52年12月7日にA県との間で、本件譲渡土地とA県の所有する本件取得土地とを等価で交換する契約を締結し、同日相互に交換物件の引渡しを了した。

納税者は、昭和52年分所得税の確定申告書に、分離長期譲渡所得の金額を零円、納付すべき税額を零円と記載して法定期限内に申告した。

【争点】

本件特例の適用可否。

【納税者の主張】

納税者が提出した昭和52年分の所得税の確定申告書の特例適用条文の記入欄に、租税特別措置法33条の2と記載したのは、本来所得税法58条と記載すべきであったものを納税者が法律に対する知識に乏しく、かつ、本件譲渡土地がA県の公共事業のために買収されたことなどから、租税

特別措置法33条の2に規定する交換処分等に伴い資産を取得した場合の課税の特例の適用があるものと誤解し、適用条文の記載を誤ったことによるものである。

【課税庁の主張】

納税者が本件交換による譲渡所得の計算上、所得税法58条1項の規定の適用を受けるには、同条3項により確定申告書に、同条1項の規定の適用を受ける旨並びに本件譲渡土地及び取得土地の種類、数量、用途等、所得税法施行規則37条に定める事項を記載することがその要件とされている。しかしながら、納税者の提出した確定申告書の特例適用条文欄には、「所得税法58条1項」との記載はなく、「措法33の2」と記載されており、かつ、「所得税法58条1項」の記載がなかったことについてやむを得ない事情も認められないので、同条1項を適用する余地はない。

【裁決】

納税者は、本件交換にかかる譲渡所得について、確定申告書の特例適用条文欄に「所得税法58条1項」と記載してはいないけれども、「措法33の2」と特例適用条文を記載したことにより、非課税規定の適用を受けるための申告手続としては十分であり、税法上の特例の適用を当然に受けることができるものと誤って信じていたことが認められ、このことは、税法についての知識に乏しい納税者としては無理からぬところでもあり、また、そう信じたことについて、課税庁による納税相談の機会を利用しなかったことなど納税者としても反省すべき点はあるが、一方、確定申告書の作成について相談した団体事務員の税法に関する知識を過信した納税者のみにその責任を負わせるのもいささか酷であると考えられる。本件においては、所得税法58条4項のやむを得ない事情があったものと認めるのが相当である。

【ポイント】

　所得税に関する特例のうち、その多くは適用する根拠条文を記載することとされています。

　昨今では、申告書の作成ソフト等が充実してきており、適用条文の記載漏れや、本件のような記載誤りは、相対的に減少傾向にあるといえます。

　しかしながら、このような記載漏れや記載誤りは、今もって後を絶たないともいえます。条文の規定を厳格に貫くと、記載漏れや記載誤りは、その特例適用要件を欠くことになりますので、課税庁から否認されても仕方のないことです。

　そうかといって、これらすべてを認めないとするのも、課税実務の観点から困難といえます。

② みなし譲渡

　みなし譲渡は、譲渡資産の価額が時価の1/2未満か否かをめぐって課税庁と争いになることがあり、譲渡資産の時価については、不動産鑑定評価も関係することがあります。ここでは、無償返還の届出に関する事例も含めて、判例裁決を検討します。

35－1 「時価の2分の1未満の対価で譲渡した場合」の意義

　被相続人は、相続開始前に、被相続人が代表を務める法人に、本件各不動産を譲渡し確定申告した。本件譲渡は時価の2分の1未満であるとして課税庁から更正処分を受けたが、審判所が依頼した不

動産鑑定業者の作成した各鑑定評価書が合理性を有するとされた事例。

平成29年6月27日裁決　TAINS番号：F0-1-774

【事案の概要】

本件被相続人は、平成24年10月6日付で、本件法人（設立から平成24年9月15日まで本件被相続人が代表者を務め、その後は納税者が代表者を務めている）との間で不動産売買契約（本件売買契約）を締結し、本件各不動産を、本件法人に譲渡した。

納税者らは、本件被相続人が行った不動産の譲渡に係る所得について、準確定申告をしたところ、課税庁が、当該譲渡は法人に対するものであり、その譲渡価額が当該不動産の当該譲渡の時における価額の2分の1未満であるから、当該譲渡に係る譲渡所得の収入金額は、当該不動産の当該譲渡の時における価額にすべきであるとして、所得税の更正処分をした。

【争点】

本件各不動産の本件売買契約時における時価はいくらか。

【納税者の主張】

本件不動産の価額を、財産評価基本通達に基づき算定した価額によるべきであるが、当該財産評価基本通達を準用した価額によることができない場合でも、納税者の不動産鑑定評価額によるべきである。

【課税庁の主張】

譲渡所得に対する課税と相続税とでは、課税の対象及び目的を著しく異にするものであるから、本件各不動産の本件売買契約時における時価の算定に当たっては、評価通達に定める方法によることは適当ではない。

課税庁の各鑑定評価書は、賃借権等の権利関係を考慮し、判断過程が漏れなく記載されたものであり合理的である。

【裁決】

納税者らが主張する評価通達を準用した価額は、その評価過程に誤りがあるため採用できない。また、課税庁各鑑定評価書及び納税者ら各鑑定評価書には、疑問点や問題点があることから、これらの鑑定評価書の各鑑定評価額を直ちに採用することも相当でない。

そこで、当審判所が不動産鑑定業者に対して本件各不動産の鑑定評価を依頼したところ、審判所各鑑定評価書が合理性を有するものと認められる。

【ポイント】

法人に対して、著しく低い対価で譲渡所得の起因となる資産の移転があった場合には、譲渡所得の金額の計算について、その事由が生じた時における「価額に相当する金額」により、これらの資産の譲渡があったものとみなす。として「みなし譲渡」の規定を定めています（所法59、所令169）。

審判所は、「価額に相当する金額」について、「譲渡所得の基因となる資産の移転の事由が生じた時点における時価、すなわち、その時点における当該資産の客観的交換価値を指すものと解すべきであり、同交換価値とは、それぞれの財産の現況に応じ、不特定多数の当事者間において自由な取引が行われる場合に通常成立すると認められる価額と解するのが相当である。」と判断しています。

この事例は、不動産の時価について、財産評価通達によるべきか、不動産鑑定評価によるべきかについても争点とされています。

不動産の鑑定評価に対して、審判所は、「不動産鑑定士による鑑定評

価額についても、それが公正妥当な不動産鑑定評価理論に従っていたとしても、なお不動産鑑定士個人の主観的な判断や資料の選択過程の介在が免れないものであって、不動産鑑定士が異なれば、同一の不動産であっても異なる評価額が算出されることはあり得る」と明示しています。

時価をめぐる争いでは、同一の不動産に対して当事者双方が鑑定評価を依頼することがありますが、こうも異なるものになるのかという鑑定評価書もあります。したがって、時価で争う場合に、どのような不動産鑑定士に依頼するかによって、その結果が大きく左右されてしまいます。

35-2 無償返還の届出書が提出された土地等を譲渡した場合の譲渡価額

> 無償返還届出書が提出された土地には借地権は存せず、当該土地を譲渡した場合の譲渡価額は、借地権を考慮せず更地価格によるべきであるとされた事例。
> 　　　　　　　　平成29年6月27日裁決　TAINS番号：F0-1-774

【事実関係】

本件法人は、本件被相続人が所有する本件土地上に店舗建物（本件旧建物）を建築し、平成5年12月1日に所有権保存登記をした。その後、本件被相続人は、平成6年1月1日付で、本件法人に、本件各土地を使用させることとした契約（賃貸借期間は平成5年4月30日から20年間）を締結した（平成6年契約）。平成6年5月13日に本件法人と連名で「無償返還届出書」を作成し課税庁に提出した。

その後、本件旧建物は、平成6年契約に基づく借地権の存族期間満了

前の平成22年6月30日に取り壊された。

本件被相続人は、本件法人との間で、平成23年3月17日に、本件各土地の一部について、新たに賃貸借契約を締結（平成23年契約）し、この契約では転貸を目的とする賃貸借契約とされた。その後、平成23年4月13日に、本件各土地上に建物が新築されている。

本件土地を含む不動産は、本件被相続人から平成24年10月6日に本件法人に譲渡された。

【争点】

本件譲渡の時点で、本件無償返還の届出の効力が本件各不動産の時価に影響を及ぼすか否か。

【納税者の主張】

平成6年契約の際に提出された無償返還の届出は、その後の平成23年契約により効力が失われており、譲渡時の時価を算定する際には借地権の価額を控除する必要がある。

【課税庁の主張】

平成23年契約は、平成6年契約の内容を変更又は追加するものであるから、本件無償返還届出の効果は存続する。したがって、借地権をしんしゃくする必要はない。

【裁決】

無償返還の届出がされた土地上の借地権等は、経済的価値を有しないものであるといえるから税務上資産計上すべきものとはいえず、そのような税務上資産計上すべき借地権等の取得はないとされた土地を地主が借地人に譲渡した場合には、その価額は第三者との間で成立する通常の取引価額とは異なり、更地価額によるべきことになるのは当然であり、無償返還の届出の対象となっている土地の時価の算定に当たっては、当

該土地上に存する借地権等の価額を自用地としての価額から控除すべきではない。

【ポイント】

この事例は、上記「時価の2分の1未満の対価で譲渡した場合」と同一の裁決事例（平成29年6月27日裁決）で、同族法人への不動産譲渡における時価以外に、無償返還届出についても争われた事例です。

無償返還の届出は、提出したら最後、とりやめができません。青色申告の承認申請書に対しては、青色申告の取りやめ届出書があります。しかしながら、無償返還の届出書に対して、「無償返還の取りやめ届出書」がありません。

では、どうするか。個人の所有する土地に、法人が建物を建築して無償返還の届出を提出した後に、この建物を取り壊して更地に戻して返還した場合に、どのように対応するかが問題となります。

これに対しては「土地の無償返還に関する届出書の記載要領等」に以下の記載があります。

> この届出書の提出後において、その届出に係る土地の所有又は使用に関する権利等について次のような変動が生じた場合には、その旨を速やかに借地人等との連名の書面（2通とします。）により届け出てください。
> (1) 合併又は相続等により土地所有者又は借地人等に変更があった場合
> (2) 土地所有者又は借地人等の住所又は所在地（納税地がその住所又は所在地と異なる場合には、その納税地）に変更があった場合
> (3) 契約の更新又は更改があった場合
> (4) この届出書に係る契約に基づき土地の無償返還が行われた場合

つまり、土地を無償返還したら、その旨を記載した「書面」を提出する必要があります。

特に様式は定められていませんので、書面はどのような様式でもかまわないということになります。

本件では、この「書面」に関しては触れられていませんが、事前に、このような書面を届けておいて、無償返還の届出効力が失われていると主張すれば、その後の展開が変わったかもしれません。

③ 譲渡代金の回収不能と保証債務

譲渡代金の回収不能と保証債務をめぐっては、譲渡代金の回収が可能か否か、債務超過の状態あるか否かが課税庁と争いになることがあります。「回収することができないこととなった場合」や債権放棄の有効性について争われた判例裁決を検討します。

36 「回収することができないこととなった場合」の意義

> 所得税法64条1項に規定する収入金額の一部を「回収することができないこととなった場合」に該当するか否かの判定は、債務者の資産、経営、事業及び信用の状況、債権取立ての手段・方法並びに債権者による回収努力その他の諸事情から総合的に判断するとされた事例。
>
> 平成26年10月28日裁決　TAINS番号：F0-1-563

【事実関係】

平成22年1月21日、納税者は、A社（飲食店）に賃貸中の土地及び建物（本件各不動産）を、そのままA社へ譲渡（本件譲渡）した。

なお、本件譲渡の残代金13,500,000円（本件残代金）は、平成22年1月から54回に分割して、毎月250,000円（13,500,000円÷54回）を支払うことで本件譲渡を契約した。

　この残代金を担保するため、抵当権者を納税者、債務者をＡ社とし、本件各不動産に債権額13,500,000円の抵当権を設定した。

　平成24年7月31日、納税者とＡ社は、同日現在の未払残高7,450,000円に対して1,000,000円を減額（本件減額）して、残債を6,450,000円とし、その後の返済は毎月末までに100,000円を納税者の指定口座に振り込む旨の覚書（本件覚書）を取り交わした。

　平成24年9月6日、納税者は、本件不動産の譲渡代金が減額したことによる更正の請求書を提出した。

【争点】

　本件減額は、資産の譲渡代金が回収不能となった場合等の所得計算の計算特例（所法64）に該当し、各種所得の金額に異動を生じた場合の更正の請求の特例（所法152）に該当するか否か。

> **所得税法152条**　「事業を廃止した場合の必要経費の特例（所法63）」や「資産の譲渡代金が回収不能となった場合等の所得計算の特例（所法64）」等の事由が生じたことにより当該事実が生じた日の翌日から2か月以内に限り、更正の請求ができる。

【納税者の主張】

　納税者は、本件譲渡に係る譲渡代金の支払債務が当初の契約どおり履行されない状況に鑑み、事業が悪化しているＡ社からの本件減額の求めにやむなく応じたものであり、本件覚書の締結により本件減額が確定し、契約の一部が取消となったのであるから、本件減額は、所得税法152条に規定する事由に該当する。

【課税庁の主張】

本件減額は、納税者がＡ社に対して1,000,000円を免除したものである。所得税法64条１項に規定する「収入金額又は総収入金額の全部又は一部を回収することができないこととなった場合」に該当せず、所得税法152条に規定する事由に該当しない。

【裁決】

所得税法64条１項に規定する収入金額の一部を「回収することができないこととなった場合」に該当するか否かの判定は、債務者の資産、経営、事業及び信用の状況、債権取立ての手段・方法並びに債権者による回収努力その他の諸事情から総合的に判断するほかないところ、これらの諸事情は、不可視的な事由に関わる問題で判断が困難な場合がある。

納税者は、平成22年１月の本件譲渡の後、Ａ社から経営悪化のため毎月の弁済額を減額してほしいと求められたことがあったがこれを拒否し、その後、平成24年７月分の弁済が滞ったため、Ａ社に催促したところ、経営の悪化を理由に減額してほしい旨を再度求められ、本件覚書の締結当時の経済情勢等を考慮し、本件減額の申出に応じた。ただし、本件減額の金額を1,000,000円と算定したことについて確たる根拠を明らかにする資料は存在しない。

Ａ社が経営する飲食店の店舗数は漸減傾向にあるが、本件譲渡に関する不動産売買契約締結時から本審査請求時に至るまでの間に、同社が事業を停止したことを認めるに足りる証拠は存在しない。

このような状況の下で、本件減額の２か月後である同年９月30日決算において、先順位根抵当権の被担保債権たる債務の額は、極度額75,000,000円を大きく超える156,000,000円余として顕在化している。

これらの事情等からすると、本件減額の時点におけるＡ社の信用状況

は、納税者が主張するとおり、相当程度悪化していたと認められる。

平成22年9月30日決算以降大幅な債務超過となり、所有不動産等の担保余力もなくなったことなどから資金繰りに窮し、納税者に対しても、分割弁済額の減額を申し出たり食事券による代物弁済を行ったりするなどしていたが、これらの方策によっても穴埋めすることができない恒常的な履行遅滞が生じる状況となったために行われたものとみるのが相当である。

他方で、債権者たる納税者においては、A社からの弁済が滞り、分割弁済額についても徐々に減額するなど、A社との交渉を行う中で、納税者が、本件減額の後の弁済をA社が確実に行うであろうことを期待して、やむなく本件減額の申出に応じることとしたものと認められる。

所得税法64条1項によれば、本件減額に係る金額は納税者の平成22年分の譲渡所得の金額の計算上、なかったものとみなすべきであるところ、同項を適用することなく譲渡所得の金額の計算がされた納税者の納付すべき税額は過大であるから、本件更正の請求について更正をすべき理由がないとしてされた原処分は、その全部を取り消すべきである。

【ポイント】

所得税法64条の規定の適用判断については、審判所の解釈にもあるように、とても困難です。

この事例では、納税者の主張が全面的に認められ、課税庁の処分が全部取消とされていますが、常に、この事例のように納税者の主張が認められるとは限りませんので留意する必要があります。

A社の債務超過の状況と、減額が1,000,000円であることを考えると、審判所で争う前に、更正の請求の段階で認容してもよいとも考えられますが、課税庁内では、所得税法64条の適用には慎重を期しているという

ところが伺える事例です。

　特に、Ａ社の事業が継続している場合には、納税者が譲渡代金の一部を免除しただけであって、事業収益から回収可能という課税庁の考え方にも一理あります。

　所得税法64条の適用を安易に認めてしまうと、この規定を租税回避に利用されてしまうことも視野に入れての対応と考えられえます。

37　法人の代表者から取得した資産を譲渡して債務を返済した場合の保証債務

　法人が、当該法人の代表者から資産を取得し、当該資産を譲渡した譲渡代金で当該法人の債務を弁済した場合、当該弁済は当該法人が自ら弁済したもので、代表者が弁済したことにはならないため、保証債務の特例を適用することはできないとされた事例。

　　　　平成22年10月26日　京都地裁判決　TAINS番号：Z260-11538
　　　　平成23年4月22日　大阪高裁判決　TAINS番号：Z261-11676

【事案の概要】

　納税者は、Ａ社の代表取締役である。

　Ａ社は、Ａ社の借入金債務（債権者Ｂ銀行）を被担保債権の範囲として、納税者の所有する居住用不動産（本件不動産）に極度額5億円の根抵当権を設定した。

年月日	事実関係
平成18年6月30日	納税者は、本件不動産を1億4,120万円でＡ社に譲渡した。Ａ社は、本件譲渡代金を未払金勘定として会計処理した。

平成18年9月15日	A社は、平成18年6月30日の譲渡に先立ち、平成18年6月28日に本件不動産をC社に2億9,913万5,000円で譲渡する売買契約を締結（手付金500万円は受領済み）し、残代金2億9,413万5,000円を受領した。 A社は、同日、債権者B銀行に借入金債務2億4,808万円を弁済した。
平成19年6月30日	A社の未払勘定処理した1億4,120万円のうち、同日付の残高8,099万9,716円につき、納税者はA社に対し債権放棄する旨を通知（本件債権放棄通知書）した。

【争点】

本件譲渡につき、所得税法64条2項《保証債務を履行するために資産を譲渡した場合の課税の特例》の適用があるか。

【納税者の主張】

資産の譲渡と保証債務履行との間に強い因果関係があるときは、所得税法64条2項に規定する「保証債務を履行するための資産の譲渡があった場合」に該当するものとして取り扱われている。

本件では、債権者（B銀行）、債務者（A社）及び連帯保証人・本件不動産所有者（納税者）の間で、本件不動産を売却（本件譲渡）し、本件譲渡代金を原資としたA社のB銀行に対する債務弁済計画が立てられ、三者の合意の枠組みの中で、本件譲渡と連帯保証債務の履行が同時に行われたものであり、正に本件譲渡と連帯保証債務の履行との間には強い因果関係がある。

所得税法64条2項の文言上、代位弁済が必要とは規定されておらず、実質的に保証債務を履行したとみることができるのであれば、必ずしも弁済が誰の名義で行われたかという形式に関わりなく、上記規定が適用されるべきである。

【課税庁の主張】

　保証債務を履行するための資産の譲渡があった場合とは、資産を譲渡し、その譲渡代金で保証債務を履行した場合又は保証債務を代物弁済した場合における資産の譲渡をいうものと解されるところ、本件では、納税者がＢ銀行に対し、本件譲渡代金をもって、Ａ社の同銀行に対する借入金債務につき、Ａ社に代わって弁済をしたとの事実が認められない。

【判決】

　納税者は、本件不動産をＡ社の債務のため物上保証に供していたと認められるところ、保証債務の特例が適用されるためには、納税者がＡ社の債務を弁済し又は担保権を実行されたことが必要となる。

　Ａ社の債務は、Ｂ銀行、Ａ社及び納税者の三者の合意の下、本件譲渡代金を原資として弁済計画が立てられ、その実行がされたもので、実質的には、納税者がＡ社の債務を履行したことになると、納税者は主張する。

　しかしながら、そもそも納税者とＡ社とは別個の人格をそれぞれ有しているのであり、納税者のＡ社に対する本件譲渡とＡ社の本件転売代金による弁済については、それぞれを別個独立の行為とみるべきものである。

　Ａ社のＢ銀行に対する借入金債務は、Ａ社が納税者から本件譲渡により取得した本件不動産を転売して得た代金（本件転売代金）によって自ら返済したものと認められ、納税者がＡ社の債務を弁済したとは認められないから、上記特例を適用するための要件を欠くものといわなければならない。

　そうすると、本件譲渡につき、所得税法64条2項の適用がないことは明らかである。

【ポイント】

　納税者がＣ社に直接、本件不動産を譲渡してＡ社の保証債務を履行した場合、51,055,000円（譲渡代金299,135,000円－Ａ社の残債務248,080,000円）が納税者の手元に残ります。

　保証債務の特例が適用可能であれば、この51,055,000円が課税の対象になりますが、問題は、本件のようにＡ社が法人として存続し事業を行っていると「求償権の行使は不能である」という認定が難しくなってくることにあります。

（※）　国税庁は、経済産業省からの照会「保証債務の特例における求償権の行使不能に係る税務上の取扱いについて」の中で、「法人が解散しない限り適用できるのではないか」との問いに対して、平成14年12月25日付で「求償権の能否判定は所得税法基本通達51－11に準じて判定する」と回答しています。回答文の中で「法人の解散」については触れられていませんが、同通達に「法人の解散」は明示されていませんので、適用要件にないと解釈することができます。

　そこで、このようなスキームを採用したとも考えられます。しかしながら、「保証債務を履行するための資産の譲渡」といいうるためには、「他人の債務を担保するため質権若しくは抵当権を設定した者がその債務を弁済し又は質権若しくは抵当権を実行される」という要件が定められています（所基通64－4(5)）。

　これに本件を当てはめると、Ａ社は納税者から取得した不動産を売却して借金を返済したということになってしまいますので、この要件を欠くことになります。

　確かに、納税者の主張するように「本件譲渡と連帯保証債務との間には強い因果関係がある」とも考えられますが、「保証債務を履行するための資産の譲渡」に関する規程ですので、自分の借金を自分で返済したとなると、要件を欠くと認定されてしまい、やむを得ない結果と考えら

れます。

したがって、課税庁が主張するように、納税者がA社に代わって弁済していれば、特例適用が認容された可能性もあります。

④ 優良住宅地の造成等のために土地等を譲渡した場合の長期譲渡所得の課税の特例

優良住宅地の造成等のために土地等を譲渡した場合の長期譲渡所得の課税の特例は、当該特例の適用要件として、譲受者が開発許可を取得し分譲することが定められており、譲渡者が開発許可を取得して分譲した場合には特例適用対象の譲渡となりません。ここでは、開発許可を取得した者に関して、課税庁と争いとなった判例裁決を検討します。

38 譲渡人が優良宅地造成を行った場合の特例適用

> 土地等の所有者が開発許可を取得して開発を行った後に譲渡した場合には、租税特別措置法31条の2の特例適用はないとされた事例。
> 平成13年3月29日　東京地裁判決　TAINS番号：Z250-8869

【事案の概要】

年月日	事実関係の概要
平成4年11月30日	納税者は、自身を許可申請者として、A市の土地について、東京都の条例に基づく土地の区画形質を変更する行為の許可申請を東京都知事に対し行い、同知事は当該申請に係る開発行為を許可した。

平成4年 12月9日	納税者は、自身を許可申請者として、東京都建築指導事務所長に対し、都市計画法に基づく開発許可申請を行い、同所長は、これを許可した。
平成5年 2月24日	納税者は、本件開発地の一部を売買代金1億5,500万円で、Ｉ社へ売却する契約を締結した。
平成5年 4月30日	東京都建築指導事務所長は、本件工事が開発許可の内容に適合していると認めて、都市計画法に基づき、納税者宛に検査済証を発行し、工事が完了した旨の公告をした。
平成5年 8月9日 ～ 平成5年 9月28日	Ｉ社は、納税者に対して、売買代金1億5,500万円を5回に分割して支払った。
平成6年 3月17日	納税者は、租税特別措置法31条の2《優良住宅地の造成等のために土地等を譲渡した場合の長期譲渡所得の課税の特例》を適用して、所得税の確定申告を行った。
平成8年 3月15日	Ｉ社は、東京都建築指導事務所長に対し、都市計画法に基づく開発許可申請を行い、同所長は、これを許可した。
平成9年 3月7日	課税庁は、本件特例の適用はないとして、所得税の更正等の処分を行った。

【争点】

租税特別措置法31条の2《優良住宅地の造成等のために土地等を譲渡した場合の長期譲渡所得の課税の特例》の適用可否について

争点1

譲渡人が開発行為をした場合にも、本件特例の適用を認めるべきか否か。

争点2

実質的な開発行為者がＩ社であったとして、本件特例の適用を認め

るべきか否か。

【納税者の主張】

争点1

　本件特例は、優良宅地の供給を促進する目的で税法上の優遇措置を設けたものであるところ、開発行為の申請人が譲渡人又は譲受人のいずれであっても開発行為によって優良宅地が確保され促進される効果は同じであるから、譲渡人において開発行為の許可を受けて開発行為を行った後に譲渡した場合においても、本件特例を適用すべきである。

争点2

　納税者は、平成4年当時、75歳の農家の老女であり、土地の開発造成など自らできる立場になく、開発工事は買主のI社が行った。開発行為の申請人、開発許可のあて先、造成費の支払人等の名義人はすべて納税者になっているが、これらはすべてI社、I社の顧問会計事務所であるJ会計事務所及びI社が選任した土地家屋調査士乙が行ったものであり、納税者は知らなかったことである。

【課税庁の主張】

争点1

　本件特例の適用される土地等の譲渡は、開発許可に基づく地位の承継があった場合を除き、開発許可を受けて住宅建設の用に供される一団の宅地の造成を行う個人又は法人に対するもの、すなわち、土地等の譲受人において自ら開発許可を取得し、宅地の造成を行う場合に限って適用するものであって、本来課せられるべき税負担を特別の配慮から例外的に軽減しようとする課税の特例であることから、厳格に適用されるべきものであり、納税者が主張するようにみだりに拡張解釈ないしは類推適用されるべきものではない。

争点2

　納税者がＩ社に譲渡した本件土地は、納税者が都市計画法に基づく開発行為の申請をし、その旨の許可を受け、納税者において開発行為に係る工事を行い、右工事代金及び関係諸経費を支出したものであり、その完成に伴う検査済証も納税者の名義で交付を受けたものであるから、納税者が開発行為前の本件土地を更地でＩ社に譲渡し、その後の開発行為をＩ社がすべて行った旨の主張は事実に反するものである。

【判決】

争点1

　租税負担公平の原則に照らし、その解釈は厳格にされるべきものであり、右条項の文言を離れて、みだりに実質的妥当性や個別事情を考慮して、拡張解釈ないし類推解釈をすることは許されない。土地等の譲渡人において開発許可を取得して開発を行った場合については本件特例の適用はない。

争点2

　本件開発許可に係る開発行為は、その当時の所有者である納税者の負担において行われたというべきであり、Ｉ社は、右開発に係る造成工事を納税者から請け負った者にすぎず、本件土地の譲受人として開発行為を行ったものではない。納税者は、Ｉ社において、申請名義人を誤ったことを認めて、再度、Ｉ社名義で開発許可を取り直した旨主張するが、Ｉ社名義の開発許可に係る開発行為の内容は、植木を植え、建物以外の土地を一部嵩上げするものであることが認められ、当初の納税者名義の本件開発許可に係る開発行為とは、別の内容のものというべきである。

【ポイント】

　本件では、特例の適用に際して、会計事務所も関与していますので、以下、検討してみます。

　まず、争点1ですが、譲渡人が開発行為をしてしまうと、条文そのものに適合しなくなってしまいます。納税者は、優良住宅が確保され促進される効果は同じであると主張していますが、譲渡は、あくまでも優良住宅地の造成等のために譲渡した土地等に限られます。この点について判決は、条文解釈について、拡大解釈や類推解釈は許されないと判示しています。

　次に、争点2ですが、納税者は平成4年当時、75歳の農家の老女と主張しており、確かに納税者単独では開発許可申請が困難かもしれません。しかしながら、裁判所は、売買契約書や、Ｉ社の総勘定元帳に記載されている事項を確認し、さらに各種の支払状況等から、開発行為は納税者の負担で行われ、Ｉ社は、それを請け負った者に過ぎないと判示しています。

　納税者の本件土地譲渡によって、優良住宅地が供給されたという事実に関しては、納税者の主張のとおり、その効果は同一ですが、特例の適用を受けるための過程が法令に従っていなかった事例といえます。

39　不動産信託を受託した法人が開発許可を行った場合の特例適用

　不動産信託の譲渡において、当該信託の受益権を取得した譲受会社が自ら開発許可を受けて造成工事等を行った場合にのみ、優良住宅地の造成等のために土地等を譲渡した場合の長期譲渡所得の課税

の特例（措法31条の2）の適用要件を満たすとされた事例。

    平成30年3月9日　大阪地裁判決　TAINS番号：Z268-13130

    平成30年8月24日　大阪高裁判決　TAINS番号：Z268-13177

【事案の概要】

年月日	事実関係等
平成24年8月13日	本件不動産を共有する納税者らは、A社（本件受託会社）との間で、本件不動産の管理及び処分を目的として、本件不動産を信託財産とし、納税者らを委託者兼受益者、A社を受託者とする本件信託契約を締結した。
平成25年4月1日	A社は、N市開発事業に関する指導要綱に従い、N市長に対し、開発事業者をA社、開発区域を本件土地とする開発事業事前協議申請書を提出した。
平成25年5月17日	納税者ら及びB社（本件譲受会社）は、代金を1億9,470万円とし、代金全額の授受と同時に納税者らからB社へ本件受益権を移転させる（本件譲渡）旨の本件売買契約を締結し、同日、A社から本件譲渡に承諾を受けた。
平成25年6月13日	N市は、A社に対し、開発者をA社として、都市計画法に基づく同意をした。指導要綱に従い、N市との間で、開発事業者をA社として、開発事業に関する協定を締結した。
平成25年6月21日	平成25年6月18日付で、N市長に対し、本件土地を開発区域とする開発許可を申請し、N市長から許可を受けた。
平成25年6月28日	B社は、納税者らに対し、代金1億9,470万円を支払い、納税者は、当該代金のうち4,867万5,000円を受領した。
平成25年12月13日	A社は、指導要綱に従い、N市長に対し、開発事業者をA社として、中間検査申出書を提出した。
平成25年12月18日	A社は、N市長に対し、都市計画法及び指導要綱に基づき、工事完了届出書を提出した。

| 平成25年
12月25日 | N市長は、A社に対し、開発行為に関する工事の検査済証を交付するとともに、当該工事が完了した旨を公告した。 |

【争点】

優良住宅地の造成等のために土地等を譲渡した場合の長期譲渡所得の課税の特例（措法31の2）の適用可否。

【納税者の主張】

本件規定の趣旨は、優良な住宅地の開発及び供給の促進を図ることにある。信託された土地について、当該信託による受益権が開発業者等に譲渡されることによっても、優良な住宅地の開発等は促進され得るが、当該土地において開発行為を行う場合には、受託者が受益者のために信託財産の管理、処分等をするという信託制度の枠組みに照らして、受託者が名宛人として開発許可を受けざるを得ない。かかる場合において、本件規定は、実質的に解釈されるべきであり、実質的に開発許可を受けたものと評価することができる法人であれば、本件規定所定の「開発許可を受けて」宅地の造成を行う法人に当たると解すべきである。

【課税庁の主張】

本件において開発許可を申請し、N市の職員による審査を受け、実質的にもN市長から開発許可を受けたと評価されるのはA社である。そして、仮にA社がB社の指図に基づいて開発許可を申請したこと等の事情があったとしても、信託契約の法的性質に照らし、開発許可を受けたという法律効果がB社に及ぶものではない。

【判決】

各事実に照らせば、本件受託会社は、開発者ないし開発事業者として本件開発許可の申請等に係る手続を一貫して自らの名義で行ったことが

明らかであって、A社がB社の代理人として本件開発許可を受けたということもできない。

したがって、B社が名宛人として本件開発許可を受けたということはできない。

本件譲渡は、本件規定所定の土地等の譲渡に該当するということはできないから、本件譲渡による譲渡所得に租税特別措置法31条の2第1項は適用されない。

【ポイント】

本件は、不動産信託の契約による受託会社が、開発許可を受けて、この受託会社とは別会社に本件不動産を譲渡しています。受託会社と譲受会社が同一法人であれば、まだ検討の余地もありそうですが、受託会社と譲受会社が別法人のため、「優良住宅地等のための譲渡」に該当するか否かが論点になります。

納税者は、制度趣旨から、実質的に開発許可を受けたものと評価することができる法人であれば、本件特例を適用できるとの主張に対して、課税庁側は、「開発許可を受けて」宅地の造成を行う法人には該当しないとして、適用を否認し、大阪地裁も課税庁と同様の判断をしています。

なお、大阪高裁は、大阪地裁同様「原判決は相当であって、本件控訴には理由がないからこれを棄却する」と判決しています。

実務的には、開発事業者が本件特例の適用要件を取り違える、あるいは造成工事の実施時期等から、売買の手続と並行して開発許可等の手続を行うこともあり、譲受人でない者が開発申請を行い、本件特例を否認される場合が散見されますので、注意したいところです。

⑤ 収用交換等の場合の特例

　収用交換等の場合の特例は、公共事業の事業者から収用証明書等が交付されるため、これらの証明書等により申告書を作成することとなります。証明書等に基づいて申告するため、本来であれば課税庁との争いは生じないはずです。しかしながら、収用証明書等そのものの有効性や、記載内容について課税庁と争われることもあり、これらに関する判例裁決を検討します。

40 「買取り等の申出があった日」の意義

> 　租税特別措置法33条の4第3項1号の「最初に買取り等の申出があった日」とは、公共事業施行者が、資産の所有者に対し、買取り等の対象となる資産を特定し、その対価を明示して、買取り等の意思表示を初めて示した日とされた事例。
> 　　　　平成28年10月14日　東京地裁判決　TAINS番号：Z266-12917

【事案の概要】

年月日	事実関係等
平成14年5月	H知事は、S市を公共事業施行者とするS圏都市計画道路事業を認可し告示した。これに伴い、本件土地の一部が、当該事業の事業地内の土地となった。
平成19年11月29日	S市は、本件土地の所有者である納税者に対して下記の金額で本件土地の買取りをしたい旨を申し出て、「土地代金及び建物等移転補償費価格提示書」、「公共事業用資産の買取り等の申出証明書」を交付した。

	なお、取得費及び補償費の総額は105,814,143円となる旨が記載されていた。
平成21年1月23日	納税者は買取申出に応じず、S市はH収用委員会に、収用の裁決の申請及び明渡裁決の申し立てをした。
平成22年5月7日	H収用委員会は、本件土地に係る権利取得の時期及び明渡しの期限を平成22年7月6日とする権取得裁決及び明渡裁決をした。補償金の総額は108,747,455円としている。
平成22年6月16日	S市は、本件補償金108,747,455円をS法務局に供託した。
平成22年7月6日	S市は、本件土地について収用を原因とする所有権移転登記を経由した。
平成22年9月6日	S法務局は、供託された108,747,455円を納税者名義の口座へ送金した。
平成23年3月10日	納税者は平成22年分の所得税の確定申告書を課税庁に提出した。なお、収用等に伴い代替資産を取得した場合の課税の特例の適用を受けようとする旨の記載がある。
平成24年5月17日	納税者は、平成22年分の所得税確定申告書の修正申告書を提出したが、「公共事業用資産の買取り等の申出証明書」の提出はなかった。
平成26年3月14日	課税庁は、納税者に対し、本件土地は租税特別措置法33条の4第3項1号の最初に買取り等の申出があった日から6か月が経過した日までに収用交換等がなされなかった資産に該当するため、本件特別控除の適用はないとして更正処分等を行った。

【争点】

収用交換等の場合の譲渡所得等の特別控除（措法33の4）の適用可否。

【納税者の主張】

本件買取申出において提示された価格は、本件事業の認可の日の標準地価格を基準としておらず、権利取得裁決までの物価の変動に応ずる修正率も考慮していないから、土地収用法第71条に違反し、違法であって、

本件買取申出は無効である。

本件収用等裁決においては、本件土地に関して、裁決の日、起業者、土地所有者及び土地が特定され、その対価及び本件土地を収用する旨が記載されていたから、本件収用等裁決が実体的に買取りの申出であるとみることができ、本件収用等裁決がされた平成22年5月7日が、最初に買取り等の申出がされた日となる。

本件買取申出は無効となったものであり、本件申出証明書等の添付は必要ないこととなった。

【課税庁の主張】

本件事業の施行者であるＳ市は、平成19年11月29日、本件土地の所有者である納税者に対し、買取り等の対象となる資産を特定し、その対価を明示して、買取り等の意思表示をしているから、同日に本件土地についての最初の買取り等の申出が行われたというべきである。本件収用等裁決は権利取得の時期又は明渡しの期限を平成22年7月6日としており、また、同日の収用を原因としてＳ市への所有権移転登記がされていることからすれば、本件土地について、収用交換等による譲渡のあった日は平成22年7月6日となるから、本件土地の譲渡は、最初に買取り等の申出があった日（平成19年11月29日）から6か月を経過した日（平成20年5月30日）までにされたものではない。

納税者は、買取り証明書等の本件特例の適用を受けようとする資産につき公共事業施行者から交付を受けた買取り等の申出があったことを証する書類を申告書に添付していない。したがって、納税者は本件特例の適用要件を充足していない。

【判決】

納税者は、本件買取申出に応じず、Ｓ市による収用の裁決の申請及び

明渡裁決の申立てを経て、権利取得の時期及び明渡しの期限をいずれも平成22年7月6日とする本件収用等裁決がされ、同日、本件土地についてＳ市への収用による譲渡がされたものであるところ、本件買取申出がされた平成19年11月29日から6か月が経過しても、租税特別措置法33条の4第1項に規定する資産の収用交換等による譲渡がされなかったことは明らかであるから、本件土地の譲渡は、本件特例の要件を充足していない。

納税者は、同項に規定する公共事業施行者から交付を受けた買取り等の申出があったことを証する書類に該当する本件買取申出書を本件修正申告書に添付していないのであるから、本件特例の要件を充足していない。

【ポイント】

本件では、①買取り等の申出を受けた日から6か月以内か否か、②収用証明書等の添付資料の有無、について争われていますので、以下、検討します。

⑷　買取り等の申出を受けた日から6か月以内

公共事業を実施する事業施行者（本件ではＳ市）が、公共事業実施のために、個人の土地所有者等から用地等を収用する場合に、当該土地等の対価として補償金を交付する場合には、資産の譲渡として所得税の課税対象となります（所法33）。

公共事業のために、自分の所有する資産を提供することになる者に対し、このような資産の譲渡に対して配慮し、租税特別措置法では、収用等に伴い交付される各種の補償金に対して、本件で争点となった特別控除のほか、各種の課税の特例が定められています。

この補償金には、土地や建物といった不動産の代金（対価補償金）以

外の目的で交付されるものもありますが、収用等の場合の課税の特例は、この対価補償金に限られます（措法33⑤、措通33－8以下）。

また、公共事業施行者が、最初に買取り等の申出のあった日から6か月を経過した日までに、買取り等がなされなかった資産は、特例の適用対象外と定めています（措法33の4③一）。

では、この買取り等の申出とは、どのタイミングをいうのか、本件ではこのタイミングが争点とされています。これを理解するためには、まず、公共事業等の概略を確認する必要があります。

次ページ図1では、事前協議の概略を示しています。事前協議とは、公共事業等の買取りに際して交付される各種補償金について、租税特別措置法の適用要件を充足しているか否かを、公共事業施行者等と課税庁とで、相互に確認することをいいます。

本件の特別控除を適用するためには、やむを得ない事情があると認められる場合を除き、公共事業施行者から交付される収用証明書等の添付がある場合に限り適用されます（措法33の4④⑤）。

そのため、この収用証明書等を交付する公共事業施行者としては、課税庁との事前協議は欠かせないこととなります。

■図1　事前協議の流れ

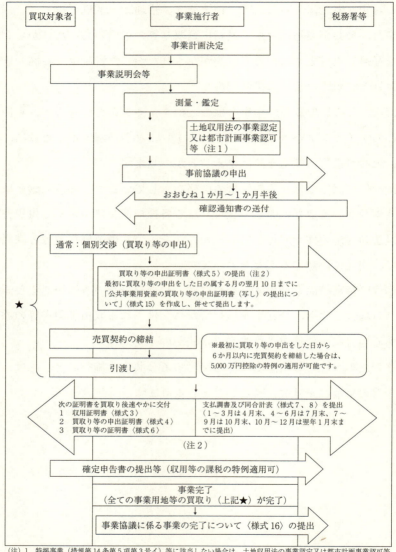

(注)1　特掲事業（措規第14条第5項第3号イ）等に該当しない場合は、土地収用法の事業認定又は都市計画事業認可等を受ける必要がある。
2　事業施行者又は代行買収者は、買取り等の申出をした者及び買取りを了した者（★）について各種証明書を発行するとともに、事業施行者等の所在地を管轄する税務署へ各種証明書等を提出する。

（出典：国税庁ホームページ　事前協議の手引―譲渡所得等の課税の特例の適用関係―）

公共事業施行者が、買取り等の申出を行ってから6か月の収用といわれると、例えば、ある日突然、公共事業施行者が自宅へやってきて、あなたの土地を今から6か月以内に売ってください、というイメージにもなりがちです。しかしながら、実際には十分な準備期間を経ています。図1で「土地収用法の事業認可又は都市計画事業認可等」とありますが、これは本件でいう平成14年5月のＳ圏都市計画道路事業の認可をいいます。

　したがって、事業の認可以前には、その前段階として、事業計画決定、事業説明会等が実施されており、「ある日突然」ということではありません。

　事業が認可されると、この認可に基づき公共事業施行者は事前協議の申出をしますので、課税庁側では、この申出を受けて特例の適用等について検討します。本件では、公共事業施行者がＳ市ですので、特例適用可として確認通知書が課税庁から送付されているものと考えられます。

　買取り等の申出は、通常、ここから個別交渉によりスタートすることになります。本件では、平成19年11月29日にＳ市が、納税者に対し買取りの申出をしています。この買取り申出の後、売買契約の締結と引渡しという手順になり、買取り申出から売買契約まで6か月以内であれば、本件の特別控除を適用できることになります。

　本件では、納税者がこの買取り申出に応じなかったため、Ｓ市は土地収用法に基づく収用等の裁決を経て、なかば強引に本件土地を取得したということになります。

（※）　公共事業のために土地等を供出するとはいえ、私権は日本国憲法で認められていますので、本件のように都市計画道路事業をＳ市が実施する際には、地権者等と話し合いにより任意売買を原則とします。ただし、

必ずしもすべての地権者等と折り合うことができるとも限りません。

このような場合に、土地収用法の定めるところにより、土地を収用し、又は使用することができるとされています（土地収用法2）。

納税者の視点から見れば、買取り申出に応じなかったとしても、収用されてしまったのだから、結果として同じことではないか、とも考えられます。

しかしながら、裁判所は、本特例の制度趣旨について「公共事業施行者による最初の買取り等の申出の日から6か月を経過した日までに当該譲渡がされなかった場合には、本件特例は適用しない旨を定めているところ、その趣旨は、公共事業施行者の事業遂行を円滑かつ容易にするため、その申出に応じて資産の早期譲渡に協力した者についてのみ、その補償金等に対する所得税につき特別の優遇措置を講じ、もって公共事業用地の取得の円滑化を図るというものであると解される。」と判断しています。

最初に買取りを申し出た平成19年11月29日から、最終的にS市に所有権移転登記を経て、対価補償金が納税者に送金された平成22年9月6日まで要しており、制度趣旨からも、本件判決はやむを得ないと考えられます。

㈡　収用証明書等の添付

公共事業施行者は、買取り後速やかに、納税者に対して①「収用証明書」、②「公共事業用資産の買取り等の申出証明書」、③「公共事業用資産の買取り等の証明書」を交付することとされています。

課税庁では「3点セット」と呼んだりします。提出された確定申告書を課税庁内でチェックする際には、この「3点セット」が添付されているか否か、添付されていたとして記載内容が適正か否かをチェックしま

す。

　本件では、この「3点セット」が添付されていなかったことが、税務調査等へ発展したものと考えられます。

　この「3点セット」には、それぞれに意味があるため、その意味を把握しておく必要があります。

① 「収用証明書」

　収用証明書には、収用の対象となる地権者等、公共事業施行者の所在地や名称、買取り資産の所在地や数量、買取り年月日、買取り等の金額、補償金の明細等が記載されています（次ページ図2参照）。3点セットの中心的な証明書になります。

　対価補償金のみならず、移転雑費等の補償金額も記載されているため、この収用証明書がないと、譲渡所得の計算のみならず、他の所得の計算ができません。

　例えば、図2に記載のある移転雑費7,801,540円は、収用により移転を余儀なくされたことにより交付される補償金（引越費用的なもの）であり、交付の目的に従って全額を支出すれば課税されませんが、残額が生じると一時所得として課税される場合もあります（所基通34－1(9)）。

　なお、図2から図4に記載された買取り等の金額と補償金額の所得区分等については、収用された資産等の計算明細書（105ページ）を参照してください。

■図2　収用証明書　記載例

収　用　証　明　書

〇〇〇　第〇〇〇号
令和〇〇年〇〇月〇〇日

〇〇市〇〇町〇丁目〇番〇号
〇〇　〇〇　　様

公共事業施行者　〇〇市〇〇町〇丁目〇番〇号
〇〇県土木事務所長
〇〇　〇〇　（公印省略）

　下記1の資産は、〇〇県が施行する県道〇〇・〇〇線改良事業（根拠法令　道路法第15条）の用に供するため買取りしたものであることを証明する。
　また、〇〇県が補償した下記2の資産は当該資産のある土地の買取りに伴い、取壊し又は除去をしなければならなくなったものであること及びこれに伴う移転料その他の損失に対する補償金が下記2の明細のとおりであることを証明する。

記

1　買取り等に係る資産
（1）資産の表示等

所　在　地	種類等	面積（㎡）	区　分	買取り等年月日	買取り等の金額	備　考
〇〇市〇〇町〇-〇-〇	宅地	76.54	買収	令和6年7月20日	11,481,000 円	

（2）証明規定　租税特別措置法施行規則第14条第5項第3号イ

2　取り壊し又は除去をしなければならなくなった資産
（1）資産の表示

所　在　地	種　　類	面　積　等	区　　分
〇〇市〇〇町〇-〇-〇	木造瓦葺二階建専用住宅	1棟（165.29）㎡	移転

（2）買取り等の日　令和6年7月20日

（3）補償金の明細

補　償　項　目	補　償　金　額	備　考
建物移転補償金	39,206,774　円	
仮住居補償金	4,836,229	
移転雑費	7,801,540	
収益補償金	6,149,690	

（4）証明規定　租税特別措置法施行規則第14条第5項第11号

3　代行買収の場合

代　行　買　収　者	所在地	
	名　称	

（出典：国税庁ホームページ　事前協議の手引―譲渡所得等の課税の特例の適用関係―）

② 「公共事業用資産の買取り等の申出証明書」

この「公共事業用資産の買取り等の申出証明書」は、本件において、平成19年11月29日に、S市から納税者に交付されています。

この証明書には、公共事業施行者、買取り等の申出をした資産の所在地や数量、そして一番重要な「買取り等の申出年月日」が記載されています（図3参照）。

しかしながら、買取り等を申し出たことを証明するにとどまりますので、「公共事業用資産の買取り等の申出証明書」のみでは、租税特別措置法33条の4を適用する際の添付書類要件を満たさないことにな

■図3　公共事業用資産の買取り等の申出証明書（記載例）

公共事業用資産の買取り等の申出証明書						資産の所有者への交付用	
資産の所有者	住所（居所）又は所在地	○○市○○町○丁目○番○号					
	氏名又は名称	法人／個人　○○　○○					
事業名	買取り等の申出年月日	買取り等の区分	買取り等の申出をした資産				
			所在地		種類	数量	㎡
県道○○・○○線改良事業	6・5・10	買取り	○○市○○町○-○-○		宅地	76.54	
						（　・　・　）	
						（　・　・　）	
摘　要	令和○年○月○日付○○資1第○号（№○○○○○）により○○税務署と事前協議済						
公共事業施行者	事業場の所在地	○○市○○町○丁目○番○号					
	事業場の名称	○○県土木事務所長　　○○　○○					

※ 収用等の5,000万円控除の特例の適用を受ける場合には、この証明書を確定申告書等に添付してください。

（出典：国税庁ホームページ　事前協議の手引―譲渡所得等の課税の特例の適用関係―）

ります（措法33の4④、措規15②）。

なお、この「公共事業用資産の買取り等の申出証明書」は、公共事業施行者が買取等の申出をした場合に、公共事業施行者から課税庁にも提出することとされています。

③ 「公共事業用資産の買取り等の証明書」

この証明書は、実務的には、公共事業施行者が資産の買取り等を行った都度作成し、納税者へ交付することとされています（国税庁ホームページ「事前協議の手引—譲渡所得等の課税の特例の適用関係—」）。

本件では、裁判所の判断のなかで、これらの証明書が添付されていなかったと認定されています。

資産の所在地や資産の種類、数量、買取り等の金額、買取り等の年月日等の重要事項が記載された証明書になります（図4参照）。

ここで買取り等の年月日が記載されていますので、買取等の申出から6か月以内か否かを判定することができます。

なお、これら各証明書以外に、不動産の譲受けの対価の支払調書及び同合計表が、公共事業施行者から課税庁に提出されることとされています（所法225①九）。

■図4　公共事業用資産の買取り等の証明書（記載例）

公共事業用資産の買取り等の証明書								
譲渡者等	住所（居所）又は所在地	○○市○○町○丁目○番○号						
	氏名又は名称	法人／個人　○○　○○						
資産の所在地	資産の種類	数量	買取り等の区分	買取り等の年月日	買取り等の金額			
		㎡			百万	千	円	
○○市○○町○-○-○	宅地	76.54	買取り	6・7・20	11	481	000	
				・　・				
				・　・				
				・　・				
（摘要）建物移転補償　39,206,774円　仮住居補償金　4,836,229円　移転雑費　7,801,540円 　　　　収益補償金　6,149,690円 ○事業名　　　　　　　　　　　　　　　　　　　　　　　○買取り等の申出年月日　6・5・10 　県道○○・○○線改良事業（令和○年○月○日付○○資１号第○号 　（№○○○○○）により○○税務署と事前協議済）　　　　○〔　　　　　（・　・　）〕 　　　　　　　　　　　　　　　　　　　　　　　　　　　　○〔　　　　　（・　・　）〕 　　こちらを参考として、事前協議の番号を記載していただけますと一層の処理促進に寄与することとなりますので、記載にご協力願います。								
公共事業施行者	事業場の所在地	○○市○○町○丁目○番○号						
	事業場の名称	○○県土木事務所長　　○○　○○						
※　収用等の5,000万円控除の特例の適用を受ける場合には、この証明書を確定申告書等に添付してください。								

（出典：国税庁ホームページ　事前協議の手引―譲渡所得等の課税の特例の適用関係―）

41　収用地上に存しない建物の移転補償費に対する特例適用の可否

> 収用された土地の上に存しない建物等に対して支払われた建物移転補償金は、収用交換等の場合の譲渡所得等の特別控除の特例の適用対象となる補償金には該当しないとされた事例。
>
> 平成21年5月25日裁決　TAINS番号：J77-2-17

【事案の概要】

納税者は、当初、100番（348.6㎡＋6.00㎡）、200番（67.82㎡＋6.13㎡）の土地を所有し、第三者から賃借する300番の土地（65.14㎡）を、納税者が代表を務めるA社に賃貸し、当該A社は、国有地（59.00㎡＋21.5㎡）と併せて、ガソリンスタンドの敷地として使用していた。

100番を100番1と100番2に、200番を200番1と200番2にそれぞれ分筆し、このうち100番2（6.00㎡）と200番2（6.13㎡）が、土地収用法による一般国道X号整備事業により平成18年3月に買い取られ、その対価を受領した。

さらに、納税者と事業者は「物件移転契約書」を取り交わし、納税者

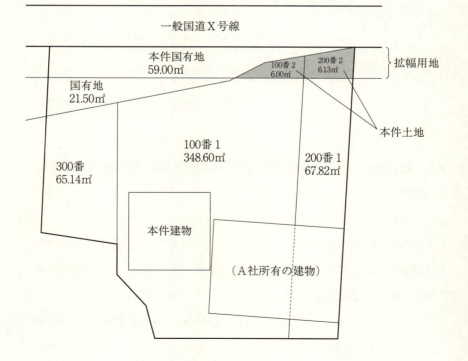

は本件建物の移転補償金を受領した。

【争点】

本件建物移転補償金は、収用交換等の場合の譲渡所得等の特別控除（措法33の4）の適用対象となる補償金に該当するか。

【納税者の主張】

本件建物については、本件土地上の上になかったとしても、本件土地を含むA社のガソリンスタンドの敷地と一体として使用していたものであるから、本件土地の上にあったものとし租税特別措置法33条3項2号（現：33条4項2号）に規定する「その土地の上にある資産」として取り扱うべきである。

したがって、本件建物移転補償金は、本件特例の対象となる補償金に該当するものであり、本件更正処分は、違法又は不当である。

なお、納税者及びA社は、ガソリンスタンドを継続させ、消防法等に規定する「面積制限」に適合させるためには、本件建物を移転せざるをえなかった。

【課税庁の主張】

本件建物については、本件土地の上になかったことは明らかであるから、本件土地を含むA社のガソリンスタンド敷地と一体として使用されていたものであっても、そのことを理由に、本件土地の上にあったものとして租税特別措置法33条3項2号に規定する「その土地の上にある資産」として取り扱うことはできない。

したがって、本件建物移転補償金は、本件特例の対象となる補償金に該当せず、本件更正処分は、適法である。なお、消防法等の規定により本件建物を移転する必要があったとしても、そのことを理由に本件特例を適用することはできない。

【裁決】

　本件特例を規定する租税特別措置法33条の4第1項本文のかっこ書により本件特例が適用されることとなる同法33条3項2号は、収用等をされる土地の上にある資産の取壊し又は除去が土地の収用等と同じ性格のものであり、収用等に準じて課税の特例を認めることが相当であるとの趣旨から、資産の取壊し又は除去であっても、同号に規定する土地の上にある資産について、収用等による譲渡があったものとみなし、土地の収用等の場合と同様の課税の特例を認めることとしているものと解される。

　本件建物移転補償金は、土地の収用等に伴って支払われた補償金ではあるものの、本件事業用地の地域外に存する資産の移転に要する費用を補償したものであると認められる。

　収用されることとなる本件土地自体の上にある資産について補償された場合に限り適用されることとなるのであるから、本件建物が本件土地を含むA社のガソリンスタンドの敷地と一体として使用されていたことのみをもって、本件特例を認める余地はない。

　租税と異なる法目的を持つ「消防法」等を根拠とする上記主張は、本件特例の適用の論拠とはなり得ない。

【ポイント】

　納税者側から見れば、収用された土地上に建物が存するか否かにかかわらず、道路拡張工事のために土地が収用され、これに伴い建物を移転したことになります。そのため、本特例が適用されないことについては、やや酷な結果といえます。

　しかしながら、「その土地の上にある資産」と定められていますので、文理解釈上、審判所の判断も、やむを得ない、といわざるを得ません。

たとえ、消防法等に規定する面積制限から、本件建物を移転する必要があったとしても、それは本件特例の範囲外の理由ですので、「消防法等によりやむを得ず移転した」としても、「その土地の上にある資産」でない以上、特例適用対象外と判断されてしまうのは、やむを得ません。

　むしろ、立法論の問題ですので、このように関係諸法令により移転を余儀なくされるような資産への補償金を、本件特例の対象とするような条文の構成が必要ではないかとも考えられます。

　課税庁側で所得税の確定申告書をチェックする際に、かなり細心の注意があったと考えられます。通常、「収用証明書」「公共事業用資産の買取り等の申出証明書」「公共事業用資産の買取り等の証明書」には、306ページの図のような地図や図面は添付されませんので、これら3つの証明書のみから、本件建物が「その土地の上にある資産」であるか否かを判断することは困難です。

　上記3つの証明書から、本件収用対象地の面積に比べて、本件建物の建築面積等が大きく、違和感を覚えた申告書のチェック担当者が、地積測量図や公図、建物図面等から、本件建物が、収用対象地上にないことを確認したのではなかと察することができます。

42　都市計画法に基づく土地の買取りの特例適用可否

　N市による本件土地の買取りは、外形的には都市計画法第56条の規定による土地の買取りの形式が採られているものの、当該土地に対する具体的な建築物の建築が許可されていない。また、当該土地の利用に著しい支障を来すこととなるという実態も存しないから、本件土地の譲渡対価について本件特例の適用はないとされた事例。

平成19年5月17日	名古屋地裁判決　TAINS番号：Z257-10714
平成20年12月18日	名古屋高裁判決　TAINS番号：Z258-11108
平成22年4月13日	最高裁破棄差戻　TAINS番号：Z260-11416

【事案の概要】

　収用等に伴い代替資産を譲渡した場合の課税の特例（措法33）、収用交換等の場合の譲渡所得等の特別控除（措法33の4）は、譲渡資産である土地が、都市計画法第56条（土地の買取り）第1項の規定に基づいて買い取られ、対価を取得することが適用要件の一つとされている。

年月日	事実関係等
昭和53年 5月24日	N市長は、都市計画法第20条に基づき、納税者らの所有するO町の土地1、2、3を含む近隣地域について都市計画（N市都市計画公園）を決定した。
平成10年 5月25日	N市長は、O町の土地1を事業予定地に指定した。
平成10年 12月4日	納税者は、平成10年11月6日付で、O町の土地1について都市計画法第53条1項に基づく建築許可申請書をN市長に提出したが、同法第55条1項に基づき建築許可をしなかった。
平成10年 12月7日	納税者は、N市長に対し、都市計画法第56条1項に基づき、O町の土地1を1億2,130万2,000円（時価）で買い取るよう土地買取申出書を提出した。
平成11年 1月25日	土地1の買取りについて、N市長は課税庁に、租税特別措置法33条、同33条の4に関する事前協議に関する書面を提出した。
平成11年 2月12日	土地1について、課税庁はN市長に対し「譲渡所得等の課税の特例の適用に関する確認について」を交付した。
平成11年 2月19日	参加人（N市）は、平成11年2月1日に、納税者と土地1を1億2,130万2,000円で買い取る旨の売買契約を納税者と締結し代金を支払った。

平成11年 6月3日	N市長は、O町の土地2及び3を事業予定地に指定した。
平成11年 10月12日	納税者は、平成11年10月6日付で、O町の土地2について都市計画法第53条1項に基づく建築許可申請書（土地3については記載なし）をN市長に提出したが、同法第55条1項に基づき建築許可をしなかった。
平成11年 10月15日	納税者は、N市長に対し、都市計画法第56条1項に基づき、O町の土地2及び3を、それぞれ時価5,683万2,000円（土地2）、777万6,000円（土地3）を買い取るよう土地買取申出書を提出した。
平成11年 11月15日	土地2及び3の買取りについて、N市長は課税庁に、租税特別措置法33条、同33条の4に関する事前協議に関する書面を提出した。
平成11年 11月30日	土地2及び3について、課税庁はN市長に対し「譲渡所得等の課税の特例の適用に関する確認について」を交付した。
平成11年 12月22日	参加人（N市）は、平成11年11月30日に、納税者と土地2を5,683万2,000円、土地3を777万6,000円で買い取る旨の売買契約を納税者と締結し代金を支払った。

【争点】

争点1

本件各土地の参加人への売却による対価について、譲渡所得に関する本件特例を適用しなかった本件各処分は違法か否か

争点2

事前協議を経た上でなされた本件各処分は、信義則に反して違法か否か

【納税者の主張】

争点1

都市計画法第56条1項の買取りの要件としての建築意思は、抽象的

な建築意思で足り、これを外形的な書面で表示すれば足りるというべきであって、詳細で具体的な建築図面を添付することまで要請される必要はない。このような意味での建築意思を有していたものである。

　本件特例の適用がないとしてなされた本件各処分は違法であり取り消されるべきである。

争点2

　事前協議制度に基づき、所轄税務署長が、一度は確認済みであるとの意思表示を行い、この公の証明書を信頼して確定申告を行った一部の納税者に対し、突然、一方的に判断基準を変更し、遡って課税処分をした。事前協議制度の趣旨を理解し、協力してきた事業施行者の信頼や、公共事業への理解と誠実な納税意識を有する納税者の意思を著しく踏みにじるものである。本件における各処分は、信義則に反する。

【課税庁の主張】

争点1

　土地の買取りに関し、建築許可申請書に添付すべき建築図面を参加人が用意していること、建築許可申請に対する不許可処分の通知がされていないこと、仮の買取申出書の提出から始まる公園用地買収手続は、都市計画法第56条1項の規定に基づく買取りであるかのような外形を作出するためだけに行われていることなどの諸事情からすれば、納税者は、具体的な建築物の建築意思を伴って建築許可申請を行っていたとは認められない。したがって、本件各土地の買取りについて、同項に規定する「建築が許可されないときはその土地の利用に著しい支障をきたすこととなる」とは認められないから、租税特別措置法33条1項3号の3に規定する「都市計画法第56条1項の規定に基づいて買い取られ」た場合には該当せず、本件特例の適用はない。

争点2

　事前協議は、主にその事業が租税特別措置法適用の対象となるか否かについて事実上の事務打ち合わせをするものに過ぎず、個別の租税法の適用関係について判断したものではなく、所轄税務署長が信頼の対象となる公的見解を表示したものではないから、信義則に反するとの主張には理由がない。

【地裁判決】

争点1

　参加人の運用は、外形上、都市計画法第56条1項の規定に従った土地の買取りとなってはいるものの、地権者が現実に計画していた建物の建築申請をしたが、それが不許可となったために土地の利用に著しい支障をきたすことになったという実態があるわけではなく、本件特例が予定している強制的に土地を収用される場合と同視すべき状況にあるとは認められない。

　このように参加人による都市計画法第53条以下の手続による本件各土地の買取りが形式的に同条以下の手続によって行われたにすぎないものであったことは、納税者が平成11年10月6日に提出した建築許可申請書にはO町の土地3に関する記載がなかったにもかかわらず、同土地も参加人が買い取っている事実にも現れているということができる。

　本件特例は、資産の譲渡が強制的に行われる場合に、当該所有者の生活を維持することを目的として設けられたものであることにかんがみると、強制的な譲渡と同視することができない実態にある本件各土地の参加人への譲渡について、本件特例を適用することはできない。

争点2

　所轄税務署の担当者らは、参加人が、予め買取申出書を提出するなどして参加人への売却を予定し、同土地について具体的な建築意思を有しない土地所有者から土地を買い取るため、形式的に建築許可申請書の提出を受けたり、その申請書に添付すべき建築図面も参加人において用意した複数の図面から、適当なものを添付して、それを複数の建築許可申請において使い回すなど、都市計画法第56条1項の買取手続が本来予定しない実質的な任意売買の方法によって買取手続を進めていることについて、事前協議の場その他において参加人側から説明を受けておらず、その実体を把握していなかったと認められるから、所轄税務署長らが本件特例の適用に関する従前の取扱いの方針を変更したり、上記の事前協議やそれに基づく確認書を交付したのとは相容れない立場から本件各処分をしたものとは認められない。

　事前協議がなされたことや確認書が参加人に交付されたことは、所轄税務署長らが行った本件各処分について信義則違反を問うべき特別の事情に当たるとはいえない。

【高裁判決】

争点1

　租税特別措置法33条、33条の4が、都市計画法第56条1項の買取の対価に本件特例の適用を認めている理由は、事業予定地内の地権者が、都市計画法上の公共目的に基づいて、同法第55条1項本文により具体的で高度の土地利用制限を受け、極めて大きな経済的不利益を被る点を考慮したと解されるのであって、買取に至る手続の形式が、強制的な土地所有権移転の形態を取っているか否かに着目したものでない。

　納税者らが、本件各土地につき、都市計画法第56条1項の買取申出

をして、参加人に本件各土地を譲渡したこと、本件対価が同譲渡に係るものであることは、原判決の前提事実のとおりであり、他に本件特例の適用を否定すべき事情はないから、納税者は、いずれも本件対価について、本件特例の適用を受けられる。

【最高裁判決】

争点1

租税特別措置法33条が都市計画法第56条1項の規定による土地の買取りを掲げているのは、土地の所有者が意図していた具体的な建築物の建築が事業予定地内であるがために許可されないことによりその土地の利用に著しい支障を来すこととなる場合に、いわばその代償としてされる当該土地の買取りについては、強制的な収用等の場合と同様に、これに伴い生じた譲渡所得につき課税の特例を認めるのが相当であると考えられる。

納税者らは、当初から参加人に本件各土地を買い取ってもらうことを意図していたものの、本件特例の適用を受けられるようにするため、形式的に建築許可申請等の手続をとったものにすぎない。参加人による本件各土地の買取りは、外形的には都市計画法第56条1項の規定による土地の買取りの形式が採られているものの、納税者らには、その意図していた具体的な建築物の建築が許可されないことにより当該土地の利用に著しい支障を来すこととなるという実態も存しない。したがって、本件対価について本件特例の適用はないというべきである。

争点2

納税者らは、課税庁による各更正等が信義則に反する旨主張するので、その点について更に審理を尽くさせるため、本件を原審に差し戻すこととする。

【ポイント】

(イ) 都市計画法第56条１項について

　都市計画施設の区域又は市街地開発事業の施行区域内において、一定（注）の建築物を建築しようとする者は、都道府県知事等の許可を受けなければなりません（都市計画法53）。

（注）　非常災害のための必要な応急処置として行う場合等は許可を要しません（都市計画法53①一～五）。

　許可の基準として、例えば、２階建（地階なし）で、主要構造が木造や鉄骨造、コンクリートブロック等の容易に移転又は除去する建築物について許可申請があった場合に、都道府県知事は、原則として許可しなければならないことになっています（都市計画法54三）。

　しかしながら、市街地開発事業に支障がきたすと見込まれる場合等については、このような容易に移転又は除去できる建築物であっても、都道府県知事は許可しないことができます（都市計画法55）。

　この不許可に対応して、土地の所有者は、その土地の利用に著しい支障を来すこととなることを理由に、都道府県知事に時価で当該土地を買い取るよう請求することができます。請求を受けた都道府県知事は、特別の事情がない限り、当該土地を時価で買い取らなければならないこととされています（都市計画法56①）。

(ロ) 土地の買取りについて

　このように容易に移転又は除去できる建築物でさえ建築できない土地は、他に売却することもできず、都道府県知事に買い取ってもらう以外に処分方法がなくなってしまいます。この状況について地裁は「知事等に買取りを求めるほかには財産権行使の余地がほとんどない状況、すなわち、収用と同様に個人の完全な自由意思による取引とはいい難く、強

制的に実現したと同視し得る利益状況にある」と判断しています。

租税特別措置法は、このような土地の買取りについて、納税者の課税関係に配慮し、「収用等に伴い代替資産を譲渡した場合の課税の特例」や「収用交換等の場合の譲渡所得等の特別控除」等を定めています。

(ハ)　税理士業務のポイント

裁判所の判断が、地裁・最高裁と高裁で異なり判決が二転三転していますが、本件における税理士業務のポイントは、課税庁と事前協議を経て交付された「公共事業用資産の買取り等の申出証明書」「公共事業用資産の買取り等の証明書」等を顧問先から提示を受け、当該証明書等により、収用等に伴い代替資産を譲渡した場合の課税の特例（措法33）、あるいは収用交換等の場合の譲渡所得等の特別控除（措法33の4）を適用して申告書を提出したとしても、後日、否認される可能性があるということです。

税理士が、公共事業の過去の経緯や将来動向、公共事業の施行者と課税庁との事前協議の内容を把握するのは困難です。税理士にとっては、顧問先から「公共事業用資産の買取り等の証明書」等の提示を受けた事案について、どのように対応するかを考えさせられる判決内容といえます。

⑥ 居住用財産の特別控除

居住用財産を譲渡した場合の特別控除は、譲渡所得に係る他の特例に比較して適用件数が多く、必然的に課税庁と争われることも多くなります。ここでは、居住の用に供するとはどのようなことか、居住用財産とはどのような財産なのか等について、課税庁と争われた判例裁決を検討

します。

43 「居住の用に供する」ことの意義

> 「居住の用に供する」とは、真に居住の意思をもって客観的にも相当期間生活の拠点として利用していることを要し、当該譲渡者及びその配偶者等の家族の日常生活の状況やその家屋の利用の実態、その家屋の入居目的、その家屋の構造及び設備の状況等の諸事情を総合的に考慮し、社会通念に従って判断さるべきであり、本件特例の適用が否認された事例。
>
> 　　　　平成21年4月16日　大阪地裁判決　TAINS番号：Z259-11181
> 　　　　平成21年10月7日　大阪高裁判決　TAINS番号：Z259-11287

【事案の概要】

年月日	事実関係等
昭和47年5月16日	納税者と納税者の母・乙は、本件物件を共有持分各2分の1の割合で取得した。
平成15年2月23日	本件物件を代金3,600万円で譲渡した。
平成16年3月15日	納税者は、本件物件に係る譲渡所得に、居住用財産の譲渡所得の特別控除（措法35）の適用があるものとして、平成15年分の所得税確定申告書を提出した。
平成18年8月31日	課税庁は、当該特例の適用がないものとして、所得税の更正等の処分をした。

【争点】

本件譲渡に係る譲渡所得に本件特例（措法35）の適用があるか。

第2章　譲渡所得の特例　319

【納税者の主張】

　納税者は、平成15年2月23日の本件譲渡当時、本件家屋を居住の用に供していた。すなわち、納税者は、昭和49年3月ごろから母である乙とともに本件家屋に居住していたところ、乙は、昭和56年に納税者が婚姻した機会にA借家に転居し、納税者の家族が昭和60年ごろに本件家屋から転居すると、再び本件家屋に居住するようになった。その後、納税者は、高齢で一人暮らしをする乙が心配であったこと等から、本件譲渡のころまで本件家屋において乙と同居するようになった。

　この間、納税者は、B借家で妻子と生活する時間を持ち、勤務先に対してB借家から通勤している旨の届出をしたが、これらの事情も、納税者が本件家屋において乙と同居したことと矛盾しないというべきである。

　したがって、本件譲渡には本件特例の適用があり、特別控除によって長期譲渡所得の額は0円となるから、本件特例の適用を認めないとした本件更正処分は違法である。

【課税庁の主張】

　租税特別措置法35条1項に規定する「居住の用に供している家屋」とは、単に所有者が事実的支配を及ぼしている家屋というだけでは足りず、真に居住の意思をもって客観的にもある程度の期間継続して生活の本拠としていた家屋をいい、一時的な目的で短時間、臨時に使用する家屋はこれに該当しない。納税者は、本件家屋をまれに訪れていたにすぎず、納税者及びその家族の住民登録の状況からも、本件家屋は納税者の「生活の本拠」とはいえない。

　本件譲渡のころ、本件家屋が乙の居住の用に供されていたことは争わないが、納税者と乙とでは日常生活の状況が異なるから、本件家屋が乙の居住の用に供されていたからといって、本件家屋が納税者にとっても

同様に居住の用に供されていたとはいえず、納税者の譲渡所得について本件特例の適用があるとはいえない。

【判決】

納税者は、昭和49年3月ごろから母である乙とともに本件家屋に居住しており、昭和56年の婚姻後も居住を続けていたが、昭和60年ごろB借家を借りた。

納税者は、平成11年3月8日から平成14年1月31日までI社に勤務しており、同社に対しては、B借家の所在地を住所とし、通勤経路としてB借家の近隣のバス停「C」からI社に至る経路を、その後の勤務先であるD社に対しても、通勤経路として平成14年2月から平成15年8月までの間、D社に至る経路を、それぞれ届け出ている。

納税者は、平成13年3月15日に課税庁に「平成12年分の所得税の確定申告書」を提出したが、その住所欄には、B借家の所在地が記載されており、また、D社に「平成14年分給与所得者の扶養控除等（異動）申告書」を提出したが、その住所欄にも、B借家の所在地が記載されている。

乙は、昭和30年以前からA借家を賃借しており、住民登録も同所においてしていたが、遅くとも平成13年4月以降は、ほぼ毎週金曜日午後に本件家屋に行き、翌土曜日又は翌々日曜日に上記借家に戻るという生活を送っており、本件家屋では掃除や庭の草取り、家庭菜園の手入れ等を行っていた。本件家屋には、水道設備のほか、日常生活に必要な家庭用電気器具、ガス器具及び電話が備えられていた。納税者も、週末に本件家屋を訪れることがあり、本件家屋の水道光熱費は、納税者の銀行口座からの引落しの方法によって支払われていた。

納税者及び乙は、平成15年1月にそれぞれの住民登録を本件家屋の所在地に異動させ、同年2月23日、本件家屋を代金3,600万円で譲渡（本

件譲渡）し、同年5月23日、本件家屋を買主に引き渡した。

本件家屋は、租税特別措置法35条1項にいう「居住の用に供する家屋」には当たらず、本件譲渡に係る納税者の譲渡所得に本件特例の適用は認められない。

【ポイント】

「居住の用に供する」とは、社会通念に従う旨が裁判所で判断されています。この「居住の用に供する」とは、最終的には社会通念に委ねるしかなく、定義づけは困難と考えられます。

しかしながら、課税庁側としては、定義づけが困難だとしても、客観的な事実を積み重ねて、社会通念に見合うか否かを判断し更正処分等を行わざるを得ない場面も生じます。

本件では、「居住の用に供している家屋」であるか否か、「生活の本拠としていたか」について、住民登録の異動状況はもとより、納税者が提出した「平成12年分の所得税の確定申告書」に記載された住所、納税者が勤務先に提出した「平成14年分給与所得の扶養控除等（異動）申告書」に記載された住所等からも、本件物件には居住していなかったと、裁判所は判断しています。

これらは、納税者がどこに住んでいたかを示す客観的な証拠となり得ます。何かの提出書類や申請書類に住所を記載する際、自分が住んでいると認識している住所を記載するは、社会通念と考えられます。

「平成12年分の所得税の確定申告書」に記載した住所、あるいは勤務先に提出した「平成14年分給与所得の扶養控除等（異動）申告書」に記載した住所は、自分が住んでいた住所ではない、という主張をするのであれば、これを覆す証拠を提示する必要に迫られるのではないでしょうか。

本件では、平成15年1月に住民登録を本件家屋の所在地に異動させ、同年2月23日に譲渡し、同年5月23日に引き渡していますが、このような住民登録の異動状況によっては、「居住の用に供していた」ことについて「仮装」と認定されてしまい、重加算税の賦課決定対象となる場合もあります。

44 「二以上の家屋が併せて一構えの一つの家屋」の意義

> 二以上の家屋が併せて一構えの一の家屋であると認められるためには、それぞれの家屋の規模、構造、間取り、設備、各家屋間の距離等客観的状況によって判断する。措置法35条の適用対象となる土地部分は、居住していた家屋の建築面積等により按分した面積によるとされ、特例適用が一部否認された事例。
>
> 令和2年6月19日裁決　TAINS番号：J119-2-03

【事案の概要】

年月日	事実関係等
昭和58年4月6日	納税者は、本件土地及び本件甲家屋を取得し、住民票上の住所として登録した。
平成5年1月10日	納税者の子とその配偶者は、本件土地及び本件甲家屋を住民票上の住所として登録した。
平成9年3月25日	納税者の子とその配偶者は、本件土地上に本件乙家屋を新築した。
平成28年2月21日	納税者及び納税者の子らは、本件土地、本件甲家屋及び本件乙家屋の売買契約を締結した。

| 平成28年
11月29日 | 納税者及び納税者の子らは、本件土地、本件甲家屋及び本件乙家屋を買主に引き渡した。 |

（※）　本件甲家屋と本件乙家屋は、譲渡した時点で、2階の一部が渡り廊下で接合されているが、その設置時期は不明である。

【争点】

本件乙家屋敷地は、居住用財産の譲渡所得の特別控除（措法35）が適用される納税者の居住用財産に当たるか。

【納税者の主張】

本件甲家屋及び本件乙家屋は併せて一構えの一の家屋であり、納税者は本件甲家屋及び本件乙家屋を居住の用に供していたから、本件乙家屋敷地は、居住用財産特別控除規定が適用される納税者の居住用財産に当たる。

【課税庁の主張】

本件甲家屋及び本件乙家屋は、いずれも玄関、台所、風呂及び便所並びに電気、ガス及び水道の設備を有しており、その規模、構造、間取り、設備、家屋間の距離並びに通常考えられる用法及び機能等を考慮すれば、それぞれ独立して居住の用に供し得る機能を有する居住用家屋であることは明らかであるから、本件甲家屋及び本件乙家屋は併せて一構えの一の家屋ではない。

【裁決】

二以上の家屋が併せて一構えの一の家屋であると認められるか否かについては、まず、それぞれの家屋の規模、構造、間取り、設備、各家屋間の距離等客観的状況によって判断すべきであり、単にこれらの家屋がその者及びその者と同居することが通常である親族等によって機能的に一体として居住の用に供されているのみでは不十分といえる。

本件甲家屋及び本件乙家屋は、それぞれ玄関、台所、風呂及び便所を備えており、電気、ガス、水道及び固定電話回線の各設備があり洗濯機、冷蔵庫、テレビ、照明器具等の家電製品が設置されていた。

　親族等によって機能的に一体として居住の用に供されていることのみでは、二以上の家屋が併せて一構えの一の家屋であると認めるのに不十分であるし、また、本件甲家屋と本件乙家屋が本件接合部分により接合されていたことによって、本件甲家屋と本件乙家屋が独立の居住用家屋として機能できなくなるものではないから、本件接合部分の存在によって、本件甲家屋及び本件乙家屋を併せて一構えの一の家屋であるとはいえない。

　居住用財産特別控除規定が適用される本件甲家屋敷地の面積は、本件甲家屋と本件乙家屋との建築面積の割合に従って、これを算定するのが相当である。

【ポイント】

　居住用財産を譲渡した際に、敷地上に家屋が2棟以上あるケースは実務上散見されます。本件では、納税者が本件土地と本件甲家屋を取得した後に、本件乙家屋を、納税者の子が新築していますが、この本件乙家屋が、後に本件甲家屋と2階部分で渡り廊下により接合されています。

　納税者は、納税者の子らと生計を一にしており、二棟の家屋が併せて一構えの一の家屋であるか否かは、家屋の内部構造及び機能上の独立居住可能性の有無のみではなく、家屋の間の距離及び外部的な構造上の接続の有無、当該家屋の使用状況、居住者の生計同一性、同居の必要性、居住用財産特別控除規定の制度趣旨及び租税負担公平の原則の観点の各要素を総合考慮して判断すべきであると主張しています。

　この主張に対して審判所は、個人及びその家族の使用状況等主観的事

情は二義的に参酌すべき要素にすぎないとし、本件甲家屋の部分のみを租税特別措置法35条の対象と判断しています。

ところで、本件譲渡資産全体を一括で取得し、取得時から家族全員で居住用として使用していた場合、どのように判断されるのでしょうか。このような場合、土地家屋という物的な構成要素が同じですが、取得の経緯が異なるため、租税特別措置法35条は全体に及ぶと判断する余地があると考えられます。

45 「店舗併用住宅」の意義

> 譲渡資産である土地上に、臨時的に棚卸商品や事業用車両が置かれていたとしても、本件家屋は専ら納税者の居住の用に供していた家屋であるとするのが相当であり、また、本件宅地は本件家屋の敷地の用に供されていたものとするとされ、特例適用が認容された事例。
>
> 昭和60年1月9日裁決　TAINS番号：J29-5-02

【事案の概要】

納税者は、A市B町2丁目3797番の宅地174.54㎡（本件宅地）について、その上に建てられていた家屋（本件家屋）を取り壊した上で引き渡すことを条件として譲渡し、租税特別措置法35条《居住用財産の譲渡所得の特別控除》の規定を適用して申告した。

【争点】

本件宅地及び本件家屋全体に居住用財産の譲渡所得の特別控除（措法35）を適用できるか。

【納税者の主張】

年月日	納税者の主張
昭和32年11月	納税者は、本件宅地に、本件家屋を建築した後、本件宅地の周囲の土地3か所を借り受けて古物商を営業していた。
昭和39年4月	玄関部分を改造した。
昭和40年5月	脱衣所、風呂場の修繕と物干場兼物置の付け足し工事を行い、店舗部分はなくなった。
昭和45年1月22日	納税者は、A市B町2丁目13番38号の土地を購入し、同年5月に営業の一切を当該地に移し、また、古紙、段ボール等の商品は、A市D町2-5の倉庫を借り受けて保管した。
昭和57年2月24日	納税者は、本件宅地及び本件家屋を、C社に14,700,000円で譲渡した。

（※）本件譲渡資産は、取得後すべて居住の用に供していたものであり、非居住部分はなかった。

【課税庁の主張】

本件宅地が譲渡された年に作成され、市販されている住宅地図によれば、本件宅地には○○商店と表示されている。

A市役所の固定資産課税台帳には、本件家屋は居宅兼店舗とされている。

本件宅地の左側端に鉄さくを張り鉄くずが落ちないように工作されており、また、物干場兼物置には、商品である紙くず等が置かれていた。

営業用のトラックが本件宅地内に駐車されていた。

【裁決】

取壊し前の本件家屋は、木造2階建で、1階には玄関、6畳間及び4.5畳間各1部屋、風呂場、台所、納戸を有し、2階は6畳間及び4畳間各1部屋を有する構造になっている。この家屋と隣接し、物干場兼物置が

設けられているが、いずれも居住用としての部屋及び附属施設のみであって、店舗等事業の用に供し得るとみられる部分はない。

近隣の居住者等の答述によれば、10年程前には本件宅地内の空地部分にくず鉄が少しは置いてあったが、本件宅地は狭くて商品が置かれているというほどの状態ではなく、大部分のくず鉄等は本件宅地の周囲の土地に置いてあったこと、及び本件宅地の周りには塀や鉄さくなどは何もなかったことが認められる。

本件宅地に古紙等商品及び営業用トラックが置かれていたとしても、それは臨時的なものと認められる。

住宅地図及び固定資産課税台帳に本件家屋が事業用であるかのような記載があったとしても、そのことのみによって本件家屋が事業の用に供されていたとすることはできない。

本件宅地の譲渡は、租税特別措置法35条の規定に該当するから、更正処分はその全部を取り消すのが相当である。

【ポイント】

居住用部分と店舗部分の割合について、居住用部分が全体の90％以上であれば特段問題ないですが、90％未満となると本件のような問題が生じます（措通31の3－8、35－6）。

この事例では、納税者側が、居住の用に供した時期や、営業の際には、隣接地を借用していたことなど具体的な利用状況を立証しています。一方で、課税庁側は、住宅地図の表示や固定資産税課税台帳の記載事項等による論拠に終始し、具体的に非居住用財産の部分を説明していません。

居住用財産か否かを判断する際に、住宅地図を確認する必要がありますが、住宅地図の記載事項はあくまで参考程度に留めるべきです。住宅地図作成時に誤記載が生じている可能性もありますし、当該地図作成業

者がその使用状況の実態まで確認しているわけではありません。

　例えば、廃業して全く営業していないのにもかかわらず、〇〇商店という看板等が家屋に設置されていれば、〇〇商店と住宅地図に記載されることもあるはずです。

　固定資産税課税台帳についても、同様で、すべての地方公共団体が、毎年1月1日現在の家屋の利用状況をすべて確実に把握しているというのも考え難いです。

⑦ 居住用財産の買換えの場合等の課税の特例

　居住用財産の買換え特例は、居住用資産の譲渡と前後して、居住用の買換資産を取得することになります。この買換資産についても、どこまでを買換資産と判断するかで課税庁と争いとなることがあります。ここでは、買換遺産の範囲について、課税庁と争われた裁決事例を検討します。

46　取得した土地に地続きの土地を追加取得した場合の居住用資産

> 　甲土地を取得し家屋の建築確認を受けた後に、甲土地と地続きの乙土地を取得した。甲土地と乙土地は、一体となって家屋の敷地として機能し、いずれも居住用家屋の敷地と認められる。甲及び乙土地は、いずれも特定の居住用財産の買換えの場合の長期譲渡所得の課税の特例（措法36の2）に規定する買換資産に該当するとされた事例。

昭和60年10月23日裁決　TAINS番号：J30-4-01

【事案の概要】

納税者は、不動産貸付業を営む個人である。昭和58年分の所得税について、特定の居住用財産の買換えの場合の長期譲渡所得の課税の特例（措法36の2）を適用して期限内に確定申告書を提出したところ、昭和59年10月24日付で課税庁が更正等の処分をした。

【争点】

甲土地及び乙土地は、いずれも特定の居住用財産の買換えの場合の長期譲渡所得の課税の特例（措法36の2）の適用対象となるか。

【納税者の主張】

納税者は、居住の用に供していた本件物件を昭和58年1月31日に、C社に104,525,000円で譲渡し、買換資産として甲地、乙地及び丙家屋を居住の用に供するために取得した。

課税庁は、納税者が丙家屋を建築する際に、甲地のみを敷地として建築基準法に基づく確認の申請書を提出し、申請どおり確認通知されていることをもって、乙地については当該家屋と一体として利用されている土地ではないと認定している。

しかしながら、建築確認に当たり甲地のみを敷地として申請した理由は、本件物件の譲渡代金の入金状況及び本件物件からの立退き期限の問題もあって買換資産を同一の売主から2回に分けて取得することとした結果、丙家屋の建築を計画した昭和57年10月19日の時点では甲地のみの取得であったこと、及び当該物件だけで建築基準法に規定する建築条件を満たすことから、取りあえず甲地のみを敷地として申請したものであり、これは飽くまでも建築基準法の問題である。

課税庁は、乙地は甲地と地続きではあるものの、外観上は独立していると主張するが、両物件は、納税者が買い入れる以前から全体がブロック塀で囲まれており、買入れ後も両物件を仕切り等で区分することなく、一体として利用している。

　さらに、固定資産税課税に当たってのＡ市の評価についても、市は現地確認をして、両物件とも丙家屋の敷地として同一の利用状況にあるものとして評価した上、居住用家屋の敷地の用に供される土地として課税標準の減額を行っており、課税庁が主張するように乙地は外観上も甲地と独立しているとはいえない。

　甲地及び乙地にまたがって建築した車庫については、租税特別措置法通達36の2－10《買換資産の改良、改造等》（※現36の2－12、以下同）の定めにより措置法36条の2に規定する買換資産の取得に該当し、当該車庫は納税者が日常の生活に利用している自動車を入れるためのものであり、この自動車の車庫への進入は乙地に設けている出入口を利用するほかはない。

　したがって、乙土地についても租税特別措置法36条の2の買換資産の適用要件に該当する。

【課税庁の主張】

　納税者が新築した丙家屋の玄関及び門は水路側に面して配置されている。また、建築確認申請も当該水路に橋を設ける条件で道路に接するものとして、甲地のみを敷地としてなされており、丙家屋への通行に乙地を利用していることを理由に、租税特別措置法36条の2に規定する買換資産に該当するとはいえない。さらに、乙地の利用状況を調査したところ、乙地は甲地と地続きではあるが、外観上も甲地と独立しており、乙地にある車庫、倉庫及び家庭用菜園は、単なる遊休地の利用にすぎず、

丙家屋と一体として利用されている土地とはいえない。

　租税特別措置法通達36の2－10は居住用家屋の敷地内において取得する車庫等について、租税特別措置法36条の2に規定する買換資産の取得に該当することを定めたものであって、本件の車庫が建築されていることをもって、その敷地が居住用家屋と一体となって利用されている土地であるとする納税者の主張には理由がない。

【裁決】

　納税者は、甲地及びこれと地続きの乙地を、新たに建築する丙家屋の敷地として買入れる計画を立て売主Ｅの合意を得たが、本件物件の譲渡代金の入金状況からみて、両物件を一度に買い入れることができず、さらに、本件物件からの立ち退き期限の問題もあって早急に居住用家屋を建築する必要があったことから、建築確認申請に当たっては、とりあえず先に買入れていた甲地のみを敷地として申請した事情が認められる。また、建築確認は通常建築基準法に定めた建ぺい率等の基準を満たせば確認通知がなされることから、建築確認申請が甲地のみを敷地として行われていることをもって、甲地のみが丙家屋の敷地であると認定した課税庁の主張は採用し難い。

　次に、課税庁は、乙地の車庫、倉庫及び家庭用菜園としての利用は単なる遊休地の利用であると主張するが、納税者が乙地に建築した車庫は、納税者が日常使用する自動車を入れるためのものであり、当該車庫及び丙家屋への出入り等に乙地を利用するなど、乙地は甲地とともに丙家屋と一体として利用している土地と認められ、また、Ａ市の固定資産税課税に当たっては、両土地を同一の利用区分として評価した上、丙家屋の敷地として認めていることからも、課税庁が主張するように乙地が甲地と外観上独立して利用されているとは認められない。さらに、面積から

判断しても甲乙両土地が、社会通念上、居住用家屋の敷地の範囲を超えて不相当であるとは認められない。

したがって、納税者が買換えた乙地は、甲地と同様に居住の用に供される家屋の敷地と認定するのが相当であり、租税特別措置法36条の2に規定する買換資産に該当する。

【ポイント】

居住用財産の買換特例について、納税者の主張が認められた事例です。居住用財産の及ぶ範囲については、買換特例にのみならず、居住用財産の譲渡に関する特例全般で参考になる事例といえます。

居住用財産の買換特例は、譲渡資産の譲渡価額より買換資産の取得価額が多ければ譲渡価額が全額繰り延べられて所得税は生じません。一方で、譲渡資産の価額が買換資産の取得価額より少なければ、その差額は課税の繰延べができずに、所得税の課税対象となってしまいます。

本件は、課税庁が、買換資産の取得価額を一部否認し、課税の繰延べができない部分を生じさせ、これに課税した事例です。

本件において、買換資産の特例が及ぶ範囲を、課税庁側は、建築基準法に規定する建築確認申請まで、すなわち甲地までと認定していますが、納税者は甲地と併せて乙地についても特例の適用範囲内であると主張しています。乙地を買換資産に含めないことにより、課税の繰延べができる部分を減少させることになります。

建築基準法の建築確認申請は、相続税や贈与税の財産評価において、評価単位を判断するうえで必ず確認する必要がありますが、建築確認申請は、あくまで建築基準法上の問題です。

つまり、建物を建築する際に違法建築でない旨の確認申請ですので、居住用財産であるか否かを判断する際の目安にはなっても、絶対的な基

準となるわけではありません。

　乙地の利用現況については、課税庁側も現地調査を行ったうえで、乙地は甲地から独立した土地であり、丙家屋とは一体性がないとして、特例適用を否認しています。

　居住用財産は、まず、家屋があって、この家屋が居住用である必要があります。つまり、家屋ありきの特例ということになります。課税庁は、車庫や倉庫、家庭菜園は単に遊休地であり、居住用家屋の及ぶ範囲外と認定していますが、この課税庁の考え方も一定の説得力はあります。

　車庫や倉庫は、平均的な居住用家屋に一般的にみられますが、家庭菜園までも居住用家屋の及ぶ範囲かと問われると、特に都心部で家庭菜園を有する家屋は限定的といえます。

　審判所は、車庫や倉庫、家庭菜園も、本件においては、これらが社会通念に照らして居住用家屋の範囲を超えていないと判断していますので、実務においても参考にはなります。

⑧ 特定の事業用財産の買換えの場合等の課税の特例

　特定の事業用資産の買換え特例は、事業用財産とはどのような使用状態をいうのかについて課税庁と争いが生じることがあります。また、その規模が特例の限度面積を超える場合もあります。ここでは、事業に準ずるものとはどのようなものをいうのか、面積制限をどのように計算するかで課税庁と争われた裁決事例を検討します。

47 「事業に準ずるもの」の意義

> 特定事業用資産の買換特例（措法37）の「事業に準ずるもの」とは、「事業と称するに至らない不動産又は船舶の貸付けその他これに類する行為で相当の対価を得て継続的に行うもの」と規定されており、貸し付けられた資産の機能によって「事業に準ずるもの」であるか否か判断すべきものではないとして、本特例の適用が否認された事例。
>
> 平成7年6月14日裁決　TAINS番号：J49-2-15

【事案の概要】

納税者ら（譲渡人は平成4年10月14日に亡くなっているため、納税者はその共同相続人）は、被相続人が特定事業用資産の買換特例（措法37）を適用して申告した、所得税の確定申告について、課税庁から、本特例の適用を否認され、更正等の処分を受けた。

【争点】

本件譲渡は、特定の事業用資産の買換えの場合の譲渡所得の課税の特例（措法37）の適用要件を満たすか。

【納税者の主張】

貸付けの用に供していたP市R町所在の借地権及び家屋を、平成2年12月21日に170,000,000円で譲渡し、この譲渡に係る譲渡所得の申告に際して、「特定の事業用資産の買換えの場合の譲渡所得の課税の特例（措法37）」を適用し、平成2年中に114,075,945円で取得したP市S町所在のカラオケボックスの用に供するための建物及び機器を本件買換資産として、譲渡所得の金額を計算した。

課税庁は、本件買換資産が「事業と称するに至らない不動産又は船舶の貸付けその他これに類する行為で相当の対価を得て継続的に行うもの」（措令25②）に該当しないとして本件特例の適用を認めない旨を主張する。

被相続人は、本件買換資産をL社に貸し付け、L社は、これをカラオケボックスとして事業に使用していることは明らかである。

本件貸付けに対する賃貸料を受け取らなかったのは、L社のカラオケボックス事業が計画どおりの収益を上げられなかったため、L社が被相続人に賃貸料を支払えなかったからであり、L社の事業が失敗して納税者に収入がなかったこと及び予定した賃貸料の額が減価償却費の額を下回ることをもって、事業性そのものを否定することはできない。

【課税庁の主張】

「事業と称するに至らない不動産の貸付けその他これに類する行為で相当の対価を得て継続的に行うもの」とは、相当の所得を得る目的で継続的に対価を得て貸付けを行うことをいい、また、「相当の対価」とは、貸付けの用に供している資産の減価償却費の額、固定資産税及びその他の必要経費を回収した後において、相当の利益が生ずるような対価をいう。

(1) 本件申告書には、本件買換資産の貸付に係る収入が記載されていない。

(2) 被相続人は、平成3年分の所得税の確定申告書を提出していない。

(3) L社の平成2年6月1日から平成3年5月31日まで及び平成3年6月1日から平成4年5月31日までの各事業年度における法人税の確定申告書に添付されている貸借対照表、損益計算書及び地代家賃等の内訳書（地代家賃等内訳書）には、被相続人からの本件資産の

借入れに対する支払賃借料及び未払賃借料は記載されていない。また、上記の損益計算書には、本件資産を使用して獲得した売上収入が、それぞれ27,448,140円及び31,653,192円と計上されている。
(4) 被相続人は、本件買換資産の貸付けに関する契約書を作成していない。

したがって、被相続人は、本件買換資産を事業の用に供していないから、本件特例を適用することはできない。

【裁決】

本件特例は、買換資産をその取得の日から1年以内に、譲渡した者の事業の用に供することが要件とされているところ、この場合の事業については、自己の危険と計算において独立して営まれ、営利性、有償性を有し、かつ、反復的継続的に行われるものと解するのが相当である。

買換資産を貸し付けた場合において、当該貸付けが本件特例の事業又は事業に準ずるものであるか否かの判断に当たっては、事業であるための営利性及び有償性、また、事業に準ずるものである場合の相当の対価を得ることが必要であることを考慮すれば、当該貸付けに係る対価の額がこの判断に重要な影響を及ぼすものと解するのが相当である。

本件買換資産の貸付けは、単に賃料の授受が行われていなかったというだけではなく、無償による貸付けであったことが認められる。

資産を無償で貸し付けた場合には、当該貸付けに対し、何ら対価を得ていないのであるから、このような無償による資産の貸付けは、本件特例の事業又は事業に準ずるもののいずれにも該当しないことは明らかである。

納税者は、賃貸料収入がなかったのは、L社の事業上の都合であって、このことをもって事業性を否定できない旨主張するが、本件買換資産の

貸付けは、賃借人の都合によって賃貸料収入が未収となっていたものではなく、貸付けの当初から無償となっていたものであり、このような無償による貸付けは、本件特例の事業又は事業に準ずるものとは認められないから、この点に関する納税者の主張には理由がない。

以上の結果、本件買換資産をその取得の日から1年以内に事業又は事業に準ずるものの用に供していないから、本件買換資産は、本件特例の適用の対象に該当せず、本件特例の適用がない。

【ポイント】

本件では、借地権付建物を譲渡し、カラオケボックスを買換資産として取得しています。課税庁は、譲渡した年の所得税の確定申告に不動産所得はなく、また譲渡した翌年の所得税の確定申告書は提出されていないため、「相当の対価を得て継続的」に行われていないと主張しています。

特定の事業用資産の買換えの場合の譲渡所得の課税の特例（措法37）は、事業的規模か否かにかかわらず、「事業と称するに至らない」不動産貸付であっても、相当の対価を得て継続的に行うものであれば事業用資産として、本件特例を適用することができる旨が定められています（措令25②）。

さらに、「事業に準ずるものの範囲」の判定について、留意点が租税特別措置法通達に定められています（措通37－3）。

課税庁と審判所は、貸付先であるL社が納税者に賃料を支払っていないため「相当の対価」を得ていないと認定し、本件特例を否認しています。

賃貸料が全く支払われていないことについては、課税庁の主張や審判所の判断のとおり「相当の対価」を得ていないと認定されても、やむを得ないですし、また、上記の租税特別措置法通達の判定基準の側面から

考慮しても妥当な判断といえます。

　ところで、納税者は、L社と口頭により月額賃貸料を600,000円と定めた旨も主張しています。これに対して、課税庁は、仮に月額賃料600,000円の賃貸料を納税者がL社から受領していたとしても、年間賃貸料は減価償却費の額にも満たないため「相当の対価を得て継続的に行うもの」には該当しないと主張しています。

　この主張は、相当の対価について、その貸付け等の用に供している資産の減価償却費の額、固定資産税その他の必要経費を回収した後において、なお相当の利益が生ずるような対価を得ているかどうかにより判定するという措置法通達によるものと考えられます（措通37－3(2)イ(イ)）。

　審判所は、この月額賃貸料600,000円については、そもそも無償による貸付けであるため、課税庁の主張する「減価償却費未満」について言及せずに納税者の主張を退けています。

　一般に、不動産に関する事業はリスクも高く、当初から投資採算性が必ずしも確保されているとはいえません。仮に、投資採算のとれていない物件を譲渡し、投資採算のとれそうな物件に買換えたとしても、買換えた資産から必ずしも当初から相当の収益が得られるとは限りません。

　仮に、納税者の主張する月額賃貸料600,000円が口約束ではなく、賃貸借契約書があって、契約どおりに支払われていたならば、また違った結果になっていたかもしれません。

48　買換資産の面積制限の意義

　買換資産について、面積制限を超えて2以上の土地を取得している場合には、特定の買換資産を特例適用とせず、各買換資産を平均

的に買換資産として特例を適用するとされた事例。

平成8年12月11日裁決　TAINS番号：J52-2-06

【事案の概要】

年月日	事実関係等
昭和39年3月18日	納税者は、P市の土地62.80㎡（以下「本件土地」）及び同地上の建物鉄筋コンクリート造2階建て延床面積105.32㎡（以下「本件建物」、本件土地と併せて「本件物件」）を売買により取得し、飲食業を営んでいた。
平成3年3月29日	納税者は、本件物件をG社に2,550,000,000円で譲渡した。
平成4年	納税者は、本件物件の譲渡所得について特定の事業用資産の買換えの場合の譲渡所得の課税の特例（措法37）を適用し、買換資産の取得価額は見込額により期限内申告書を提出した。
平成5年4月30日	本件特例の対象となる買換資産として、(1)から(2)※の土地及び建物を取得し、建物についてはすべてを、土地については(1)のすべてと(2)の一部を買換資産とした。 納税者は、買換資産の実際の取得価額が見込額を下回ったため、本件修正申告書を提出した。
平成7年3月6日	課税庁は、納税者が取得した土地及び建物のすべてを買換資産としたうえで、買換資産の土地の限度額面積の限度計算に当たっては、(1)から(4)のすべての土地から面積制限を超える部分が同等の割合（以下「平均的」）で生ずるものとして計算し、更正等の処分をした。
平成7年4月26日	納税者は、課税庁に対して異議申立て
平成7年7月28日	異議審理庁は、本件買換建物のすべてと(1)の土地及び(2)の土地のみを買換資産とすることは認めたものの、買換資産とする土地の面積制限の限度計算に当たっては、(1)の土地から先取りするのではなく、(1)の土地及び(2)の土地の面積に応じ平均的に買

| | 換資産とすべきものであるとして、原処分の一部を取り消す異議決定をした。 |

※ (1)から(2)の土地及び建物については次のとおり

付番	区分	地目／種類	数量（㎡）	取得年月日	取得原因
(1)	土地	宅地	231.40	平成3年4月12日	売買
	建物	事務所、店舗	922.26	平成3年4月12日	売買
(2)	土地	宅地	250.75	平成3年2月8日	売買
	建物	事務所、共同住宅	454.42	平成3年2月8日	売買
(3)	土地	宅地	615.63	平成3年2月27日	売買
	建物	共同住宅、倉庫	696.80	平成3年2月27日	売買
(4)	土地	宅地	140.00	平成4年10月5日	売買
	土地	宅地	140.00	平成4年10月5日	売買
	建物	共同住宅	585.76	平成4年12月6日	建築

【納税者の主張】

　租税特別措置法37条2項及び租税特別措置法施行令25条（特定の事業用資産の買い換えの場合の譲渡所得の課税の特例）16項においては、譲渡した土地等の面積の5倍までが買換資産となる旨規定しているのみで、面積制限を超えて取得した2以上の土地を平均的に買換資産としなければならないとする法令の規定はなく、法令に明記されていないことについては、その合理的解釈の範囲内であれば納税者の有利となるよう解すべきである。

【課税庁の主張】

　本件特例の適用において2以上の土地を買換資産とした場合の譲渡所得の計算方法は、法令上何ら規定されていないが、当該2以上の土地に引き継がれることとなる取得価額の計算方法は、租税特別措置法37条の3（買換えに係る特定の事業用資産の譲渡の場合の取得価額の計算等）

1項において平均的に買換資産を取得したものとして計算する旨規定されている。

　本件のような買換資産が2以上ある場合の取り扱いについては、次に述べるとおり、租税特別措置法通達37－19の注書及び同37の3－2によってその取扱いを明確にしている。

　租税特別措置法通達37－19の注書は、本件特例の対象となる一の譲渡資産又は買換資産の一部分のみを譲渡資産又は買換資産として本件特例を適用することができない旨定めているが、これは、買換資産となる土地等を2以上取得した場合においては、いずれか1つの土地の一部分のみを買換資産とするような選択はできず、それぞれの土地を平均的に買換資産としなければならないことを明示しているものである。

　租税特別措置法通達37の3－2は、面積制限を超えて取得した土地等に付すべき取得価額の計算方法を定めたものであるが、買換資産に引き継がれる取得価額の計算方法と本件特例を適用した場合の譲渡所得の計算方法とは同様な考え方に基づくべきものであり、同通達において2以上の土地等を平均的に取得したものとして買換資産の取得価額を計算することとなっている以上、譲渡所得を計算する上での土地の面積制限についても同様に取り扱われるべきである。

　租税特別措置法通達37－10は、平成3年度の税制改正に伴い追加されたものであるが、同通達が追加される以前から買換資産の一部分のみを買換資産とすることができないこと及び2以上の土地を平均的に取得したものとすることとされていたことから、同通達が追加される以前と以後において、面積制限を超えて2以上の土地を買換資産とする場合の取扱いに何ら変わるところはなく、同通達が従来の取扱いを明らかにしたものといえる。

【裁決】

　納税者は、本件特例の適用に当たっては、土地の面積制限の適用において本件買換土地を平均的に買換資産としなければならないとする法令の規定はない旨主張する。

　しかしながら、面積制限を超えて２以上の土地を買換資産として取得している場合には、①まずそれぞれの土地について、いずれにも同等の割合で面積制限を超える部分が生じているものとして、譲渡した土地の面積制限を超えない部分と面積制限を超える部分とに観念的に区分し、引き継がれる取得価額を計算することとされており、②次に当該面積制限を超えない部分に係る買換資産については、それを買換資産として特例の適用対象とすべきであり、当該面積制限を超える部分については、特例の適用上買換資産とはされないという考え方に基づいて、譲渡があったとされる部分が導き出されるものであると解される。

　したがって、面積制限を超えて２以上の土地を取得している場合の本件特例の適用に当たっては、租税特別措置法37条１項、同法37条の３第１項及び租税特別措置法施行令25条の２第２項の規定から各買換資産を平均的に買換資産とすべきであると解するのが相当であり、納税者の主張は採用できない。

【ポイント】

　本件では、譲渡資産の譲渡価額の開示はあるものの、買換資産の取得価額が明示されておらず、また、分離長期譲渡所得の総額が把握できるのみで、具体的な計算過程が示されていません。このため、概念的な内容となってしまっています。

　本件買換資産の(1)から(4)までの土地の取得価額の単価が同一であれば、どの買換資産に適用しても納税額に差異は生じません。

ところが、特定の事業用資産の買い換えの場合の譲渡所得の課税の特例の適用要件のうち、買換資産の土地等の面積が、譲渡資産の土地等の面積の5倍を超える場合には、その超える部分について、本件特例が適用できません（措法37②、措令25⑭）ので、取価価額の単価が異なる買換資産のうち、どれを特例対象とするかで納税額に差異が生じることがあります。以下、検討してみます。

まず、本件譲渡資産の土地面積は、62.80㎡ですので、この5倍（62.80㎡×5＝314㎡）を超える部分は本件特例が適用できないことになります。

買換資産のうち、(1)の面積は231.40㎡、(2)の面積は250.75㎡ですので、(1)と(2)の合計は482.15㎡です。譲渡資産の面積の5倍である314㎡を超えてしまい、(1)と(2)の全体に、特例を適用できないことになります。

そこで納税者は、譲渡所得の計算において、自己に有利になるよう、まず取得価額の単価が高い(1)の買換資産を優先して適用し、次に(1)よりは取得価額の単価が低い(2)の買換資産の一部（314㎡－231.40㎡＝82.60㎡）を適用して申告したと考えられます。

つまり、取得価額の単価が高いほうを買換資産として選択することで、譲渡資産と買換資産の差額を圧縮することができ、その結果、納税額を減額することができます。

ところが、審判所は、買換資産の(1)と(2)を平均的に適用すべきとして、買換資産(1)の231.40㎡のうち157㎡（314㎡×1／2）、買換資産(2)も同様に250.75㎡のうち157㎡を買換資産として計算する判断をしています。

納税者の主張するとおり、この平均的な計算については、当時の租税特別措置法及び租税特別措置法施行令では触れられておらず、そこは課税庁も認めているところですが、現在、租税特別措置法通達37の3－2《5倍の面積制限を超えて取得した土地等に付すべき取得価額》では、

計算式と、具体的な計算例が示されていますので、本件特例の適用に際しては確認する必要があります。

⑨ 相続財産に係る譲渡所得の課税の特例

相続財産に係る譲渡所得の課税の特例は、相続税の申告との関係から相続財産の範囲について課税庁と争いになることがあります。ここでは、相続税の申告書に計上のない資産の譲渡において、当該特例の適用可否について課税庁と争われた判例を検討します。

49　相続財産ではない資産の譲渡に係る取得費加算の特例適用

> 本件土地は、被相続人の遺産ではなく、被相続人の死亡に係る相続税の課税価格の計算の基礎に算入されるべき資産ではないことは明らかであり、租税特別措置法39条1項の「当該相続税額に係る課税価格の計算の基礎に算入された資産」には該当しないとされた事例。
>
> 　　　　　　　平成14年9月20日　京都地裁判決　TAINS番号：Z252-9196

【事案の概要】

年月日	事実関係等
平成6年3月3日	被相続人乙の相続開始、乙は相続開始時に、本件1土地を所有し登記簿上の所有名義を有していた。 相続人は、妻丙、長男（以下「納税者」）及び他に3人の子である。

平成7年 8月2日	納税者は、本件1土地について、平成6年3月3日の相続により取得したことを原因とする所有権移転登記を経由した。さらに平成7年2月4日付の交換を原因として、本件1土地については、丁のための所有権移転登記、本件2土地については納税者のための所有権移転登記を経由した。
平成8年 1月16日	納税者は、本件2土地を戊らに譲渡した（本件譲渡）。
平成8年 3月15日	納税者が所有していた本件1土地と、丁が所有していた本件2土地を交換し、本件2土地を取得したとして、所得税法58条の固定資産の交換特例を適用して、平成7年分の所得税の確定申告書を提出した。
平成9年 3月17日	納税者は、本件2土地は被相続人乙から相続により取得した財産であるとして、取得費加算特例（措法39）を適用し、平成8年分の所得税の確定申告書を提出した。
平成11年 1月29日	課税庁は、平成7年分の所得税について、本件2土地を本件1土地の譲渡直前の用途に供していないから交換特例の適用がないとし、平成8年分の所得税については、本件2土地が乙の遺産ではなく取得費加算特例の要件がないとして更正処分を行った。
平成11年 2月26日	異議申立て
平成11年 6月2日	課税庁は、平成7年分の所得税については譲渡資産の取得費の計算に一部誤りがあるとして更正処分等を一部取り消す異議決定を行い、平成8年分の所得税については理由がないとして異議の申立てを棄却した。
平成11年 6月30日	審査請求
平成12年 11月20日	審判所は、平成7年分の所得税については、納税者が主張する本件1土地と本件2土地の交換について交換特例の適用があるとして更正処分等を一部取り消す旨の裁決をした。

【争点】

争点1

　取得費加算特例を定めた租税特別措置法39条1項の「当該相続税額に係る課税価格の計算の基礎に算入された資産」とは、実際に、納税者が相続税の申告においてその資産を計上するなどして、課税手続上も課税価格に算入されたものでなければならないのか。それとも、相続税の課税手続如何にかかわらず、具体的事実として、相続税法上、課税価格の計算の基礎に算入されるべき資産であればよいのか。

争点2

　本件2土地は、乙の死亡による相続において、乙の遺産として相続税の課税価格の計算の基礎に算入されるべき資産であるか否か。

争点3

　納税者が本件譲渡に係る本件2土地について、争点2の納税者の主張をすることが信義則に反するといえるか。

【納税者の主張】

争点1

　争う。

争点2

　乙は、遅くともその死亡前である平成5年9月30日までに、丁との間で本件1土地と本件2土地の交換をし、本件2土地の所有権を取得したが、その旨の移転登記手続をしないままに死亡した。本件2土地は、乙に係る相続税の課税価格の計算の基礎に算入されるべき資産である。

争点3

　争う。それぞれやむを得ない事情、又は、もっともな事情があった

ためになされた行為である。

【課税庁の主張】

争点1

　本件2土地は、乙に係る相続税の納税者の申告、更正の請求、修正申告のいずれにおいても、相続税額に係る課税価格の計算の基礎に算入されておらず、相続税の課税対象となっていない。したがって、本件2土地は、租税特別措置法39条1項所定の資産には、そもそも該当しない。

争点2

　乙は、死亡した平成6年3月3日まで本件1土地を取得していたもので、他方、本件2土地は丁の所有であった。納税者は、同日、相続によって本件1土地を取得し、その後、平成7年中に丁との間で、本件1土地と本件2土地を交換し、本件2土地の所有権を取得した。したがって、本件2土地は、乙に係る相続税の課税価格の計算の基礎に算入されるべき資産に当たらないことは明らかである。

争点3

　裁決において交換特例の適用が認められるや、納税者は急遽態度を翻し、本件訴訟を提起し、争点2のように主張することは信義則に反し許されない。

【裁判所の事実認定】

以下の事実が認められる。

(1) 乙は、相当多くの不動産を所有しており、平成4年8月31日に本件1土地が分筆される前の土地を所有していた。また、丁は同日、本件2土地が分筆される前の各土地を所有していた。

(2) 乙は、丁との間で、前記各土地の交換契約の契約書の作成をしな

いまま、さらに、各土地についての交換による所有権移転登記手続をしないまま、平成6年3月3日死亡し、納税者及び乙の他の相続人らがその地位を相続した。

(3) 納税者は平成6年3月15日、乙の平成5年分の所得税につき準確定申告をしたが、その申告には、本件1土地と本件2土地を交換したとする譲渡所得については何ら記載しなかった。

(4) 納税者及び乙の他の相続人らは遺産分割協議を行い、平成6年5月24日付で納税者が乙から相続する財産の中に本件1土地を含む内容の遺産分割協議書を作成した。同遺産分割協議書においては、本件2土地が乙の遺産とはされていなかった。

(5) 納税者及び乙の他の相続人らは、遺産分割協議に基づき、平成6年11月4日付で、相続税の基礎となる財産の中に本件1土地を含めて、相続税の申告書を課税庁に提出した。

(6) 戊らから納税者に対し、本件2土地を含む土地について購入希望があり、納税者はこれを承諾したところ、平成7年6月17日付で戊から納税者に対し、本件2土地を含む土地の買付けを証する買付証明書が送られてきた。

(7) 納税者は丁との間で交換価格を1,720万円とし、本件1土地と本件2土地を交換する旨の合意をし、土地交換契約書を作成した。そして、納税者及び丁は平成7年8月2日、本件2土地については、丁から平成7年2月4日交換を原因として納税者へ所有権が移転された旨の登記を行った。本件1土地についても、平成7年8月2日、相続を原因として納税者へ所有権が移転された旨の登記を経由して、丁に平成7年2月4日交換を原因として所有権が移転された旨の登記をそれぞれ行った。

(8) 納税者は、平成7年9月12日付で相続税の更正の請求書を課税庁に提出した。この更正請求においても、本件2土地が相続財産である旨の修正はしなかった。

(9) 戊らとの間で、本件2土地をその他3筆の土地と合わせて売買代金1億8,194万1,000円の約定で売却する旨の合意をし、平成8年1月16日、戊らから納税者に対し売却代金の残額が支払われ、売買を原因とする所有権移転登記が経由された（本件譲渡）。

【判決】

認定事実及び本件各証拠を総合すると、乙が進めていた交換に向けての手続は乙の死亡によっていわば棚上げになったもので、納税者や丁もそのように認識した上で、乙の死亡後、その相続人の1人である納税者が本件1土地を相続により取得し、その上で丁との間で平成7年中に本件2土地との交換の合意をしたものであることが認められる。

そうすると、本件2土地は乙の遺産ではなく、乙の死亡に係る相続税の課税価格の計算の基礎に算入されるべき資産ではないことは明らかである。したがって、本件2土地は、租税特別措置法39条1項の「当該相続税額に係る課税価格の計算の基礎に算入された資産」には該当しない。

【ポイント】

譲渡所得の確定申告を依頼され、譲渡資産が相続により取得されたものであれば、税理士としては、相続税の申告書を確認し、租税特別措置法39条の適用の適否を検討する必要があります。

本件において、本件2土地は、相続税の申告書第11表に記載がないため、譲渡所得の申告書作成に際しては、第1段階として租税特別措置法39条の適用はないものと判断するところです。「相続財産の取得費に加算される相続税の計算明細書」（149ページ）には、相続財産のうち譲渡

した資産の所在地や数量、相続税評価額等を記載しなければなりませんが、どのように記載されていたのか、本件ではそこまで論じられていないようです。実務に携わる一人として興味を抱きます。

争点3について、裁判所では判示がなされていないようですが、納税者の提出した申告内容と納税者の主張が一致していませんので、課税庁の主張にもうなずけます。

⑩ 居住用財産の買換え等の場合の譲渡損失の損益通算及び繰越控除の特例

居住用財産の買換え等の場合の譲渡損失の損益通算及び繰越控除の特例は、分離課税の譲渡所得として、他の各種所得と損益通算できる唯一の特例です。このため、当該損益通算について課税庁と争いになることが多く、ここでは譲渡前3年以内について争われた裁決事例について検討します。

50 「3年を経過する日」の意義

> 海外駐在の期間は、居住用財産の買換え等の場合の譲渡損失の損益通算及び繰越控除の特例(措法41の5)に定める「居住の用に供されなくなった日から同日以後3年を経過する日の属する年の12月31日まで」の期間から除外することができないため、本特例の適用はないとされた事例。
>
> 平成22年1月26日裁決　TAINS番号：J79-2-22

【事案の概要】

年月日	事実関係等
平成2年	商社に勤務している納税者は、本件不動産を56,600,000円で取得し、配偶者と入居した。
平成3年9月	納税者は、平成3年9月にR国に転勤になり単身で出国した。同年10月には配偶者も出国した。
平成8年8月	納税者と配偶者及びR国で出生した子2名と帰国し、本件不動産に入居した。
平成13年2月頃	納税者は転勤のためS国へ出国し、配偶者は同年9月に出国した。
平成14年11月	納税者はS国からT国に転出した。配偶者と子らは平成15年3月にT国へ転出した。
平成16年10月	納税者は単身帰国し、単身赴任者寮に入居した。
平成17年7月	配偶者と子らが帰国したため、配偶者と子らとともに社宅へ入居した。
平成19年4月	納税者は、本件不動産を16,800,000円で譲渡した。

(※) 本件不動産は、平成13年9月に配偶者と子らがS国へ出国して以降、居住の用には供されていなかった。

【争点】

本件不動産の譲渡は、租税特別措置法41条の5《居住用財産の買換え等の場合の譲渡損失の損益通算及び繰越控除》を適用することができるか。

【納税者の主張】

海外駐在中は、事実上国内の物件を譲渡することができないし、まして買い換えることなどできないから、本件特例の立法趣旨が生活環境の向上のための買換えの促進という点にあることを考慮し、杓子定規に文言解釈するのではなく、海外駐在していたという納税者固有の事情を勘

案して、海外駐在期間中は譲渡前3年内の期間計算より除外すべきである。

【課税庁の主張】

3年内という期間の設定は、国内居住者のみを想定した規定ではない。本件特例は、居住の用に供されていた家屋を、何らかの事情により、居住の用に供されなくなった日から同日以後3年を経過する日の属する年の12月31日までに譲渡しなかった場合には、海外駐在であるか否かにかかわらず、一律にその適用を受けることはできない。

【裁決】

本件特例は、住宅価格が下落する中、子供の成長等のライフステージに応じた住替え等をきめ細かく支援する趣旨で、課税要件規定とは異なる政策的配慮から立法された特則規定である。

本件特例の適用対象に、現に居住の用に供している家屋のみならず、居住の用に供されなくなった家屋が含まれるのは、家屋を譲渡する際、現実に譲渡のときまで居住するのは困難であるという不動産取引の実情があることや、転勤等に伴って家屋を空き家や貸家にした後に譲渡する場合などがあることからすると、居住の実体が失われたからといって直ちに本件特例の適用がないとすることは、実情にそぐわないため、本件特例の適用対象を、居住の実体が失われてから一定期間が経過した家屋にまで拡張したものと解される。

法は、この3年の期間計算について、各納税者の個別事情を考慮することは予定しておらず、期間計算については形式的に行うことが法の趣旨に合致するというべきである。

【ポイント】

納税者が、本件不動産を取得した時期は、国内の不動産価格が高騰し

ていた時期です。同時期に取得した住宅は、その後の地価下落等より大きな含み損を抱え、審判所の判断にもあるとおり、新しいライフステージに応じた住宅に買換えたくとも、既存の住宅ローンのために、買換えによる頭金や新たな住宅ローンを契約することができない、という事例が多くみられました。

　そこで、住宅市場の活性化と、住宅の買換えを支援する目的で、平成10年の税制改正で本件特例が創設されました。

　創設当時は、制度趣旨から譲渡資産を譲渡した時点で住宅ローンの残高を有していることが要件とされていましたが、平成16年度の改正により、住宅ローンの残高要件は廃止されました。

　本件特例の適用要件として、居住用資産を「居住の用に供さなくなった日から同日以降3年を経過する日の属する年の12月31日まで」に譲渡しなければならない旨が定められています（措法41の5⑦ロ）。

　本件では、居住の用に供しなくなった平成13年から、譲渡した平成19年まで6年が経過していますのでこの要件を満たさないことになり、課税庁の主張と審判所の判断は、法令に準拠しています。

　住宅借入金等を有する場合の所得税額の特別控除（措法41）では、「引き続き居住の用に供している場合」として、納税者が転勤等で居住しなくなっても、その扶養親族等が引き続き居住している等の一定の要件を満たせば、居住用として判定することができます（措通41－2）。

　本件では、納税者のみならず、その家族である配偶者や子らも居住していませんでした。仮に配偶者や子らが引き続き譲渡資産に居住していたとして、租税特別措置法通達41－2が本件特例に準用できるかと問われると、租税特別措置法通達41の5－18で、同41－2を準用する旨が定められていないため困難と考えられます。

〔著者略歴〕

國武　久幸（くにたけ　ひさゆき）
- 昭和55年　東京国税局及び同局管内税務署（武蔵府中署、練馬署、豊島署、柏署、向島署、成田署、品川署）に勤務
- 平成7年　東京国税局資産税課を最後に退職
- 平成8年　大和不動産鑑定株式会社勤務
- 平成9年　國武税理士事務所開設
- 平成10年　株式会社國武不動産鑑定設立
- 現　在　税理士、不動産鑑定士
- URL：http://hp-kunitake.sakura.ne.jp/

〔著　書〕
「税理士に求められる実践的土地評価」（大蔵財務協会）
「税理士に求められる不動産取引と税務の知識」（大蔵財務協会）
「相続税贈与税の実務・土地評価」（大蔵財務協会）

関原　教雄（せきはら　のりお）
- 平成2年　東京国税局及び同局管内税務署で個人課税（所得税・消費税の税務調査、税務相談、資料情報、審理指導）、資産課税（相続税・贈与税・譲渡所得の税務調査、路線価作成、審理指導）の事務に従事。
- 平成29年　東京国税局退職
- 平成30年　関原教雄税理士事務所設立
- 令和2年　エス・アセット株式会社設立
- 現　在　税理士、不動産鑑定士
- URL：http://www.s-asset.jp/index.html

〔著　書〕
「令和5年10月改訂　不動産の評価・権利調整と税務」（清文社、共著）
「相続財産評価における不動産利用規制 ― 誤りやすいポイントと事例 ―」（新日本法規出版、共著）
「税務評価と鑑定評価 ― 評価通達における土地等の時価と「特別の事情」」（日本法令、共著）

※　本書をテキストにした研修会等での講師をお引き受けいたします。

〔参考文献等〕
・「令和6年版　図解譲渡所得」（大蔵財務協会）
・国税庁ホームページ

税理士に求められる　不動産譲渡の税務実務

令和 6 年10月29日　初版印刷
令和 6 年11月19日　初版発行

不許複製

著　者　國　武　久　幸
　　　　関　原　敦　雄

（一財）大蔵財務協会　理事長
発行者　木　村　幸　俊

発行所　一般財団法人　大蔵財務協会
〔郵便番号 130-8585〕
東京都墨田区東駒形1丁目14番1号
（販　売　部）TEL03(3829)4141・FAX03(3829)4001
（出版編集部）TEL03(3829)4142・FAX03(3829)4005
https://www.zaikyo.or.jp

乱丁・落丁はお取替えいたします。
ISBN978-4-7547-3272-1

印刷　三松堂㈱